山西师范大学博士科研启动经费资助

鼓楼史学丛书·区域与社会研究系列

晋西北根据地 互助合作运动研究

1940-1949

贺文乐 著

A Study of Mutual Aid and Cooperation Movement
in Northwest Shanxi Base Area（1940-1949）

中国社会科学出版社

图书在版编目（CIP）数据

晋西北根据地互助合作运动研究：1940-1949/贺文乐著.—北京：中国社会科学出版社，2017.5

ISBN 978-7-5203-0454-2

Ⅰ.①晋…　Ⅱ.①贺…　Ⅲ.①农业生产互助组—研究—山西—1940-1949　Ⅳ.①F321.2

中国版本图书馆 CIP 数据核字（2017）第 115507 号

出 版 人	赵剑英
责任编辑	宋燕鹏
责任校对	张依婧
责任印制	李寡寡
出　　版	中国社会科学出版社
社　　址	北京鼓楼西大街甲 158 号
邮　　编	100720
网　　址	http://www.csspw.cn
发 行 部	010-84083685
门 市 部	010-84029450
经　　销	新华书店及其他书店
印　　刷	北京明恒达印务有限公司
装　　订	廊坊市广阳区广增装订厂
版　　次	2017 年 5 月第 1 版
印　　次	2017 年 5 月第 1 次印刷
开　　本	710×1000　1/16
印　　张	20.75
插　　页	2
字　　数	308 千字
定　　价	89.00 元

凡购买中国社会科学出版社图书，如有质量问题请与本社营销中心联系调换
电话：010-84083683
版权所有　侵权必究

目　　录

绪言 ··· 1

　　一　研究缘起 ··· 1
　　二　研究区域与对象 ··· 3
　　三　学术史回顾 ·· 6
　　四　资料来源 ··· 21
　　五　研究方法与思路 ··· 23
　　六　创新与不足 ··· 25

第一章　传统社会中的革命 ··· 28

　第一节　革命前的晋西北乡村社会 ································ 28
　　一　自然生态 ··· 28
　　二　社会生态 ··· 31
　　三　传统的互助合作模式 ·· 40
　第二节　中共势力嵌入晋西北与革命的发生 ················· 53
　　一　革命政权的建立 ··· 53
　　二　初期经济动员与乡村秩序重构 ···························· 57

第二章　互助合作的发展阶段与组织程度 ···················· 67

　第一节　保守阶段（1940—1942年）···························· 68
　第二节　激进阶段（1943—1945年）···························· 76
　第三节　曲折阶段（1946—1949年）···························· 91
　第四节　个案分析：偏关县39个中心自然村的考察 ······· 108

第三章　互助合作的动员机制 ……………………………… 115

第一节　动员方式 ………………………………………… 116
一　民主政府动员 …………………………………… 116
二　基层社会动员 …………………………………… 127

第二节　动员过程中出现的偏差 ………………………… 134
一　偏差的表现 ……………………………………… 135
二　出现偏差的原因 ………………………………… 143
三　偏差的纠正 ……………………………………… 147
四　启示 ……………………………………………… 151

第三节　互助合作中群体心理之分析 …………………… 152
一　基层干部群体心理的深描 ……………………… 152
二　农民群体心理的泛化 …………………………… 156
三　利益驱动下群体心理的革命化 ………………… 161

第四节　个案分析：偏关县、岢岚县、兴县 …………… 165
一　偏关县 …………………………………………… 165
二　岢岚县 …………………………………………… 171
三　兴县 ……………………………………………… 175
四　小结 ……………………………………………… 179

第四章　互助合作的组织模式 ……………………………… 181

第一节　互助合作的组织原则 …………………………… 181
第二节　传统互助合作模式的传承与演变 ……………… 184
第三节　新式互助合作模式的发展 ……………………… 192
一　耕作方式的转变 ………………………………… 192
二　劳力与武力结合 ………………………………… 195
三　合作农场 ………………………………………… 205
四　变工合作社 ……………………………………… 209

第五章 互助合作的运作机制 …… 217

第一节 纪律条规 …… 217
第二节 领导人选 …… 228
第三节 记工、折工与还工制度 …… 231
一 记工 …… 233
二 折工 …… 239
三 还工 …… 241

第六章 互助合作的效果与局限 …… 246

第一节 互助合作的效果 …… 246
一 经济方面 …… 247
二 政治方面 …… 254
三 军事方面 …… 259
四 社会方面 …… 264
五 农民性格的重塑 …… 274
第二节 互助合作的局限 …… 277
一 "路径依赖"面临的困境 …… 278
二 "合作社模式"的弊端 …… 283

结语 …… 288

一 中共整合乡村资源视角下的互助合作 …… 289
二 民众参与革命视角下的互助合作 …… 295
三 互助合作对新农村建设的启示 …… 299

参考文献 …… 301

后记 …… 322

图表目录

图0-1 晋西北革命根据地局部图 ·············· 4
表1-1 晋西北7县农户耕地占有情况············ 36
表1-2 晋西北7县人均耕地占有情况············ 37
表2-1 晋西北7县互助组组织情况············· 70
表2-2 1944年河曲、保德两县"组织起来"百分比对比 ···· 82
表2-3 兴县、河曲、保德、偏关4县部分村庄"组织起来"
　　　统计一览 ·························· 83
表3-1 临县二区桦林村变工队成员土地增加情况 ···· 118
表3-2 临县二区桦林村变工队成员阶级成分变化情况 ··· 119
表3-3 岢岚县五区各阶层受贷统计 ············ 120
表3-4 岚县阴寨村1943年各阶层生产统计 ········ 162
表3-5 岚县阴寨村1944年各阶层生产统计 ········ 162
表4-1 岢岚县1945年春耕变工组耕作方式统计 ····· 195
表5-1 临南县马家岭村变工组组长个人情况统计 ···· 231
表6-1 临县1944年扩大耕地面积统计 ·········· 248

绪　言

一　研究缘起

20世纪80年代以来，中国共产党领导人厉行农村经济体制改革，倡导家庭联产承包责任制。"家庭"作为一个生产单位在集体化时代曾一度被取缔，其复兴的史实再次说明人类社会的发展是有规律的，并非以人的意志为转移。也就是说，当生产关系的变革超越生产力本身承载能力的时候，这样的变革会不可避免地以失败告终。个体经济在一定时期内的存在不仅适应于生产力发展水平的表现，更是传统稳定性对集体化抵制的内在反映。孕育于个体经济之内的传统互助合作模式，似乎因其存在的合理性而为当今社会所关注。

早在20世纪二三十年代，时人已认识到："中国农村经济之崩溃，其主要之原因由于生产之不丰，但农村合作之不发达亦足以影响于农村经济也。……农村合作之意义，便是在农村社会中以解决农村经济问题为目的底合作组织。……农村合作是救济农村衰败问题的唯一良善办法。"[①] 新中国成立前互助合作运动即为中国共产党领导下的苏区、抗日根据地、解放区等民主政府所普遍提倡，而且也是新中国成立后农业经济发展的主导模式。不少学者甚至将互助合作认定为农业集体化的发展源头。"研究历史最重要的是观察历史的重大转变，看历史对象是否为历史发展进程中的重大问题、关键问题、核心问题，看它是否影响或决定着一个国家、民族的历史

---

① 翟克：《中国农村问题之研究》，广州国立中山大学出版部1933年版，第322页。

走向和历史命运。"① 20世纪三四十年代中国共产党在各根据地互助合作运动的实践，不仅从经济层面为根据地的存续提供了坚实的物质基础，而且从政治、军事、社会乃至思想层面成功改造农民，动员其积极参与民族之战、民主之战。在这一重大革命历程中，革命化的农民和乡村成为中国共产党建立合法性权威的关键因子，而且为后来推行农业合作化和集体化运动准备了先决条件。换言之，互助合作不只是一项战时经济变革，而且是渗透到社会各方面的全面动员和改造，对后来新中国经济建设与社会制度发展产生了重要影响。

就历史发展进程而言，从互助合作到集体化是已逝历史的延续。在中国共产党的引领下，旧中国农村传统的封建因素正在被"革命话语"下的民主与进步因素所替代，农民自由、散漫、自私的心理也逐渐演化为带有强制色彩的集体主义思想。在从传统走向革命的过程中，互助合作运动成为改造乡村传统和建立革命秩序的桥梁。这主要体现为：它一方面吸收了传统互助合作模式中较为积极的因素，保留了个体经济和部分地满足了农民对生产资料的需求，另一方面则将农村社会相对分散的生产资料与社会资源进行较为合理的整合，不仅提高了农民物质生活水平，而且逐渐将其自私心理改造为革命化的集体理念，进而使中国共产党在乡村社会建立了合法性权威。随着合法性权威在农民内心深处的固化，多数农民不再对革命表示怀疑，而是义无反顾地走向革命的浪潮之中。

对于这一段历史的描述，似曾为集体化的大潮所淹没。其实，从互助合作到集体化，并非一路凯歌。言外之意，以往认为互助合作直接可以向集体化过渡的"线性"史观理应为"复线"史观所取代。因为"过去并非仅仅沿着一条直线向前延伸，而是扩散于时间与空间之中，历史叙述与历史话语在表述过去的过程中，根据现在的需要来收集摄取业已扩散的历史，从历史中寻找有利于己的东

---

① 李金铮：《向"新革命史"转型：中共革命史研究方法的反思与突破》，《中共党史研究》2010年第1期。

西"①。本书的研究亦有此意，它不仅有利于人们了解传统互助合作模式与中国农业合作化、集体化的关系以及中国共产党实行农业集体化的内在原因，而且也为今天社会主义新农村建设中闲置劳动力的安置问题给予深刻的启迪，并启发人们思考国家行政力量与农民传统之间相互博弈的复杂过程。对于这些问题的思考与解读是本研究的现实关怀所在。

二 研究区域与对象

历史学研究离不开研究区域与对象的选择，因为"历史学的目的是认识客观必然性（'世界性'）的实际表现，亦即揭示其多样性（'地区历史的'）"②。要想揭示晋西北社会经济发展的复杂表现，必须首先对其进行多方位的界定。晋西北地区作为一个地理概念，主要指山西西北部的黄土高原地区。在行政区划上，大体涵盖今忻州市、朔州市的全部和大同市、吕梁市的部分地区，包括河曲、保德、偏关、神池、岢岚、五寨等20多个县市。③ 也有学者认为晋西北地区"行政范围包括左云、右玉、平鲁区、朔城区、河曲、偏关、保德、神池、五寨、山阴、岢岚、兴12个县"④。在抗日战争时期和解放战争时期，晋西北地区主要是指西临黄河、东抵同蒲铁路、北达内长城、南至汾离公路的广袤三角区域。该区面积高达6万多平方公里，管辖仅有350万人口的35个县。⑤ 本书则以晋西北行政公署所属二、三、六分区为主，即河曲、保德、偏关、岢岚、神池、五寨、临县、临南、离石、方山、宁武、静宁、忻、崞共14县（见图0-1）。

---

① [美]杜赞奇（Durara Prasenjit）:《从民族国家拯救历史：民族主义话语与中国现代史研究》，王宪明、高继美译，江苏人民出版社2009年版，第2页。

② [苏]M. A. 巴尔格:《历史学的范畴和方法》，莫润先、陈桂荣译，华夏出版社1989年版，第38页。

③ 苏志珠:《人类活动对晋西北地区生态环境影响的初步研究》，《干旱区资源与环境》1998年第4期。

④ 朱东红:《晋西北地区生态环境质量评价研究》，硕士学位论文，山西大学，2003年，第6页。

⑤ 晋绥边区财政经济史编写组、山西省档案馆编:《晋绥边区财政经济史资料选编》（总论编），山西人民出版社1986年版，第1—3页。

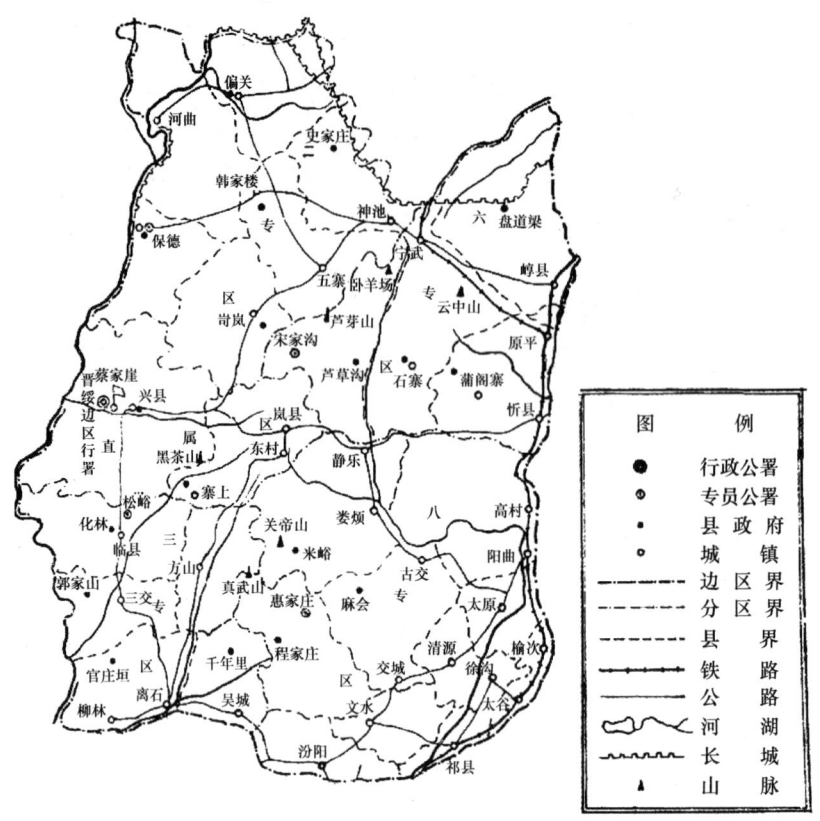

图 0-1　晋西北革命根据地局部图

资料来源：根据樊润德、路敦荣《晋绥根据地资料选编》（第 1 集）（中共吕梁地委党史资料征集办公室 1983 年编印）首页编制而成。

对于这样一个区域的选定，主要基于以下几个因素的考虑。首先，晋西北属于一个典型的边缘区。在已有的近代华北乡村社会经济研究中，论及山西的并不多。至于晋西北，除却岳谦厚等学者曾进行过深入研究外①，一些学术空白仍待进一步挖掘。为此，在以

---

① 相关研究如岳谦厚、张玮《黄土·革命与日本入侵——20 世纪三四十年代的晋西北农村社会》，书海出版社 2005 年版；张玮《战争·革命与乡村社会：晋西北租佃制度与借贷关系之研究》，中国社会科学出版社 2008 年版；岳谦厚、张玮《20 世纪三四十年代的晋陕农村社会：以张闻天晋陕农村调查资料为中心的研究》，中国社会科学出版社 2010 年版；等等。

"革命与传承"的论纲下，笔者试图透过已有研究的表象来细析革命发生与传统承接之间的内在关联。其次，晋西北处于晋、绥、陕三省交界地带，省际商品交流较为频繁。这一区域内商品经济的发展以及人口流动的频繁，有助于从另一层面解读革命发生的隐性缘由。因为晋西北乡村既不属于黄宗智眼中"分裂了的村庄"①，亦不属于完全封闭的共同体。晋西北经济滞后的原因在一定程度上可以归结为二者相互交融的结果。最后，基于个人因素的考虑。区域社会史的力行者行龙指出："开展中国区域社会史研究，研究者可以选择自己熟悉的生于斯、长于斯的相对区域开展研究。这样既有天时、地利、人和的基本条件，又有切身体会和领悟的实践。"② 对于笔者而言，晋西北这片熟悉的土地，激发了笔者研究的情趣。

由于"在历史叙事中，事件的时间标志是确保历史叙事真实性的一个重要叙事策略"③，所以对时间范围的限定也很有必要。法国年鉴派史学家费尔南多·布罗代尔（Fernand Braudel）把历史时间划为"长时段"、"中时段"和"短时段"三种"时段"，并提出与之相适应的概念，即"结构""局势""事件"。他认为："结构"是指长时间不变或者变化极慢的一些因素，但在历史上起经常性、深刻性作用；"局势"是指在较短时期内起伏兴衰，形成周期性和节奏性的一些对历史起重要作用的现象；"事件"则指一些突发的事变。在这三种"时段"中，长期起决定性作用的是自然、经济、社会的"结构"，"局势"的变化对历史进程起直接的重要作用，而"事件"只是社会震荡中掀起的浪花，对历史所起作用甚小。④ 根据

---

① [美]黄宗智（Philip Huang）：《华北的小农经济与社会变迁》，中华书局2000年版，第279—283页。
② 行龙：《走向田野与社会》，生活·读书·新知三联书店2007年版，第49页；行龙：《从社会史到区域社会史》，人民出版社2008年版，第159页。
③ 方慧容：《"无事件境"与生活世界中的"真实"——西村农民土地改革时期社会生活的记忆》，载杨念群编《空间·记忆·社会转型——"新社会史"研究论文精选集》，上海人民出版社2001年版，第473页。
④ [法]费尔南多·布罗代尔（Fernand Braudel）：《15至18世纪的物质文明、经济和资本主义》（第1卷），顾良、施康强译，生活·读书·新知三联书店2002年版，第7页。

布罗代尔的理论,对于革命史的研究应该使用"短时段"。但考虑到中共势力嵌入晋西北地区并非突发性的"事件",而更接近于"局势"的变化,本书拟使用"中时段"。以1940—1949年为时限,力图以该时段内晋西北革命根据地互助合作运动的发展历程来安排行文构架。

本书研究的主要对象是中共势力嵌入晋西北乡村社会后的互助合作运动。关于"互助合作"这个概念,目前学界并无标准的诠释。从字面意思来看,"互助合作"是相对个体的、单一的生产劳作而言。在本书中,它既不同于传统的互助合作模式,也不同于从西方引进的"合作"以及中共经济政策中的合作化、集体化。笔者认为,在20世纪三四十年代的晋西北乡村社会,"互助合作"既包括以"变工"为主要形式的农业互助合作模式,亦包括以农副业结合的变工合作社、单一副业为主的合作社、带有初级社会主义色彩的合作农场乃至随战争而生的"劳武结合"等。

三 学术史回顾

早在20世纪三四十年代革命演进的过程中,一些先后造访延安及其他根据地的中外记者就曾以时事报道或文学叙事的形式对互助合作这一改变根据地乡村社会的重大经济运动进行过评述。1949年新中国成立后,由于国际形势的骤变,西方学者对中国革命的相关研究趋于停滞。同时期国内的研究则基本以传统革命史观的论调为农业合作化运动的开展寻根问源。六七十年代后,随着国际形势的缓和,西方学者试图通过有限的资料以西方的理论解释中共革命获胜的原因。到了80年代后期尤其是90年代以后,学界的研究渐趋于微观的分析。近些年来随着相关革命历史档案的相继被挖掘以及新观念、新方法被大量的采纳,学术界对互助合作的研究日渐兴盛起来。

(一)亲历者的革命叙事

20世纪40年代,不少西方记者和西北考察团详细记载并报道了大量陕甘宁边区及其他根据地农业生产的具体情况。美国记者杰克·贝尔登(Jack Belden)生动地描述了太行边区农民劳动互助的情形，认为变工队"充分发挥了集体劳动和私人所有权这两方面的积极性"①。哈里森·福尔曼（Harrison Forman）对陕甘宁边区的互助合作给予充分的肯定，甚至将之视作美国农场中联合收割的生产方式，而吴满有等劳动英雄则成为引领中国社会走向民主与富强的力行者。② 伊斯雷尔·爱泼斯坦（Isrel Epstain）则以激昂的文字描绘了抗日民主根据地农民进行互助合作的真实画面，并且指出走互助合作之路是农村闲置劳动力的正确选择。③ 英国记者斯坦因（Gunther Stein）在目睹陕甘宁边区吴家枣园吴满有领导的变工队后发现："边区的每一个人都以变工队而自傲"，认为："共产党从年老的农民那里学到了这个，把它精制了一下，配上了许多宣传的东西，再交还了农民。"言外之意，斯坦因强调了中共利用农民互助合作传统将其成功置于政治动员之下，进而达到革命的目的。④ 在美国著名进步女记者安娜·路易斯·斯特朗（Aana Louise Strong）的眼中，中共扩大传统互助合作模式的范围，不仅体现在农业方面的互助合作，而且副业方面的互助合作亦得到普遍的推广。新式互助合作模式，不仅提高了生产效率、解决了农民食粮问题，而且在教育、文化等方面改善了农村的生活面貌。尤其是选举劳动英雄参加的劳动英雄大会，已成为推动社会进步的重要组织形式。在副业方面，纺织合作社的建立，不仅解决了农民的穿衣问题，而且提高了妇女的社会地位，使妇女获得了与男人平等的地位。更为重要的是，互助合作还培养了农民的集体主义精神。这一点，在抗灾、修路等规模较大的工作方面得以体现。因之，她认为根据地的农民，

---

① ［美］杰克·贝尔登（Jack Belden）：《中国震撼世界》，邱应觉等译，北京出版社1980年版，第150—154页。

② ［美］哈里森·福尔曼（Harrison Forman）：《北行漫记——红色中国的报道》，陶岱译，新华出版社1988年版，第63—74页。

③ ［美］伊斯雷尔·爱泼斯坦（Isrel Epstain）：《中国未完成的革命》，陈瑶华等译，新华出版社1987年版，第282—289页。

④ ［英］斯坦因（Gunther Stein）：《红色中国的挑战》，李凤鸣译，新华出版社1987年版，第65—77页。

已经成为独立的劳动者，成为从传统走向现代的新型农民。①

英国记者柯鲁克夫妇于 1947 年 12 月到达晋冀鲁豫边区十里店村，以"解剖麻雀"的精神观察和记述了中共领导下边区农民的政治生活与经济生活。他们认为由于坚持政府政策引导与农民传统相结合的原则以及坚持走群众路线，合作社不仅改善了农民的经济条件（如通过发展贸易和运输增加农民收入），而且提高了其政治觉悟（如积极配合工作队及农会的相关工作以达到"翻身"的目的）。他们还发现，对于传统的临时性、季节性互助组，中共采取"从群众中来，然后将其上升到较高水平，再回到群众中去"的办法。此办法不仅提高了农民的生产干劲，而且吸引了除贫农以外其他阶级的参与，尤其是妇女生产积极性的提高，增强了其要求获得与男人同等地位的信念。② 美国人韩丁以土改工作队观察员的身份于 1948 年参加了晋冀鲁豫边区张庄村的土改与整党运动，在与农民长时间的生活交往中，他目睹了农民互助合作的实践过程。首先，他发现在干部的动员下，张庄村农民"生产的广度和深度是人们从未经历过的"。他甚至认为"能不能把蒋介石轰出南京去，在很大程度上取决于生产运动能不能持续地发展"，也就是说，以互助合作为中心的生产运动是决定内战胜负的重要因素。其次，他认识到变革封建生产关系尤其是变更地权对激发农民参与互助组的推动作用。最后，他认为中共虽然延续了农民的传统，但是大量互助组的出现是"组织和推动起来的"，甚至一些大组的出现是干部强制的结果。不少干部的"极端主义"，导致一些互助组成为"执行政府公差、分配救济物资、管理生活而与生产很少联系的半官方机构了"③。

此外，美国前驻华外交官约翰·S. 谢伟思在给美国政府的报告

---

① ［美］安娜·路易斯·斯特朗（Aana Louise Strong）：《中国人征服中国》，刘维宁等译，北京出版社 1984 年版，第 123—134 页。

② ［加］伊莎白·柯鲁克（Isabel Crook）、［英］大卫·柯鲁克（David Crook）：《十里店（一）：中国一个村庄的革命》，龚厚军译，上海人民出版社 2007 年版，第 62—64、78—87 页。

③ ［美］韩丁（William Hinton）：《翻身——中国一个村庄的革命纪实》，韩倞译，北京出版社 1980 年版，第 238—250、618—625 页。

中充分肯定了中共在陕北动员民众方面所取得的成就，他指出：中共通过"强大的宣传运动和教育强制"，使包括二流子、妇女及部队等过去不事生产的这类群体在内的"每个人都成为生产者"。他认为利用农民传统互助合作模式建立起的"变工队"在受到农民普遍欢迎的同时，也提高了劳动效率。[1]

在同一时期，国内记者也对中共领导下敌后根据地军民互助合作生产的实况进行了描述。著名记者穆欣通过收集农民互助生产、民兵劳武结合式生产与战斗的丰富材料，记述了晋西北革命根据地互助合作运动的真实情况，充分肯定互助合作在整合根据地经济、社会乃至抗击日本侵略者方面所产生的重大历史作用。[2] 作为中外记者团成员之一的赵超构认为变工队不仅在生产上提高了劳动效率，而且具有一种政治意义："它打破了束缚农业发展的个体劳动，养成他们集体劳动合作互助的习惯。等到农民们逐渐了解集体的好处，就可以进一步提倡集体化的农业经营，而走到工业化的集体农场的道路。"[3] 对于另一种互助合作组织——合作社，他从五个方面肯定其经济作用，即吸收民间游资、包办民间商业、控制民间副业、帮助人民就业以及沟通公私经济关系。[4] 即便是为国民党反共制造社会舆论的另一位中外记者团成员——重庆商务日报记者金东平造访延安后，也不得不承认：中共以"透过民族形式"的宣传与树立典型人物去领导变工队、扎工队、运输队的方式，成功地组织民众生产与补给部队兵源。当然，他认为互助合作"实际上则是变相的将人民加以控制并榨取其过分的劳力"的观点有待商榷。[5]

这些亲历者的观察，可以说对中共领导的互助合作运动进行了

---

[1] 转引自［美］约瑟夫·W. 埃谢里克（Joseph W. Esherick）《在中国失掉的机会——美国前驻华外交官约翰·S. 谢伟思第二次世界大战时期的报告》，罗清、赵仲强译，国际文化出版公司1989年版，第188—189页。
[2] 穆欣：《晋绥解放区鸟瞰》，山西人民出版社1984年版，第76—82、97—113、231—319页。
[3] 赵超构：《延安一月》，上海书店1992年版，第196—197页。
[4] 同上书，第199—200页。
[5] 金东平：《延安见闻录》，民族书店1945年版，第85—87页。

感性的认识,大都肯定了其在提高农民经济、政治地位以及改造乡村社会方面的功绩,为以后学者们的研究提供了珍贵的素材。至于这些亲历者为何大都肯定中共领导的互助合作运动,笔者认为一方面他们所见一般仅限于典型地区的典型合作场面,并不能代表根据地的所有情况,另一方面他们自身对中共在根据地民主政治实践抱有极大希望,是知识分子对民主曙光的终极关怀。此外,鉴于当时政治形势,这些观察者可能也受到意识形态和媒体舆论的影响。

(二) 西方理论范式与传统革命范式下的宏观解释

1949年新中国成立后,在很长一段时间内,由于国际上资本主义阵营与社会主义阵营的对立和斗争,西方学界关于中国革命的解释主要集中于"同谋论"和"组织武器论"。"同谋论"认为中国革命的发生和最终结果主要是由国际因素而非由国内因素所决定的,共产主义运动的发生是苏联支持中国共产党的结果,而国民党的战斗力则因美国援助不力和苏联破坏性的外交让步而被削弱;"组织武器论"指出:列宁主义式的高度纪律化和职业化的组织通过冷酷操纵来攫取权力,认为中国共产主义革命是革命政党和政治精英"策划"而成的。[①] 毋庸置疑,这两种解释模式将研究的视角集中于上层政治精英和党组织,而忽视了底层民众参与的作用。到了六七十年代,学术界开始打破沉寂,西方学者试图构建一套解释中共革命获胜之因的理论模式。1962年,C.约翰逊提出由日本入侵引发的农民民族主义是中共获胜的决定因素这样一种观点。[②] 1971年,美国学者马克·赛尔登(Mark Selden)则提出用"延安模式"解释中共革命成功的原因。在论及陕甘宁边区的互助合作运动时,指出:1943年以前自上而下组织的合作社归于失败,因为"在农民看来,那些都不是他们的合作社,而不过是政府的机关"。虽然南区合作社作为典型而走向成功,但由于其规模太大以及过多依

[①] 复旦大学历史学系、复旦大学中外现代化进程研究中心:《近代中国的乡村社会》,上海古籍出版社2005年版,第329—332页。

[②] Chalmers A. Johnson, *Peasant Nationalism and Communist Power: the Emergence of Revolutionary China*, Stanford: Stanford University Press, 1962, pp. 2 – 19.

赖于政府的投资,很难成为直接被效仿的对象。基于此,中共决定通过互助的方法来转变边区的经济。他认为在农民的支持与当地热心干部的帮助之下,源自农民传统的互助组充分发挥了其制度上的优越性,不仅引起农村经济模式的变化,而且推动了社会政治的变革。[①]到了20世纪80年代,瑞典学者达格芬·嘉图在当时中国大陆档案资料还难以为学者所接触的情况下,大量利用日本方面保存的中国抗日根据地的文件资料对华北抗日根据地进行了较为翔实的研究。其中,关于互助合作运动的论述主要体现在以下几个方面。第一,进行劳动互助的必要性在于"人力、畜力的实际不足,战争对农业的广泛破坏和对农业产品的需求的增加";第二,劳动互助组这种组织形式的优越性不仅体现在提高劳动效率上,而且还体现在对妇女与小孩等"半劳动力"的吸收上;第三,在劳动力的平等交换中,主要受益者是贫农;第四,贫农和中农是互助组的主要参与者;第五,互助组的持久性取决于农民的真正支持;第六,互助组中存在的矛盾和问题不仅与人力、畜力、土地规模、生活标准的不同和人际关系的不融洽有关,而且与个人眼前利益和集体利益之间的矛盾相关。当然,土地的分散、传统习惯的困扰乃至战争后期大规模支前导致的人力短缺等问题,也在一定程度上阻碍了互助组的正常发展。[②]尽管嘉图并未对这些观点进行详细的论证。但是,这些问题的提出无疑为以后的研究提供了有益的线索和思路。

1949年以后,国内学者的研究基本上遵从于马克思主义史学,从党史的角度解释互助合作运动,未能脱离传统革命史的书写范式。如萧鸿麟撰的《中国农业生产互助合作》,将苏联农业集体化道路与中国新民主主义革命时期农业互助合作运动的发展史结合起来,进而得出这样一个结论:新中国成立后进一步推进农业生产中

---

① [美]马克·赛尔登(Mark Selden):《革命中的中国:延安道路》,魏晓明、冯崇义译,社会科学文献出版社2002年版,第226—237页。
② [瑞典]达格芬·嘉图:《走向革命——华北的战争、社会变革和中国共产党1937–1945》,杨建立等译,中共党史资料出版社1987年版,第209—223页。

的互助合作是农业社会主义改造的必然道路。① 一些论及革命根据地经济建设的书籍中或多或少地提到了互助合作运动。代表性的著作如北京师范大学政治经济学系编写的《中国近代经济史》，中国人民大学农业经济系编写的《中国近代农业经济史》，李雅清编写的《简明中国近代经济史》，毛锡学、李德章编写的《抗日根据地财经史稿》，清庆瑞撰写的《抗战时期的经济》，张水良撰写的《抗日战争时期中国解放区农业大生产运动》，黄文主、赵振军编写的《抗日根据地军民大生产运动》，等等。② 具有一定学术价值的论文，如朱玉湘以传统互助合作模式的缺陷为切口，较为系统地论述了中共在新民主主义革命时期开展农业互助合作运动的实践历程，认为党关于互助合作运动的政策与方针"在引导广大群众走上农业互助合作的道路方面起了决定性的作用"③。厦门大学历史系实习调查队撰写的《第二次国内革命战争时期的才溪互助合作运动》一文，以传统革命史的格调基本厘清了土地革命胜利后农民为调剂生产资料而组织劳动互助社和基于生产、消费的合作社的历史事实，认为农民的这一创举"指出了改造小农经济的正确方向"④。张水良则更加强调"组织劳动力是发展农业生产的中心关键"这一论题，认为新中国成立后的农村因遵照毛泽东"组织起来"的指示而迅速实现合作化。⑤ 这些观点明显地打上了时代的烙印，与其说是论述互助合作运动本身的历史，倒不如说是为农业合作化运动找寻历史依据。

---

① 萧鸿麟：《中国农业生产互助合作》，中华书局1954年版，第5—65页。
② 北京师范大学政治经济学系《中国近代经济史》编写组：《中国近代经济史》（下册），人民出版社1976年版；中国人民大学农业经济系编：《中国近代农业经济史》，中国人民大学出版社1980年版；李雅清：《简明中国近代经济史》，中国统计出版社1990年版；毛锡学、李德章：《抗日根据地财经史稿》，河南人民出版社1995年版；清庆瑞：《抗战时期的经济》，北京出版社1995年版；张水良：《抗日战争时期中国解放区农业大生产运动》，福建人民出版社1981年版；黄文主、赵振军等：《抗日根据地军民大生产运动》，军事谊文出版社1993年版。
③ 朱玉湘：《我国民主革命时期的农业互助合作运动》，《文史哲》1957年第4期。
④ 厦门大学历史系实习调查队：《第二次国内革命战争时期的才溪互助合作运动》，《厦门大学学报》1959年第1期。
⑤ 张水良：《抗日战争时期陕甘宁边区的农业互助合作》，《历史教学》1959年第9期。

(三) 多维度的微观分析

20世纪80年代后,国外学术界的相关研究渐趋微观化。一方面,不少论著面世。新西兰学者纪保宁(Pauline B. Keating)从生态社会学的视角入手,以个案分析的方式,对比了中共在陕甘宁边区商业经济较为发达、人口相对密集的绥德分区和社会经济发展相对滞后、人口相对稀少的延属分区进行开展合作化运动的差异,认为前者遇到的阻力较小,而后者则进展很小,因而作者指出马克·赛尔登所谓的"延安道路"并非可以推广到其他根据地。这一观点实际上意味着单纯行政力量难以在封建势力仍很强大的地方施展。①美国学者弗里德曼(Edward Friedman)、毕克伟(Paul G. Pickowicz)、赛尔登(Mark Selden)在《中国乡村,社会主义国家》(社会科学文献出版社2002年版)中对河北饶阳县五公村耿长锁合作社发展历程进行研究,综合运用历史学、政治学和社会学等不同学科的理论与方法,考察和再现1935—1960年中国华北农村社会生活的实况,并对中共政权在上述时段内改造农村的努力及其成效做出历史的评价,认为五公村早期的互助合作并不完全是教条主义的产物。或者说,某些党员干部的教条主义理念和热情与农民的自发愿望在特定的历史条件下发生重合。日本学者内山雅生以"共同体"理论作为分析工具,对20世纪前半期河北、山东等地农村的"搭套"习惯和20世纪四五十年代中共领导下的"互助组"进行了对比研究。②

另一方面,不少论文也与根据地时期的互助合作运动相关。澳籍华人学者冯崇义认为中共领导下的晋西北互助合作运动是构建"全能主义"民主政府的重要组成部分。③ 新西兰学者纪保宁从道

---

① Pauline B. Keating, *Two Revolutions: Village Reconstruction and the Cooperative Movement in Northern Shaanxi, 1934–1945*, Stanfand: Stanford University Press, 1997, p. 243.

② [日] 内山雅生:《二十世纪华北农村社会经济研究》,李恩民、邢丽荃译,中国社会科学出版社2001年版,第82—148、266—311页。

③ 冯崇义:《农民、知识分子与晋绥抗日根据地的民主建设》,载冯崇义、古德曼编《华北抗日根据地与社会生态》,当代中国出版社1998年版,第204—205页。

德、政治经济学的视角探讨了陕甘宁边区农民参与互助合作的心理与动机，认为合作社是中共动员农民参加革命的有力载体。① 法国普罗旺斯大学吴明煌认为国家意志和政策与农民传统价值和行为之间的相互交错导致合作化运动开展的艰难进程，当党尊重农民传统时，基层社会予以配合，一旦将激进的政策强加于基层社会时，结果只能是失败。② 日本学界对陕甘宁边区劳动互助合作的研究也取得了不少成果，代表性学者有高桥满、林要三、内田知行等。高桥满考察了生产中劳动力组织化问题；林要三认为以苗店子集体农场为典型的合作农场具有社会主义的性质；内田知行则指出农业互助组系通过表面互助合作实则剥削劳动力而建立，它有利于富农经济发展而不利于贫困阶层，同时认为在互助组内实现土地公有并不可取；井上久士则否定了林要三的观点，认为他所列举的合作农场成立不久即解体。③

国内研究可分为综合性研究与专题性研究两个方面。

第一，综合性研究。其一，专著方面。杜润生、郭铁民、林善浪、王贵宸等人的著作均论及新民主主义革命时期中共领导农民开展互助合作运动的史实。唯其局限于政策—绩效模式，未能论及实质性的问题。④ 叶扬兵在其70余万字的专著中，系统考察了新中国成立前后中国农业合作化的发展历程，不仅梳理了中共领导农业合作化运动的基本脉络，而且厘清了非共产党人关于农业合作化的设

---

① ［新西兰］纪保宁（Pauline B. Keating）：《抗日战争时期合作运动的剖析》，载南开大学历史系编《中国抗日根据地史国际学术讨论会论文集》，档案出版社1985年版，第330—342页。

② ［法］吴明煌：《中国革命的繁难进程——以昔阳县的合作化运动为例》，载［美］黄宗智（Philip Huang）编《中国乡村研究》（第七辑），福建教育出版社2010年版，第71—91页。

③ ［日］井上久士：《日本对抗日根据地问题的研究》，载中共中央党史研究室科研局编译处编《国外中共党史中国革命史研究译文集》（第一集），中共党史出版社1991年版，第470—483页。

④ 详见杜润生《当代中国的农业合作制》，当代中国出版社2003年版；郭铁民、林善浪《中国合作经济发展史》（下卷），当代中国出版社1998年版；王贵宸《中国农村合作经济史》，山西经济出版社2006年版。

想与尝试。① 周海燕从政治学角度以社会记忆和话语分析为理论框架，细致而深刻地解读了大生产运动的建构过程。在作者看来，大生产运动具备"战时紧急政治动员"、"政治合法性资源"和"规训手段"三种功能，而作为其重要内容形式之一的劳动互助不仅是中共应对政治合法性危机的临时举措，更是对乡村生产关系的重构和农民意识形态的教化。② 苏晓云则从理论来源、新中国成立前后的实践、价值诉求等方面分析毛泽东以"组织起来"为核心的农民合作组织思想。作者简略地描述了新中国成立前后农民合作组织之变迁，侧重于"组织起来"的价值及实践遗产。她认为毛泽东"组织起来"的理念是帮助农民摆脱贫困走向共同富裕，确保农业社会主义方向和走农村现代化之路的正确指针。③ 魏本权不仅从革命动员视角考察中共在苏区革命、减租减息、土地改革等重大革命进程中动员群众开展农业互助合作运动的革命策略，而且将中共农业互助合作运动置于"国家—基层社会"的研究架构之下，使革命史与社会史得到一定程度的整合。④

其二，论文方面。马福英讨论了抗日战争时期中共农业互助合作政策制定的必要性及其探索与形成过程，认为中共提倡的新式互助合作模式由于遵循群众自愿、因地制宜及有效领导等原则，在调剂劳动力与畜力、提高劳动效率、动员各阶层参与等方面发挥了积极作用。⑤ 徐有礼认为传统互助合作模式"是小农生产的一种附属因素"，因而难以成为推动农业经济整体发展的重要力量。相比之下，中共领导的新式互助合作模式则是提倡互助互利的"有领导的

---

① 叶扬兵：《中国农业合作化运动研究》，知识产权出版社2006年版，第74—166页。
② 周海燕：《记忆的政治》，中国发展出版社2013年版，第157—158、371—380页。
③ 苏晓云：《毛泽东农民合作组织思想与实践研究——基于"组织起来"的思索与考察》，中央编译出版社2012年版，第228—275页。
④ 魏本权：《革命策略与合作运动：革命动员视角下中共农业互助合作运动研究（1927—1949）》，中国社会科学出版社2016年版，第14页。
⑤ 马福英：《抗日战争时期的农业互助合作运动》，《河北师院学报》（哲学社会科学版）1983年第2期。

自觉的结合体",其经济内容更加充实,范围与规模亦有所扩大,不仅提高了劳动效率、最大限度地发挥人力与物力的作用,而且加强了生产的计划性和造成了群众普遍劳动的热潮。他同时指出"抗日根据地的农业互助合作运动具有浓厚的战时色彩和较大的不平衡性",在具体研究过程中不应单纯依靠数据分析而应更加重视总结其成功的经验。①侯春华认为抗日根据地农业互助合作运动的开展是农业生产面临严重困难的现实、民间互助合作的延续以及减租减息政策的贯彻三者相互作用的产物。②徐畅则将"搭庄稼"、合伙开荒、"安庄稼"、扎工及"并种地"等互助合作形式一律视为生产共同体。③持此观点的还有张思,他以村落共同体的视角详细考察了诸如搭套、换工、代耕、帮工、伙养役畜等近代华北农耕结合的多种形式。④事实上,这种共同体理论并非完全能"放之四海而皆准",即便在华北地区,山西与河北、山东农村的特点迥异,不宜整齐划一。李小红从组织模式、运行与绩效三个方面对近代农村传统式互助与中共式互助进行了详细的比较与研究,但其解释本身陷于传统阶级斗争说教,未能对近代乡村社会经济问题尤其是土地问题进行客观的评价。⑤纪能文借鉴新制度经济学的研究方法梳理了20世纪中国乡村合作化的发展与变迁过程。他不仅指出华北旱作地区存在着比南方稻作地区更为广泛与频繁的互助合作传统,而且将新中国成立前南京国民政府、中共革命根据地与新中国成立后的合作化、集体化进行了对比。他认为20世纪30年代的合作化运动在理论上移植了西方合作理论,在实践上则单纯依靠知识精英或政府

---

① 徐有礼:《试论抗日根据地的农业互助合作》,《郑州大学学报》(哲学社会科学版)1993年第6期。
② 侯春华:《论抗日根据地的农业互助合作运动》,硕士学位论文,郑州大学,2007年。
③ 徐畅:《近代中国农村农业劳动合作述评》,《吉林省教育学院学报》2005年第3期。
④ 张思:《近代华北农村的农家生产条件·农耕结合·村落共同体》,《中国农史》2003年第3期;张思:《近代华北村落共同体的变迁——农耕结合习惯的历史人类学考察》,商务印书馆2005年版。
⑤ 李小红:《近代两种农业生产互助模式比较研究》,硕士学位论文,河北师范大学,2005年。

行政力量，与中国乡村社会的传统规则严重脱轨；革命根据地互助合作运动绩效相对明显则主要得益于"路径依赖"与"非均衡供给"引致的"诱发性制度变迁"；新中国成立初期从互助组到初级社的过渡则是国家与乡村社会的"蜜月期"，而之后随着"反市场化"政策的实施以及"强制性变迁"的开展，真正意义上的合作化被迫中断，苏联式的集体化给中国乡村造成一场巨大灾难与危机。①刘显利从选择的存量、路向、实践、特色、增量五个方面阐释了中共在苏区选择互助合作道路的逻辑。认为这一时期选择互助合作道路主要基于现实困难，其发展则以政府政策文本为导向。作者将互助合作发展动力归于政策文本的支持力、组织管理的凝聚力、优抚红属的向心力、民主决策的推动力及干部的执行力的观点，值得借鉴。②邢乐勤考察了中共在苏区、根据地以及解放区进行农业互助合作运动的发展轨迹，阐述了毛泽东农业互助合作理论的形成过程、主要内容及其对合作社作用的评述等；③梅德平以新制度经济学的视角考察新中国成立前革命根据地互助合作组织变迁的基本历程、制度绩效及历史特征，认为中共在互助合作组织方面采取的诱致性制度变迁方式在巩固和促进革命根据地稳定与发展的同时，也因受自发性和自愿性原则的影响而导致组织规模的不经济。④

第二，专题性研究。左志远考察了华北抗日根据地互助合作运动的开展过程、组织类型、性质、特点及作用等；⑤黄爱军从政策实施、开展情况以及最终绩效三方面论述了华中抗日根据地的农业

---

① 纪能文：《从互助合作到集体化——20世纪中国的乡村改造运动》，博士学位论文，厦门大学，2007年，第98、177—183页。
② 刘显利：《农业生产互助合作的选择逻辑及其演进——以第二次国内革命战争时期的农业合作化运动为研究对象》，《求索》2013年第8期。
③ 邢乐勤：《新民主主义革命时期中共农业互助合作运动的实践与理论》，《浙江工业大学学报》2002年第6期。
④ 梅德平：《共和国成立前革命根据地互助合作组织变迁的历史考察》，《中国农史》2004年第2期。
⑤ 左志远：《简论华北敌后根据地的互助合作运动》，载南开大学历史系中国近现代史教研室编《中外学者论抗日根据地——南开大学第二届中国抗日根据地史国际学术讨论会论文集》，档案出版社1993年版，第377—386页。

互助合作运动。① 马冀从发展轨迹、绩效两个方面考察了1943年以后陕甘宁边区的互助合作运动，并指出同一时期合作经济在不改变个体经济前提下的蓬勃发展，成为农业互助合作运动得以开展的重要推动力量；② 耿磊认为陕甘宁边区政府在1941—1942年对劳动互助模式进行探索，逐渐由中央苏区单一行政模式向基于民间劳动互助的行政导向型模式转化，进而为毛泽东互助合作理论奠定基础，并指明了陕甘宁边区1943年以后互助合作的发展方向。③ 刘宏从组织形式、实践经验以及绩效三个方面阐述了晋察冀边区劳动互助的开展历程。④ 李玲玲在探讨晋察冀边区农业互助合作运动发起缘由、开展过程、组织形式及内容的同时，还考察了其组织体系、管理方式与社会绩效。⑤ 米玲认为晋察冀边区合作社的产生不仅有源可寻，而且是内生性与外源性两种因素相互影响的产物，其坚持党和政府领导、政策法规与社内自治相结合以及不拘泥于形式的办社经验值得借鉴。⑥ 刘璐淼等认为晋察冀边区合作社运动源自农民传统互助合作模式与民国前期社会团体、国民政府的试办，在抗战时期开始形成中共领导下的一场改造乡村社会的运动，其影响在于推动家庭内部结构的调整以及乡村经济结构的多元化。⑦ 刘大可从组织条件、组织形式、发展过程及其经验教训等方面基本上勾勒出了山东解放区互助合作运动的发展史貌；⑧ 周婷婷以"自下而上"的视角探寻互助合作的多面性，认为土改前农民加入互助合作组织是出于理性

---

① 黄爱军：《华中抗日根据地的农业互助合作运动》，《世纪桥》2008年第10期。
② 马冀：《抗战时期陕甘宁边区的农业互助合作运动》，《河南理工大学学报》（社会科学版）2008年第2期。
③ 耿磊：《探索中的转型：1941—1942年陕甘宁边区的劳动互助》，《党史研究与教学》2014年第2期。
④ 刘宏：《抗战时期晋察冀边区的劳动互助》，《河北学刊》1992年第3期。
⑤ 李玲玲：《晋察冀抗日根据地农业劳动互助运动的历史考察》，硕士学位论文，吉林大学，2006年。
⑥ 米玲：《晋察冀边区合作社发展探窥及思索》，《河北学刊》2014年第2期。
⑦ 刘璐淼、李朋：《抗战时期晋察冀边区合作社运动对社会经济的影响》，《河北师范大学学报》（哲学社会科学版）2016年第1期。
⑧ 刘大可：《山东解放区的农业互助合作运动》，《东岳论丛》1991年第3期。

的抉择，尤其是以中贫农为互助组骨干的发展模式是农民与中共博弈的产物。[1] 魏本权指出中共在沂蒙抗日根据地通过利益型、诱致型、强制型等多种动员策略，消除了传统互助习惯中的不公平性和剥削性，进而趋向于新式互助合作模式的均平性和对等性。[2] 王春明在以大生产运动为主题的专著中从政府政策法令的颁布、互助合作组织的类型及部分模范合作社的介绍3个方面勾勒了晋西北互助合作运动的动员与发展情况。[3] 张玮、李翠青指出中共晋西北劳动互助政策实施的必要性与重要性，但认为其本身具有难以克服的历史局限性，战时性政策无法适用于新中国成立后的农村社会；[4] 董佳以山西省档案馆馆藏原始资料为据，较为公允地指出中共晋西北变工运动的成功在于中共采取教育"翻身户"、典型示范、物质奖励、民主评议、群众监督和记录工分等办法实现了对变工队的有效管理。[5] 俞小和在对淮北抗日根据地互助合作运动的研究中指出，民主政府一方面通过发放贷款、订订兴家计划与规范记工制度等方式引导民众建立以农业生产为主的互助组，另一方面则大力开办流通、消费、金融等领域的各类合作社，这些举措从经济上改变了农村财富的分配格局和提高了民众生活水平，从政治上改变了农村社会关系，从社会上改变了社会风俗和社会心理。[6] 孙启正指出中共以"组织起来"改造农民互助合作传统产生的"效率"表象尽管很难解决"组织起来"之后出现的诸多困难问题，但此举事实上成为

---

[1] 周婷婷：《以乡村民众的视角探寻历史发展的多面性——以土改前山东根据地农民互助状况为例》，《山东社会科学》2012年第3期。

[2] 魏本权：《革命与互助：沂蒙抗日根据地的生产动员与劳动互助》，《中共党史研究》2013年第3期。

[3] 王春明：《晋绥边区的农业大生产运动（1940—1949）》，北岳文艺出版社2001年版，第213—242页。

[4] 张玮、李翠青：《中共晋西北抗日根据地劳动互助政策及其实践评析》，《古今农业》2006年第3期。

[5] 董佳：《抗战时期中共晋西北根据地变工运动述论》，《中共党史研究》2014年第9期。

[6] 俞小和：《调整与变迁：淮北抗日根据地的互助合作运动》，《安徽史学》2013年第4期。

中共开展农业合作化运动的策略根源，并最终演化为中共改造乡村社会的程式。① 此外还有刘宝联等人的相关研究；等等。②

综上所述，学术界对革命根据地互助合作运动的研究已经取得了相当丰硕的成果，尤其是多维度的微观分析机制越来越得到研究者的认同。但是，这些研究成果中存在的一些问题同样是不容忽视的。在史料征引方面，存在的问题较多。有的研究者误解史料，如难以辨别"变工"与"互助"的内涵。前文提及董佳的文章，独创"变工运动"一词，明显有违史实。事实上，已有晋西北抗日根据地文献、档案资料在提及"变工"时并未明确使用"变工运动"一词。更何况，"变工"只是农民进行劳动互助或互助合作的一种方式而已，晋西北抗日民主政府从未将"变工运动"付诸相关史料之中。此外，前文提及魏本权的文章亦值得质疑。该文将"变工"视为中共对农民"互助"的改造，认为抗日战争时期中共动员农民剔除剥削"互助"走向民主"变工"。此论断亦与史实不符，因为"变工"不仅在革命前的乡村社会已存在，即便在今天依然在部分乡村存留。以上两例足以说明，研究者某种程度的主观臆断与客观史实脱轨，偏离了农业互助合作运动的"本相"。此类现象的发生，一方面在于对史料解读得不够透彻，另一方面则是缺乏与其他相关资料进行对比与相互印证。尤其是口述史料的严重匮乏，致使不少研究成果更多体现制度史的某些特征，而缺乏社会史的基本表征。从这一方面讲，对农业互助合作运动的研究在史料挖掘方面尚留有很大的空间。在研究方法方面，大多研究成果从农业互助合作运动开展背景、组织形式以及实践绩效等方面入手，难以完全脱离政策—绩效模式和传统革命史书写范式的束缚，从而导致作为农业互助合作运动行为主体——农民的缺场。在研究内容方面，对于在互

---

① 孙启正：《组织起来：传统互助合作的改造问题——以华北根据地为中心》，《中国经济史研究》2016 年第 2 期。
② 刘宝联：《才溪乡的农业互助合作》，《党史研究与教学》1992 年第 5 期；王晋林：《"抗战胜利的必由之路"——论陕甘宁边区农业生产的互助合作》，《甘肃理论学刊》2004 年第 4 期。

助合作运动中呈现出的农民与中共的复杂博弈、农民与基层干部心态的变化、中共整合乡村资源的真实意图、农民参与革命的动机等问题的诠释，学术界并未形成一定的共识，尚有进一步提升的空间。为此，本书试图以这些问题为线索，对20世纪40年代晋西北革命根据地互助合作运动进行较为系统的梳理，以期还原其本相。

四 资料来源

任何一项历史学研究都难以脱离对史料的挖掘，因为"史料是历史学的基本要素之一，亦是史学得以存续的命脉"①。马克思曾指出："研究必须充分地占有资料，分析它的各种发展形式，探寻这些形式的内在联系。"② 本书是在收集大量原始资料的基础上进行的，包括省级及各县级档案馆馆藏未刊档案资料、已公开出版的各类资料汇编、地方志、文史资料（回忆录）以及田野调查资料等。

档案资料。文中使用的档案资料除偏关县、临县源于当地档案馆外，其他均来自山西省档案馆。这些档案中，有关互助合作的专题资料，如《晋绥边区的劳动互助》（1944）、《劳动互助材料》（1943）、《1945年一年来变工互助工作总结》（1946）、《晋绥区变工互助工作的总结材料》（1945）、《岢岚刘家窊自然村变工材料总结报告》（1945年6月26日）、《离石县第三区黄家峪变工组材料》（1946）、《离石县第一区张家梁村变工组总结》（1946）、《离石县二区穆村变工组总结报告》（1946）等；也有部分生产报告中涉及互助合作的，如《河曲县生产工作总结》（1944）、《宁武县夏锄工作报告》（1949）、《兴县半年来春耕生产总结》（1946）、《偏关县1944年春耕生产总结报告》（1944）、《偏关县1944年夏锄工作总结》（1944）、《偏关县1944年秋收变工生产总结》（1944）、《偏关县1945年春季变工生产报告》（1945）、《偏关县1946年春季生产总结报告》（1946）等。对于书中所引档案资料尤其是大量的图表

---

① 张玮：《战争·革命与乡村社会：晋西北租佃制度与借贷关系之研究》，中国社会科学出版社2008年版，第75页。

② ［德］马克思：《资本论》（第一卷），中共中央马克思恩格斯列宁斯大林著作编译局译，人民出版社2004年版，第21页。

及统计数据，均已细致核查，并做了一些技术上的处理。因笔者对晋西北地区自然生态环境、社会文化面貌以及民风、民俗等较为熟悉，所以在阅读文献资料及档案资料方面遇到的阻力较小。这些因素综合在一起，有助于体现本书的价值与意义。

编辑与出版大量文献资料。中央档案馆编写的《中共中央文件选集》（中共中央党校出版社1991年版）辑录了不少中央对晋西北抗日根据地生产、土地关系等方面的重要文件。收录在《张闻天晋陕调查文集》（中共党史出版社1994年版）的《晋西北兴县二区十四个村的土地问题研究》对了解抗战前后晋西北乡村土地关系变化有很大的帮助。晋绥边区行政公署于1944年、1945年先后编印《变工互助的发展形式——变工合作社》《关于变工互助的几个具体问题》等小册子，对当时的互助合作问题进行了详细的介绍与总结。20世纪50年代，史敬棠等编著的《中国农业合作化运动史料》（上册）（生活·读书·新知三联书店1957年版）不仅介绍了全国各地农村传统的互助合作模式，而且辑录了大量新民主主义革命时期中国共产党开展互助合作运动的原始资料，包括党的互助合作政策、方针及各苏区、根据地、解放区互助合作运动的发展情况、实践中发生的偏差与解决途径、重要经验与教训等。20世纪80年代以来，有关单位和个人编辑出版了不少根据地财政经济方面的史料书籍。与晋绥边区相关的，主要有晋绥边区财政经济史编写组、山西省档案馆编写的《晋绥边区财政经济史资料选编》（总论编、农业编、工业编、金融贸易编）（山西人民出版社1986年版），樊润德、路敦荣编写的《晋绥根据地资料选编》（第5集）（中共吕梁地委党史资料征集办公室1984年编印）涉及不少有关互助合作的资料。此外，陈国宝主编《山西省农业合作史互助组卷》（总卷第三册，山西农业合作史编辑委员会1996年编印）辑录了许多《晋绥日报》《抗战日报》尚未公开刊发的有关晋西北各县互助合作运动的详细报道。以上资料为本书研究的开展提供了不少有价值的信息。

报刊资料。新中国成立前的《解放日报》对各根据地、解放区劳动互助开展情况、绩效及经验教训进行了连篇累牍的报道,与晋西北互助合作运动相关的不少典例、统计数据也囊括其中;晋绥边区机关报——《抗战日报》《晋绥日报》对晋西北各地开展的互助合作运动进行了翔实的报道;备受晋绥边区民众所喜爱的《晋西大众报》《晋绥大众报》则以通俗而朴实的语言讲述了许多有关互助合作的生动事例。这些报纸资料与原始档案资料相结合,不仅可以充实论文内容,而且进一步提高了相关论述的可信度。

此外,从2008年至今,笔者曾先后到偏关、宁武、岢岚、五寨、兴县、临县等晋西北主要县份进行实地调查,与当地村民进行了面对面的交流,获取了不少单纯文字难以替代的口述资料。这些鲜活的资料在一定程度上印证了报纸资料与档案资料的真实性,更加增强了笔者论证的力度。

五 研究方法与思路

早在20世纪70年代后期,英国著名史学家杰弗里·巴勒克拉夫就已指出:"用新的研究方法和态度去解决历史学遇到的问题和处理历史资料的时代已经到来。"[①] 传统宏观史、政治史乃至革命史的书写范式渐次退出史坛或黯然失色。近年来随着社会史与社会经济史研究的兴起,对中国近现代经济史的研究逐渐进入微观区域史领域,尤其是美国学者的相关研究值得关注。马若孟(Romon Mayers)在《中国农民经济:河北和山东的农民发展,1890—1949》一书中首次使用"满铁资料"(日本学者在1939—1943年以"南满洲铁道株式会社"名义对华北地区进行的调查)对河北和山东农业经济进行的深入研究,认为中国农业发展的落后在于农业技术的落后,而非土地分配的不均;黄宗智在其经典著作《华北的小农经济与社会变迁》《长江三角洲小农家庭与乡村发展》中使用同类资料,指出近代中国农业经济产生了"过密化"现象,认为在这段时期内,中国农业经济总体上呈没有发展的停滞状态;杨懋春在《一个

---

① [英]杰弗里·巴勒克拉夫(Geoffrey Barraclough):《当代史学主要趋势》,杨豫译,上海译文出版社1987年版,第5页。

中国村庄：山东台头》一书中系统地叙述了华北一个村庄的社会发展变迁，是使用施坚雅（Skinner G. William）区域研究模式[1]（主张划分地域性的横向研究，将中国划分为九大区域，即东北、华北、西北、长江上游、中游、下游、东南沿海、岭南和云贵）的典型范例。此外中国学者的研究主要有费孝通的《江村经济——中国农民的生活》和《乡土中国》，前者采用微观社会学的方法，对长江三角洲一个名为开弦弓的村庄进行了实地调查，叙述了该村近代以来的社会变迁，认为发展乡镇企业是中国农业发展的根本出路。[2] 这些区域史研究的范本，为笔者撰写本书提供了一定的理论基础。

然而，无论国外的区域史研究还是国内的相关争论，都未曾对近代以来尤其是抗战以来中共革命场景下乡村社会的变迁进行过翔实的解读。徘徊在传统与现代之间的论题在探讨了农村阶级分化、商品化发展程度以及农民生活之外，未能找到链接彼此之间的支点，也未能对一个区域进行微观与宏观的整体化研究。这些研究，不少因异域而难以真正接近乡村，抑或因原始资料匮乏而使诸多症结难以解开。换言之，对于中共革命与乡村社会变迁的完整诠释，以往单一的宏观叙述与微观阐释不足以解读历史本身的复杂相。

本书研究力图超越传统史学以政治史、军事史和外交史为中心的单一叙事方式，从多角度辩证地论述革命与传承的关系。不仅采取宏观与微观、总体史与地方史相结合的方法，而且采取跨学科的多路径程式。计量学、经济学、人类学、社会学及民俗学等诸学科的研究方法，也择优取之。具体表现在以下几方面。第一，在宏观历史场景中对所选区域进行微观考察，以宏观场景统摄微观区域，以微观区域映衬宏观场景；既以地方史为研究脚本，又将地方史置于总体史中，以避免前者与后者的脱节，进而误入碎片化历史的困境之中。第二，以大量统计数据分析革命事件中参与者被组织化的

---

[1] ［美］施坚雅（Skinner G. William）：《中国封建社会晚期城市研究——施坚雅模式》（前言），王旭等译，吉林教育出版社1991年版，第4页。
[2] 参见费孝通《江村经济——中国农民的生活》，江苏人民出版社1986年版。

程度、事件发展的总体态势以及事件产生的影响力等。第三，以"自上而下"的视角分析政府政策导向性的同时，以"自下而上"的视角论证其执行力度与效果。第四，在对研究对象进行科学而严谨的分析、论证的同时，辅之以鲜活的实例，并将集体记忆融入其中，进而增强分析、论证的力度。

全书包括绪言、正文、结语三大部分。绪言从研究缘起、研究区域与对象、学术史回顾、资料来源、研究方法与思路五个方面对本书的研究目的、意义与可操作性等进行了简要的分析。正文部分共分为六章。第一章为背景介绍，一方面从社会生态学的视角解读了晋西北地区的生态与社会经济环境以及传统互助合作模式的内容与缺陷，另一方面则分析了中共势力介入晋西北乡村后实施的一系列政策如"三三制"政权建设、"四项"动员以及减租减息所引起的乡村社会的重组。这些政策的实施在一定程度上为互助合作运动的开展提供了必要的政治条件与经济条件。第二章使用大量统计数字从宏观与微观两个方面来分析互助合作运动各个阶段的组织程度。第三章从动员方式、群体心理两方面分析互助合作的动员机制。从实践绩效着眼，动员方式可分为策略型动员与偏激型动员。其中，策略型动员体现为干部、劳动英雄等基层工作者在农民之间的动员以及通过政府政策、媒体与文娱宣传等途径进行的动员。偏激型动员主要是指在动员中出现的强迫命令、自流等偏差。第四章从组织原则与形式两方面分析了战时中共动员下互助合作模式中所体现的"革命"与"传承"。第五章论及互助合作的运行机制，包括纪律条规与记工、折工、还工制度等的制定与实行。第六章分析了互助合作在经济、政治、军事、社会方面的绩效及"路径依赖""合作社模式"等制度安排的缺陷。结语部分不仅从中共整合乡村资源与民众参与革命的互动层面诠释互助合作运动在革命与传承之间的纽带作用，更为重要的是从历史发展的角度分析其给予当今新农村建设的重要借鉴。

六 创新与不足

本书研究力图从区域社会史的角度描述晋西北革命根据地以劳

动互助、合作社为主体的互助合作运动,尽可能地还原这一运动的本相。

首先,在以论为纲、以史为证的宗旨下,笔者从行文构思方面打破了传统的革命书写范式,不再囿于"政策—绩效"的模式。对于这种模式的扬弃,可以说是本书研究在构思方面的一个创新。在具体写作中,笔者试图从大量的原始档案资料及口述资料中找寻变工组、合作社发展的真实轨迹,加之当时大量的以报纸形式出现的媒体报道,无形之中避开了简单的"政策—绩效"模式,代之以充实而丰富的内容。

其次,在一些具体问题上,笔者提出了比较独特的观点。回溯学术史,国内的学者大都从宏观角度论述互助合作运动发起的背景、组织形式与方式以及影响或绩效,基本肯定了其在支援战争、巩固根据地或解放区政权巩固等方面的作用。而国外的学者在无以占有原始档案资料的窘境下,对新中国成立前中共在根据地或解放区互助合作运动的实践进行了大胆的猜想,有的认为这一实践是红色区域经济方面的伟大创新,有的则认为其构成了根据地全能式政府的有机组成部分,有的则认为这一时期互助合作运动的缺陷在于变工组一类的互助合作组织未能与合作社有效结合起来。[①] 笔者在本书研究中却发现,晋西北革命根据地"组织起来"并非简单地屈就于"政策—绩效"模式。在具体的动员过程中,不但动员对象——农民之间反应各异,即便作为动员者的骨干——干部之间心理的变化实难以在以往的研究中有所发现。而且,基于以往研究对过程方面描述的匮乏,笔者以大量的个案对互助合作的过程进行了细致入微的描述,这对于深层次地探析互助合作运动的运行机制不无裨益。

当然,本书研究也有许多不尽如人意之处。诚如杨懋春所言:"一个人不可能在一项研究中遍及中国的所有部分。……在中国南方观察到的可能完全不同于中国北方。即使在同一个省份,不同地

[①] 详见前面学术史回顾中的国外部分,不再一一罗列。

区的经济和社会差异也极大。"① 本书也绝非例外。对于晋西北一个地区的考察，也许无法代表山西诸多革命根据地，更毋庸言中共领导下的所有革命根据地了。据笔者所知，同属一个省份，晋西北比诸晋东南、晋南，地形方面乃至社会经济方面的差异，实在不容研究者所能忽略。研究区域的典型性有时难以去刻意追求，只能将所选区域尽力典型化，以引起学界的争鸣。

---

① ［美］杨懋春：《一个中国村庄——山东台头·作者前言》，张雄、沈炜、秦美珠译，江苏人民出版社2012年版，第4页。

第一章 传统社会中的革命

第一节 革命前的晋西北乡村社会

一 自然生态

研究一个区域，首先应该考察其地理位置与生态环境，这对于革命根据地的形成来说更是如此。美国学者范力沛亦认为："要一个特定根据地取得成功，地理因素（甚至不妨说军事地理因素）可能比社会和经济结构更重要。"[1] 而且，"研究农村社会史就得注意环境与社会政治经济的相互关系"[2]。晋西北独特的自然生态环境是建立革命根据地的必要条件。毛泽东在抗战开始之后，就曾经客观分析了在山西建立敌后根据地的必要性与有利条件，认为："山西将成为华北的特殊局面，这根本的是因为有红军，其次则是阎锡山与我们结合起来。由于这两个力量的结合，将造成数百万人民的游击战争"。[3] 而晋西北山区战略位置尤为重要，因为它不仅是扼守黄河以西地区的门户，有利于阻止日军对陕甘宁边区的冲击，而且是根据地与国统区之间的缓冲要塞，有利于双方的物资交流。

---

[1] ［美］费正清、费维恺编：《剑桥中华民国史》（下卷），刘敬坤等译，中国社会科学出版社1993年版，第745页。

[2] 岳谦厚、张玮：《黄土·革命与日本入侵——20世纪三四十年代的晋西北农村社会》，书海出版社2005年版，第68页。

[3] 中共山西省委党史研究室编：《中国共产党山西历史大事记述（1919—1949）》，中共党史出版社1994年版，第187—188页。

晋西北地区山脉绵延、沟壑纵深，自然生态独特。正如民国《偏关志》所载："晋北土质干燥，气候较寒，山田高耸，无川流灌溉，所凭藉者雨泽耳。"① 又如《山西大观》对保德县地形的描述："全县均被山峦覆盖，无平原。"② 兹从地形、河流、气候等方面分而论之。

晋西北地区地形以山地为主，主要有吕梁山、云中山、芦芽山、管涔山、黑茶山等，海拔多在2000米以上。吕梁山为最大山脉，绝对高度达2551米，北起宁武、五寨、岢岚、神池等县，南与黑茶山等诸山相连至黄河入口处之龙门山。③ 管涔山为第二大山脉，地处宁武、岢岚、五寨等县交界处，其主峰芦芽山海拔2736米。这些山脉东侧或东南侧与盆地相接，高出盆地700—1500米，山坡陡峭；西坡坡度趋缓，逐渐过渡到黄土高原区。"黄土为第四纪地层中之一特殊土质，其下部不相当于第三纪，而直属于白垩纪，由砂岩、砾岩、页岩、黏土等累层而成，有时也包含炭层。"④ 其一般厚度在30米以上，由于土层厚而质地粗细均匀，有机质含量很少，并且多呈垂直裂隙和柱状构造，极易遭受流水的侵蚀，大部分地区已被分割为破碎的丘陵沟壑。有的地方沟谷河道密度达到每平方公里10公里以上，为严重的水土流失区。⑤

晋西北地区河流从总体上可以分为黄河和海河两大水系。黄河流经偏关县之老牛湾向南流至晋南风陵渡，其第二大支流汾河为本区最大河流。汾河发源于宁武县境内的管涔山，全长650公里，流域面积39000余平方公里，几近山西全省总面积的1/4。海河五大支流之一的桑干河亦源自宁武县管涔山。以吕梁山为界，发源于其西麓之蔚汾河、湫水、离石水等小支流皆注入黄河，其东麓之支流

---

① 卢银柱校注：《偏关志》（增订本），中华书局2013年版，第101页。
② ［日］山冈师团编：《山西大观》，山西省史志研究院编译，山西古籍出版社1998年版，第882页。
③ 山西资料汇编编辑委员会编：《山西资料汇编》，山西人民出版社1960年版，第11页。
④ 周宋康：《山西》，中华书局1941年版，第2页。
⑤ 孙敬之：《华北经济地理》，科学出版社1957年版，第86页。

皆汇入汾河，其北麓之支流皆汇入桑干河，而其西麓广袤地带则为晋西北之核心地带。①

晋西北属于典型的内陆地区，加之群山环绕，很少受海洋影响，形成了独具特色的温带大陆性季风气候。冬季漫长寒冷且多暴风雪；夏季短促清热而少酷暑；春季干旱多风而罕降雨；早秋多雨暮秋多风。概言之，经年干燥少雨，是全省最大的风沙地区。受地形影响，各地气温不一，山地如右玉、宁武一带年均温仅4℃；河谷、盆地如忻州盆地气温相对较高。② 全区年均温较晋南地区要低，但日温差变化很大。如太原盆地日温差有时可高达4℃。大同一带有俗语云："朝穿棉袍午穿纱，怀抱火炉吃西瓜"，实乃该区温差极大之真实写照。③ 降水方面，大同、忻县、太原等盆地区年降水量为400—500毫米；吕梁山系如右玉等县年降水量为500—600毫米；吕梁山西侧黄河沿岸地带如河曲、保德、偏关、石楼等县年降水量为400—500毫米。④ 就整体而言，"晋西和晋北地区平均一般不足400毫米"⑤。缺水现象之严重，由此可见一斑。

总而言之，黄土构成晋西北地区典型的生态表貌。一方面，黄土"能够不需肥料，作物即能生长，它自身能够制造肥料，易于摄取水与空气，而恢复其生产力；同时能渗透地下水，由毛细管作用以吸取其下层所蕴蓄的极为丰富的混合肥料"。也就是说，黄土为晋西北地区农业生产提供了初始的自然环境。另一方面，黄土自身特性的发挥必须与适宜的水分相结合。如前所述，晋西北地区水资源匮乏，尤其在春耕时节若无天雨，黄土"土质干松，而易将种子

---

① 中共山西省委调查研究室编：《山西省经济资料》（第一分册），山西人民出版社1958年版，第12—15页。

② 刘欣、景占魁：《晋绥边区财政经济史》，山西经济出版社1993年版，第43—44页。

③ 山西资料汇编编辑委员会编：《山西资料汇编》，山西人民出版社1960年版，第18页。

④ 张维邦：《山西省经济地理》，新华出版社1987年版，第13页。

⑤ 中共山西省委调查研究室编：《山西省经济资料》（第一分册），山西人民出版社1958年版，第27页。

全曝于日光中"以致"芜为赤地"。① 于是，黄土在很大程度上限制了农民的生存与乡村社会经济的发展。

二 社会生态

如前所述，晋西北独特的生态环境，在很大程度上影响了革命的发生。然而，"在追寻革命发生的原因时，研究当时当地的社会经济情况，至少从学术程序上讲是很有必要的"②。在以小农经济占主导地位的传统社会中，农业是考量社会经济发展的主要标尺。战前，晋西北为主要产粮区。农作物种类因地而异，黄河沿岸兴、临、河曲、保德、离石、中阳等县，多为谷子、麻子、黑豆及各种豆菽类和小麦、高粱、玉米、莜麦、胡麻、山药蛋等；方山、静乐、岚、岢岚、五寨、神池、宁武等县，则以莜麦、山药蛋、胡麻、荞麦为主，兼种植糜子、谷子、豆菽、高粱等耐旱作物；雁北地区亦以莜麦、胡麻、山药蛋为主；忻县、太原盆地区以高粱为主，谷子次之，其他旱地杂粮作物均可种植。粮食产量除自给外，尚有余粮可供输出。如临县每年能产粮40万石，可以输出10万石左右，输出量约占总产量的1/4，而岚、静乐、宁武、神池、五寨等县丰年一年的产粮能供当地人口三年食粮，即可做到"耕三余一"。总体而言，除河曲、保德、偏关3县粮食稍有不足外，其余各县的粮食每年均向外输出。离石、临、兴3县多输出到陕西各县。岚、静乐、宁武、苛岚、五寨4县余粮往往运输到太原销售，其余雁北各县余粮则由平绥路输出。③

除粮食作物外，经济作物种植也较为普遍。临、兴等县均能植棉，临县某年曾收获皮棉200万斤以上，该县三交镇以下至碛口镇，到处都可以看到轧花厂、打包厂。麻则是临、方山、离石等县的特产，不但质优，产量亦大，每亩水地能收麻60—100斤，系主要输

---

① 冯和法编：《中国农村经济资料续编》，黎明书局1935年版，第243页。
② 陈德军：《乡村社会中的革命——以赣东北根据地为研究中心（1924—1934）》，上海大学出版社2004年版，第111页。
③ 晋绥边区财政经济史编写组、山西省档案馆编：《晋绥边区财政经济史资料选编》（总论编），山西人民出版社1986年版，第7—8页。

出品之一。仅临县年产麻就高达100万余斤，方山县屹洞镇年产麻亦至50万斤。除棉、麻外，兴、临、离石各县均能种植烟草，临县年产烟草曾高达30万斤。而作为该区商品大宗之一——植物油的原料种植如胡麻、麻子、芸薹、黄芥等油料作物也相当广泛。各县均有大型油坊数十座，仅临县一地就有70座供冬季榨油的油坊，岚县年输销太原的油曾高达50万斤。①

晋西北林产及药材也是出口商品之大宗。阎锡山省政十年建设时期修筑同蒲铁路枕木、电线杆及太原建筑与器具用的木材大半均采自宁武、方山、交城3县，西北实业公司火柴厂的木轴均在方山、交城2县设厂制造。各县山地一般均产药材，种类达六七十种，知名品种如甘草、黄芪、冬花、麻黄等。岚、静乐、岢岚、五寨、神池、宁武、兴等县均有大批量的药材出产，仅方山县一年所产药材运输至河北祁州及外县各处销售者，价值即达四五万元之巨。②

由于草木繁盛、地域辽阔，晋西北山区又成为优良的畜牧区。抗战前山西全省4个公营牧场，有3个分别选在静乐县、方山县与交城县之间及岚县，欧美良种如美利奴羊、荷兰牛和爱西亚牛均在此地繁殖、牧养。山西土种羊更是这一带农家饲养的重要牲畜，每一个小村庄都有几个大羊群。牛也是晋西北各地的主要牲畜。岚、岢岚、静乐、兴4县之猪，兴、临、岢岚3县之毛驴，以及宁武、静乐等县之骡马都比较有名。③

此外，晋西北园艺、蔬菜种类多，蔓菁、青芥等为地方特产。山药蛋除做蔬菜外，当地农民还往往将其视为主食。果木数量以枣树为最，各县都有，黄河沿县的红枣尤以保德县红枣个头大、味甜而深得民众喜爱。此外，花红、梨、海棠、海红、葡萄、桃、李、杏均产，清源、太原2县之葡萄尤为知名。雁北怀仁县的苹果亦为名产，汾阳、中阳、孝义、介休等县核桃产量很大，在一定程度上

---

① 晋绥边区财政经济史编写组、山西省档案馆编：《晋绥边区财政经济史资料选编》（总论编），山西人民出版社1986年版，第8—9页。
② 同上书，第9页。
③ 同上书，第9—10页。

丰富了农民生活。①

晋西北地区以煤、铁、锰等矿产资源最为丰富，其他金属矿如铜、铅、银、金以及非金属矿石膏、硫黄、硝石等蕴藏量亦为数不少。该区地底藏煤丰富，除岢岚、五寨、方山等县尚未有煤矿发掘外，其余各县均有煤产，尤以保德、兴、临3县最多。宁武、静乐、河曲、偏关、保德、阳曲、临7县均产铁，临县招贤镇规模为最大。静乐县西马坊铁矿与锰矿储存大，矿质甚好，铁矿石含铁成分在50%—70%，锰矿氧化锰成分含量在50%以上。②

丰富的农产与矿产资源为传统手工业的发展提供了廉价镇的原料。临、兴、离石等县民间纺织业相当发达，特别是在临县三交镇至碛口镇一带，能纺织的妇女约有8000户，每年可织土布20000匹。1925年后，在临县城南先后开办公益、六业丰、民生等工厂并在兴、临两县设立纺织传习所，以推广改良木机和采用洋纱织布。土法造纸业也有很好的基础，抗战前曾有纸坊172座，并具有制造钞票纸的能力。临县榆林村与龙王沟为主要的造纸基地，每处有纸坊二三十家。采煤业亦有一定基础，据相关资料显示：1934年16县共有大小煤窑392座，年产煤4万吨。保德、兴县、临县每县有煤矿多处，每处有煤井三五座至十余座不等。保德所产煤除在本县销售外，曾用船由黄河运往山西、陕西各地销售。临县招贤镇所产煤还曾由碛口运往吴堡一带销售。制铁业亦以该镇最负盛名，有铁矿窑31座，年产毛铁400万斤；铁厂28座，年产铁器100万余斤。瓷器业也有所发展，保德、河曲、临南、离石、朔、临、兴、静乐8县抗战前曾有瓷窑114座。此外，还有烟坊、油坊、烧坊（造酒）、粉坊、糖坊、毡坊、丝织作坊、皮坊以及铁匠、木匠、石匠、瓷瓦匠等各种手工业。③

综上所述，抗战前的晋西北不仅物产资源丰富，而且手工业较

---

① 晋绥边区财政经济史编写组、山西省档案馆编：《晋绥边区财政经济史资料选编》（总论编），山西人民出版社1986年版，第10页。
② 同上书，第6—7页。
③ 同上书，第10—12页。

为发达。这种自给自足的小农经济是否意味着社会经济的进步与农民生活整体水平较高的发展态势呢？有学者论道："和中国的其他任何地区相比，华北大区都更是一个城市稀少、人口稠密、贫穷落后和完全自给自足的乡村内地。"① 地处华北边缘地带的晋西北也不例外。有资料这样记载了当时晋西北农民生活的状况：河曲、保德两县有不少农户"全家盖一条破棉被，出门替着穿裤子"，"不少农民因无力偿还地主债务，被逼得卖房卖地、卖儿卖女，有的甚至被迫自杀。有的无奈只好背井离乡，远离口外谋生"②。难怪当地流传着这样一首民谣："河曲保德州，十年九不收，男人走口外，女人挖苦菜。"另有相关统计数字显示：1927—1936年10年间，临县全县18000余户中就有9000多户倾家荡产、妻离子散。③这种情况也反映在亲历者的回忆中，张稼夫在谈到革命前的文水县时曾这样描述："多数农民生活贫困……许多人家不得不出外谋生，有的远走关东、蒙古，赚些'外汇'以维持生活。"④

与此种现象相照应，晋西北农民饮食结构的极端不合理更凸显出其贫困落后的生活面相。长期以来，该区习惯夏、秋一日三餐，春、冬一日两餐，主食以小米、粗粮居多。伴以山药蛋、甘薯、糠菜，逢年过节方食白面。⑤ 所以白面在这里是极为奢侈的食品。⑥ 如石楼县"贫苦农民食不果腹，常年吞糠咽菜，春夏之际，采食柳芽、树叶、槐花、榆钱、甜苣、灰菜。逢年过节也只能勉强吃一顿白面饺子（俗称扁食）"⑦。20世纪40年代初中共晋西区党委在兴县农村了解到的相关情况是：泉子坪村农民饭食分为三等，一等是

---

① ［美］周锡瑞：《义和团运动的起源》，张俊义、王栋译，江苏人民出版社2010年版，第4页。
② 刘欣、景占魁：《晋绥边区财政经济史》，山西经济出版社1993年版，第49页。
③ 同上。
④ 张稼夫：《庚申忆逝》，山西人民出版社1984年版，第1页。
⑤ 吕梁地区志编纂委员会：《吕梁地区志》，山西人民出版社1989年版，第511—516页。
⑥ 张玮：《三四十年代晋西北农民家庭生活实态——兼论"地主阶层"经济与生活水平之变化》，《晋阳学刊》2005年第1期。
⑦ 石楼县志编纂委员会：《石楼县志》，山西人民出版社1994年版，第435页。

早上吃白面与玉米面混做的卷子和用山药蛋炒的菜，晚上吃白面，每顿饭平均约 0.3 元；二等是早上吃玉米面、酸菜或山药蛋等，晚上吃莜面或荞面，间隔半月或 20 天吃顿白面，每顿饭平均约 0.2 元；三等是早上吃谷面或硬黍子面，不吃菜或吃酸菜，晚上吃米多，每顿饭平均约 0.15 元[①]；赵村农民"平日不吃菜，吃起菜时，就做一大锅，尽够吃"，不论贫富都如此。[②] 如此饮食，实在令人难以置信。

造成这种贫困落后状况的决定性因素是什么呢？20 世纪 80 年代以来，流行于新中国成立前后很长一段时间的阶级分化理论受到了不同程度的抨击。人类学学者韩敏即指出："政府所宣传的关于地主与佃户之间矛盾的固定模式是以马克思的阶级理论为基础的，这一理论认为剥削阶级与被剥削阶级之间的矛盾是不可调和的，因此这两个阶级之间不可能有和谐。但我在李家楼的调查中发现，地主与佃户之间的和谐和共生不仅是可能的，而且对他们双方来说也是必要的。"[③] 具体到晋西北乡村的社会经济，有学者认为"在小农经济占主导地位的晋西北，农民从事生产来维持生计，其经济生活因土地占有多寡亦即收入高低而不同，地主、富农生活相对优裕，普通农民生活倍加艰苦"[④]。这只能说明土地占有对农民生活有着很大的影响，但并不能解释它在多大程度上影响了农民的生活。这一问题需从人地关系和土地分配关系两方面考察。

从人地关系来分析，据南京国民政府参谋本部 1935 年的调查：山西农民户均耕地面积为 31.2 亩。[⑤] 其中岢岚、宁武、神池、五

[①] 渠桂萍：《20 世纪前期华北乡村民众的社会地位表达方式》，《晋阳学刊》2008 年第 2 期。

[②] 岳谦厚、张玮：《黄土·革命与日本入侵——20 世纪三四十年代的晋西北农村社会》，书海出版社 2005 年版，第 202 页。

[③] 韩敏著：《回应革命与改革：皖北李村的社会变迁与延续》，陆益龙、徐新玉译，江苏人民出版社 2007 年版，第 63 页。

[④] 岳谦厚、张玮：《黄土·革命与日本入侵——20 世纪三四十年代的晋西北农村社会》，书海出版社 2005 年版，第 201 页。

[⑤] 实业部国际贸易局：《中国实业志（山西省）》，实业部国际贸易局 1937 年版，第 9（乙）页。

寨、河曲、保德、偏关7县详情见表1-1。依据表1-1，7县户均耕地面积最低为宁武县的22.6亩，最高为五寨县的110.3亩，平均为54.4亩。这一数据明显高于全省户均耕地面积的平均数。另据1941年的调查资料显示（表1-2）：该年晋西北7县人均耕地占有最高为河曲县的78.7亩，最低为宁武县的3.7亩，平均为22.6亩。当然，这一数据并非完全可靠，由于当时政局混乱，不论是耕地面积还是人口的统计数据都难以精确。但表1-1、表1-2均可以证明7县户均、人均耕地占有数量之高的史实。然而，耕地占有在数量上的优势并非与农民生活水平成正比。事实上，在1941年中共晋西区党委的调查中显示：方山、岚等9县37村中，山地占总耕地93.5%，平地占4.3%、塔地占1.12%、水地占1.06%；兴县、河曲县等11个县中，山地占83%、平地占9.1%、塔地占6.5%、水地占1.24%。[①]

表1-1　　　　　　　晋西北7县农户耕地占有情况

县别 \ 项目	耕地面积（亩）	户数（户）	户均耕地（亩）
岢岚	292533	8060	36.3
神池	724108	8264	87.6
宁武	230140	10141	22.6
五寨	715334	6484	110.3
河曲	416715	13610	30.6
保德	209468	6830	30.6
偏关	358240	5727	62.5

资料来源：实业部国际贸易局：《中国实业志（山西省）》，实业部国际贸易局1937年版，第24（甲）、29（甲）、11（乙）、16（乙）页。

---

① 中共晋西区党委：《经济建设材料汇集Ⅰ——农业牧畜》，山西省档案馆，D1—919，第5—6页。注："塔地"系指位于山麓或坡度较小而容易积水的地块，即类似于梯田。

由此推算，晋西北所有耕地中，山地及塔地占90%左右，平地、水地则分别占9%、1%。地瘠之况足以可见，构成影响农民生活水平的一个天然且关键因素。

表1-2　　　　　晋西北7县人均耕地占有情况

县别 \ 项目	耕地面积（亩）	人口（人）	户均耕地（亩）
岢岚	422418	22000	19.2
神池	675430.5	41330	16.3
宁武	203475	55099	3.7
五寨	174567	30000	5.8
河曲	5493192	69814	78.7
保德	472360	50842	9.3
偏关	858601.5	34506	24.9

备注：宁武县在1940年晋西北行署成立后，一部分划归静宁县。

资料来源：晋绥边区财政经济史编写组、山西省档案馆编：《晋绥边区财政经济史资料选编》（总论编），山西人民出版社1986年版，第14页。

再从土地分配关系来看，在晋西北一般是占总人口4%—10%的地主占有35%—80%以上的耕地。[1] 也有学者利用中共中央晋绥分局调查研究室关于兴、临、临南、保德等9县20村的调查资料得出如下结论：1939年占总人口7.8%的地主占有37.7%的土地，占总人口13.5%的富农占有22.9%的土地，占总人口74.9%的中农和贫、雇农占有38.9%的土地。[2] 这些资料的共同点就是均凸显了地主、富农在土地占有中的主导地位，非常迎合当时中共动员农民的政治意图。然而，也有资料与之大相径庭。据1944年偏关县委的

---

[1] 穆欣：《晋绥解放区鸟瞰》，山西人民出版社1984年版，第64页。
[2] 张玮：《战争·革命与乡村社会：晋西北租佃制度与借贷关系之研究》，中国社会科学出版社2008年版，第75页。

一份调查报告显示：1936年该县西沟行政村地主、富农、中农、贫农、雇农、商人、工人7个阶层占全村人口的比例分别为0.7%、1.9%、17.5%、37.7%、1.3%、5.7%、30.8%，占有土地的比例分别为9.3%、8.4%、37%、33.7%、0.1%、2.5%、7.5%，其他阶层占人口总数的4.4%，占土地总数的1.5%。① 也就是说，西沟村地主土地占有量低于富农、中农，若将地主和富农两个阶层之土地相加才达到全村土地的17.7%，而占全村总人口77.4%的中农、贫农、雇农、商人、工人及其他阶层则占有82.3%的土地，其中中农占有37%的土地，是该村土地占有状况的一个显著特征。这一特征显然与上述资料所言相抵触，与以往学术界关于地主占有农村70%—80%的观点相左，也没有当代学者高王凌得出的地主占有土地处于30%—40%的数字高，而更接近马若孟在研究20世纪30年代河北和山东农村地权分配所得出的华北土地分配趋于分散而非高度集中的结论。② 因之，有学者得出20世纪30年代在江南地区"土地占有的集中化是不存在"的结论同样可适用于晋西北。③

当然，地权的分散并非意味着租佃关系的不重要。据中共晋西区党委1941年关于兴、临、河曲、宁武4县部分村庄的调查，发现大致有50%或以上的农户土地不足而需租种别人的土地或与其他拥有剩余土地的农户发生租佃关系。④ 另据兴、河曲、保德、宁武4县17个自然村调查，发现"地主出租自己所有土地的80%，富农出租1/3（中农、贫农也有一小部分零星出租）"，"全部土地的三分之一，发生着租佃关系"⑤。但中共晋绥分局调查研究室1942年

---

① 偏关县委：《西沟行政村调查》（1944年），偏关县档案馆，1—1—67—4。
② 高王凌：《租佃关系新论——地主、农民和地租》，上海书店出版社2005年版，第5页；[美]马若孟（Roman Myers）：《中国农民经济——河北和山东的农民发展，1890—1949》，史建云译，江苏人民出版社1999年版，第149—157页。
③ 张佩国：《近代江南乡村地权的历史人类学研究》，上海人民出版社2002年版，第134页。
④ 张玮：《战争·革命与乡村社会：晋西北租佃制度与借贷关系之研究》，中国社会科学出版社2008年版，第88—89页。
⑤ 晋绥边区财政经济史编写组、山西省档案馆编：《晋绥边区财政经济史资料选编》（农业编），山西人民出版社1986年版，第84—85页。

关于兴县高家村、温家寨及临县窑头、刘家圪埈、杜家沟5村调查资料显示5个村庄自种地占土地总数的79.7%，租种地则为20.3%。自种地所占比例越大，越能说明自耕农在整个社会经济中占据重要地位。比此份资料早十余年的20世纪30年代时人毕任庸的相关研究也证实了这一点。毕氏认为山西自耕农比较占优势，如1930—1933年山西自耕农在农户总数中的比重分别为72%、61%、61%、60%，而佃农比例则分别为13%、19%、18%、18%。[①] 当然，也有个别地方租佃关系较为发达。如抗战前神池县小羊泉村，佃户占全村总户数的55.9%，出租土地占全村土地总数的57.6%，河曲、保德两县佃户占全县户数的比例平均为28.7%。[②] 但就整体而言，抗战前后的晋西北农村社会是一个自耕农占多数或以自耕农与半自耕农为主体的社会。

在这种地权分散、自耕农占主体的耕织经济中，农民生活水平受到各种因素的制约。首先，生态环境的制约。晋西北各地经济发展与农民生活水平因生态环境而异。太原、大同等盆地地区人口稠密、交通便利，社会经济水平一般较高；黄河沿岸兴、临、河曲、保德等县农业建设、农村境况相对好于其他地区；方山、岚、静乐、岢岚、五寨等县地广人稀，社会经济发展较为落后，但商业（尤其是粮食交易）与畜牧业较为发达。[③] 其次，农业生产技术、耕作方式乃至农具等都十分落后。这里的农业生产耕作粗放，广种薄收。农田水利设施在山地、丘陵等地区根本不存在。稍微先进的耕作器具和农副产品加工机械可以说是微乎其微，甚至不少地方耕地时还是"二牛抬杠式"或者人力拉拽。作物品种单一，祖辈流传，几十年也不予以改良与调换。肥料很少，有的地方一年也不施一次肥料，全靠往来飞禽走兽施予。土地亩产量极低，正常年份下山地亩产粮食仅3—5斗，遇有灾年，可能颗粒无收。农业生产力水平的

---

① 毕任庸：《山西农业经济及其崩溃过程》，《中国农村》1935年第1卷第7期。
② 刘欣、景占魁：《晋绥边区财政经济史》，山西经济出版社1993年版，第47页。
③ 晋绥边区财政经济史编写组、山西省档案馆编：《晋绥边区财政经济史资料选编》（总论编），山西人民出版社1986年版，第3页。

低下，使得"农民终岁辛劳，却仅可勉强糊口或即便省吃俭用也只能维持最低层次的生活标准"①。再次，国民党政府苛捐杂税的盘剥。如，以阎锡山为首的山西国民党政府除征收粮食税和统税外，还强迫农民缴纳名目繁多的杂税，如牲畜税、屠宰税、果木税、木材税、熬硝税、制盐税、煤炭税、烟叶税、香税、作坊税、印花税、厘金、田房管理税等。这些税收就像一条条绳索紧紧套在农民的脖子上，使他们难以有喘息的机会。最后，自然灾害频繁。主要的灾害有旱灾、涝灾、雹灾、霜冻等。据相关史料记载，民国以来此地天灾不断。如1920年、1928年春少雨夏干旱，朔县、山阴等县收成仅及常年的2/5，大同、河曲等县多数村庄收成全无；1932年夏秋之际雨涝成灾，大多县份遭劫，部分重灾区如河曲县巡镇樊家沟，700余顷田禾、60余间房屋被毁，造成灾民1106人；1934年，大同等县遭涝灾兼旱、雹灾，造成灾民无数。② 如此实例还很多，不再赘述。

概言之，该地社会经济长期落后并非由土地分配不均抑或阶级剥削严重所致。生态环境严重制约了经济的发展，并在一定程度上成功抵制了近代化抑或现代化的冲击，传统的主导地位在整体上并未发生根本性的变化。

三 传统的互助合作模式

一般而言，国外学者对传统互助合作模式的研究，大多是将其置于共同体理论之下。德国著名社会学家斐迪南·滕尼斯曾将传统村落共同体分为血缘共同体、地缘共同体与精神共同体，认为这三种共同体在空间与时间上都紧密相连，"凡是在人以有机的方式由他们的意志相互结合和相互肯定的地方，总是有这种方式的或那种方式的共同体，因为从前的方式包含着后来的方式，或者后者变成相对独立于前者"。而且，在共同体支配之下，"邻里是在村庄里共

---

① 刘欣、景占魁：《晋绥边区财政经济史》，山西经济出版社1993年版，第45页。
② 山西省史志研究院编：《山西通志·民政志》，中华书局1996年版，第221—225页。

同生活的普遍的特性。在那里，居所相近，村庄里共同的田野或者仅仅有农田划分你我之界，引起人们无数的接触，相互习惯，互相十分熟悉；也使得必须有共同的劳动、秩序和行政管理"①。他的这些论述，非常精辟地解释了传统互助合作模式存在的根基在于血缘关系、地缘关系以及由此而生发的精神依赖。倾向于赞成共同体理论的日本学者内山雅生则认为搭套一类的传统互助合作模式建立于农业生产力差距较大的农户之间，且具有一种救济贫民的机能，是传统"温情主义"的体现。②但同样深受日本学界共同体理论影响的国内学者张思，在详细论述近代华北农村以搭套、换工、役畜借用、代耕、帮工、帮忙等形式的农耕结合习惯为主体的村落共同体的基础上，结合满铁调查资料与作者实地访谈资料，批判了内山的前述观点，认为："近代华北农村的搭套基本上是在占农家大多数的中农与贫农之间进行的。这些农家在从事搭套时虽然难以保证在经营土地方面的绝对对等，但其差距在这些农家看来不算很大，没有超出被大家所接受、默认的容许范围。"③另一位国内学者则认为，传统中国社会并非西欧式"小共同体本位"社会或俄国式"多元共同体本位"社会，而是"大共同体本位"社会，亦即受大共同体——王权的一元化控制。在这种体制下，小农之间以血缘、地缘为纽带的小共同体力量较为弱小，难以与大共同体相抗衡。④除"共同体"论争之外，国内学者吴业苗将传统乡村社会中农民自发式经济合作划分为商品性雇工合作、非商品性互助合作和以合会为主要形式的农村民间金融合作。他认为雇工合作多发生在富人雇穷人上，但在农忙季节，无劳动力的中农和贫农户甚至鳏寡户也有使

---

① [德] 斐迪南·滕尼斯（Ferdinand Tönnies）：《共同体与社会——纯粹社会学的基本概念》，林荣远译，北京大学出版社2010年版，第53页。
② [日] 内山雅生：《二十世纪华北农村社会经济研究》，李恩民、邢丽荃译，中国社会科学出版社2001年版，第134—135页。
③ 张思：《近代华北村落共同体的变迁——农耕结合习惯的历史人类学考察》，商务印书馆2005年版，第335页。
④ 秦晖：《农民中国：历史反思与现实选择》，河南人民出版社2003年版，第263—268页。

用雇工者；互助合作包括人工换人工、畜工换畜工和人工换畜工、农具等；金融合作则以借贷为主。① 这些论点，各有其成立的道理，从不同角度解读了传统互助合作模式运行的条件、机制及功能，非常有益于笔者去揭开晋西北传统社会的面纱。

论及传统互助合作模式，考察其根源是很有必要的。法国社会学家 H. 孟德拉斯认为："自然条件、技术习惯和现有的机构决定着农业劳动者对一切事物的观察方式。"② 晋西北地区严重恶劣的生态环境，加之农业耕作技术的长期落后，早在中共势力介入之前农村社会就广泛存在着传统的互助合作模式，如人力变工、人畜变工、畜力之间的变工以及集体扎工等。③

1. 人力变工

尽管从清朝中后期到民国初年，中国人口急剧增长，但其增长范围主要限于南方尤其是商品经济较为发达的沿海地区。对于偏居内地边缘区的晋西北地区，人口素来相对其他中心区域要少得多，加之清末以来"走西口"移民潮的影响，青壮年劳动力的缺乏较为严重。在这种无法抗拒的社会压力之下，农户之间以劳动力交换为主要内容的人力变工构成传统社会中虽简便却相当重要的互助合作形式之一。它主要包括人工变人工、合股办水利、朋伙种地三种形式。

人工变人工是指具有邻居或亲戚关系的 2—3 户农民之间进行的劳动力的交换。其交换办法特别简单，通常是一工交换一工，给谁家做工吃谁家饭，有时各家吃各家的饭。这种发生在农忙尤其是夏

---

① 吴业苗：《演进与偏离：农民经济合作及其组织化研究》，南京师范大学出版社 2011 年版，第 25—33 页。

② ［法］H. 孟德拉斯（Henri Mendras）：《农民的终结》，李培林译，社会科学文献出版社 2010 年版，第 136 页。

③ 这种互助合作模式基本属于自发性的。有访谈资料记载：像农村以前是不是有这种自发的互相变工形式——自发的变工在过去主要是从两家共喂一条牛开始的，很自然就形成一个小变工组了。今天你耕地我给你打土，明天我耕地你给我打土，主要是自然条件制约下的一种形式，但是让人们体会集体的好处。参见梁景和《中国现当代社会文化访谈录》（第一辑），首都师范大学出版社 2010 年版，第 9 页。

锄、秋收时分的互助合作形式，往往要求对方在短期内还工。如兴县二区西宋村的变工办法：

> 王某要变李某的两个人工，就先给李某锄一天地，第二天余下2个人工给王某锄，第三天王还李一个人工。吃饭是给谁锄地吃谁。若变工数在2个以上时，谁先给谁锄主要看两家关系好坏，看实际谁的地荒的厉害，不是死固定王某非得先给李某锄地不行。不过若还工较多时，就是王某先给李某锄地，因两家互不吃亏（一个人锄地锄得少，人多锄地锄得快，一下就能锄完）。四五家在一起变，变法是轮流锄，给谁锄，大家都去给他锄。早、午饭是给谁锄吃谁，晚饭各吃各的。①

这种变工形式除锄草时进行之外，依农活自身特征划分为如下几种形式：播种为不违农时，多数农民进行"借工"抢种，尤其是种糜子、麦子一般需要3—5个劳动力，调剂劳动力成为必要之举；耕地、耧种须找有掌犁、筛耧经验的老农完成，即"拙工变巧工"；吊杆打水、晚间浇地亦需3—4人互助合作方可完成；收割莜麦、捞麻、晒麻、打谷时均需要较多劳动力进行合作，其中捞麻、晒麻至少需要20人。② 这些形式因农作需要而自然形成，普遍遵循自愿原则，农忙时出现，之后消失，灵活性较强。

合股办水利出现在淤地、修渠、筑坝等涉及多数人利益、工作量较大的劳作之中。其中，淤地有集股淤地和淤地公司两种形式。群众集股淤地有时是为了保护村庄，有时则是单纯为了淤地，前者全村农户均出人工，后者则是群众自愿集股。集股形式有三种，以人工入股，适合有劳动力的农户，办法简单，较为普遍；以资金入股，适用于缺乏劳动力的农户，其办法是按人工折算现金，若每股

---

① 晋西北行署：《劳动互助材料》（1943年），山西省档案馆，A88—6—8—3。
② 晋绥边区行政公署：《晋绥边区的劳动互助》（1944年），山西省档案馆，A90—5—6—1。

以10个人工计算,就按10个人工出钱算作一股;以铁锹为单位集股,如静乐县汾河川地区群众淤地时根据铁锹的多少集股。另一种是由官绅组建淤地公司,由少数权贵富豪垄断。山阴县傅山水利公司与民生水利公司出资收购大部水地和大块河滩地,雇专人淤地,成功后将之出卖或租给无地户,从中渔利。[①]

朋伙种地亦称"安庄稼",系亲戚或朋友共同租种地主土地,以"伙出劳力伙分利"为原则的一种互助合作形式。互助合作办法是由两三户贫苦农民与地主合作,前者主要提供劳动力,而后者则提供土地、畜力、农具。除收获粮食地主收取大部分外,其余按人工平均分配。这种形式既包含与地主之间的租佃关系,又容纳了农户之间的合作互助关系。此种情形在岢岚县山区普遍存在,是贫困且劳动力短缺户之间维系生存的一种不得已而为之的办法。此外,还有搭伙开荒、伙种蔬菜等。搭伙开荒是指几户农民共同租借一座山开荒,大家伙种,秋后按股分粮。这种互助合作形式大多流行于有劳动力而无地种的贫苦农户之间,在人少地多的地区较为常见。伙种的蔬菜包括伙种西瓜、甜瓜等,是鉴于技术缺乏而进行互助合作的一种形式。该形式以土地为中心,将人力、农具集中起来按股分配收获物,但其适用范围狭小,多限于同族内部。[②]

2. 人畜变工

在传统农业生产中,役畜的作用相当大,它是某些劳作如送粪、耕地、播种、打场等的必备之物。但是由于小农经济下农户分散生产,加之经济条件的限制,人畜变工成为经营农业的重要组织形式。它包括人工变畜工、畜力变工、借牛犋、雇牛犋、揽工捎地等形式。

人工变畜工主要发生在有劳动力无畜力与有畜力无劳动力的农户之间。一般是1个牛工换2个人工,有时有牛户要出1个劳动力

[①] 晋绥边区行政公署:《晋绥边区的劳动互助》(1944年),山西省档案馆,A90—5—6—1。

[②] 同上。

为无牛户耕种,就需要还 3 个人工。在吃饭问题上,无牛户不管饭,有牛户则有时给无牛户管饭。这在临、兴、保德、离石等使用单牛犋(即用 1 个牛耕地)的县份较为普遍。但这种变工并不普遍,适用范围较为狭小。① 在岢岚、宁武、河曲、神池等使用双牛犋的县份,牛主去 1 个跟牛的人,耕 1 垧地还 4 个人工,实际上还 3—3.5 个人工。此外,还有 2 个驴工换 1 个牛工、1 个驴工换 1 个人工等。临县等地向来存在驮炭捎牲口的互助合作形式,即甲、乙两户分别有 1 头驴,需要驮炭时,一人赶两头驴,两人轮流进行,第一次甲赶,第二次则乙赶。牲口草料自理,所驮之炭亦各归各家,只为节省 1 个人工。此外,临、兴等县打麦、耕伏地时大多靠借牲口来完成,草料均由牛主出。②

畜力变工可分为如下几种形式。第一,伙喂牲口,也叫贴牛腿。由于贫困户无力单独购买与喂养牲口,于是 3—4 户共同出资购买一头牲口,共同喂养,轮流给各户耕作,通常每户有一条牛腿。由于牲口属于共同财产,所以在使用时往往伴随着劳动力的交换。也就是说,这种形式表面上是以畜力为中心,实际上是畜力与劳动力的结合体。同时因其以牲口为纽带,互助合作关系较为稳定。第二,合犋,也叫格犋。在个体农户役畜较少或弱小时,须与他户役畜合作,即两户的役畜结合为一犋进行耕作。与伙喂牲口相同,合犋亦包括畜力与劳动力的合作。合犋的范围多限于兄弟、亲友、朋友、邻里之间。牛系各家自喂,早上一起上地,中午共同回来。这种形式多流行于中贫农之间。若双方关系融洽,合作关系的维系有时长达几年甚或十几年,最短也有一个季节。③ 第三,朋牛。有多余牛力者与无牛力者临时合伙耕作被称为朋牛、"贴牛角子"或"贴甲子"。此种互助合作形式兼有租牛与劳动互助的性质。有牛户给无

---

① 晋绥边区财政经济史编写组、山西省档案馆编:《晋绥边区财政经济史资料选编》(农业编),山西人民出版社 1986 年版,第 243 页。

② 晋绥边区行政公署:《晋绥边区的劳动互助》(1944 年),山西省档案馆,A90—5—6—1。

③ 同上。

牛户耕地，由无牛户支付部分草料与牛租。耕地时有牛户掌犁，无牛户协助，具体耕地时间则由牛主决定。岢岚县"贴甲子"依牛强弱而定报酬。正常情况下，1头牛耕1垧地算作1个工，一甲子为12个工，须现给牛主300斤草、3斗料，3斗租则秋后交还；若牛壮实，一日能耕1.5垧地，即现给牛主400斤草、4斗料，4斗租秋后交还。① 第四，畜工变畜工。此种形式在有牲口户之间进行，系单纯的畜力调剂。兴县西宎村牛工耕1垧地交换1个驴工，牛主跟牛与否无明确规定，但是还工时驴不跟人，牛草料以及牛主吃饭均由牛主自理。②

借牛犋是一种将几户牛犋集中到一起进行耕作的互助合作形式。宁武、岢岚等县在翻伏荒时，经营地主和富农有时借五六犋牛来开荒以扩大耕地面积。离石等县在翻麦地时，地主、富农地多块大，怕长工耽误时间，往往借牛犋，集中三四头牛一齐耕完，再做别的工作。还有就是遇上雨天或其他耽误的情况下，地主、富农即借牛进行耕作。在多数情况下，借牛犋仅限于地主、富农向其伙计或贫苦农民借牛犋。这种合作形式带有明显的剥削色彩，由于他们之间的特殊关系如租佃关系、雇用关系乃至情面关系，地主、富农一般不给伙计或贫苦农民任何报酬。③

雇牛犋是指在耕地时，由于自己人力、牛力不足或根本没有牛力而出工资雇牛工。在岢岚县梁家会村，工资是1犋牛带1个人每天工资为现洋1元，饭是耕谁的地吃谁的，牛料却由牛主自己出。④ 在兴县，耕一垧平地工资1.6元或1.5小斗黑豆；耕1垧山地0.8—1元或1小斗黑豆。⑤ 这种方式的缺点是雇牛户经常雇不上牛犋，以致因此而耽搁耕地。因为雇牛犋需得等到有牛户的地全部耕

---

① 晋绥边区行政公署：《晋绥边区的劳动互助》（1944年），山西省档案馆，A90—5—6—1。
② 晋西北行署：《劳动互助材料》（1943年），山西省档案馆，A88—6—8—3。
③ 晋绥边区行政公署：《晋绥边区的劳动互助》（1944年），山西省档案馆，A90—5—6—1。
④ 《岢岚梁家会生产变工组调查材料》（1945年），山西省档案馆，A139—1—45—5。
⑤ 晋西北行署：《劳动互助材料》（1943年），山西省档案馆，A88—6—8—3。

完或牛有空闲时方能进行。

揽工捎地是贫农、雇工与地主、富农之间的互助合作形式。地主、富农给贫农、雇工耕地，贫农、雇工则帮助地主、富农种地，只吃饭而不算工资或工资数额很小。其存在的意义就在于，对贫农而言，主要是解决其口粮困难问题，双方关系较为稳固，比揽工强；对地主而言，可以解决其劳动力缺乏的问题，比雇短工强。在静宁县，一个雇工给富农捎种3垧地，一年只赚莜麦6斗。[①] 岚县梁家庄村贫农梁大孩以90个人工换地主梁家有牛工耕地9垧。[②] 这说明在揽工捎地中，双方存在一定的剥削关系，富有者获益往往多于贫者，具有严重的不对等性。

3. 扎工

扎工，本意为"集体打短"，即农民集体外出受雇。但实际上，大多数扎工并非指单纯受雇的短工，它还包括一部分自己种有土地的农民因需进行劳动互助而参加扎工。因此，扎工基本上仍属于一种劳动互助组织。[③] 参与扎工的农民组成扎工队，为由地主、富农充任的"功德主"服务。扎工队的"工头"则充当扎工队与"功德主"的中间人。在晋西北，扎工流行于离石、河曲、保德、临等县。从夏季锄草、夏收、打麻以及开伏荒到秋季收割，扎工队一直存在。它与普通变工组不同。首先，扎工队人数多，少则5—6人，多则20人。其次，扎工队的工人与雇主是带有雇用性质的劳资关系，工人之间则是合作性的互助关系。最后，"功德主"经常剥削工人。如出雇时够1个工即多算1个空工，亦即9个人可算10个人的工钱，5个人只算0.5个空工，14个人则能算1.5个空工。这些空工所得工钱多由"功德主"塞进了自己的腰包。[④] 笔者从一份档

---

① 《静宁县春耕生产材料》（1945年7月1日），山西省档案馆，A140—1—29—1。
② 《岚县春季工作报告》（1946年7月），山西省档案馆，A139—1—20—1。
③ 史敬棠等编：《中国农业合作化运动史料》（上册），生活·读书·新知三联书店1957年版，第12页。
④ 晋绥边区行政公署：《晋绥边区的劳动互助》（1944年），山西省档案馆，A90—5—6—1。

案资料中发现了对类似于扎工组织的详细描述。兹摘录如下：

>在岢岚县梁家会村流行着一种叫做"领工"的互助合作组织。每年在临近开荒之时，由一个所谓"领工"的工头，私自准备好几十把镢子，到处招收愿意帮助别人开荒而赚工资的雇工。经常集聚10—30人，由工头和地主商量好，集体给地主开荒。每个工人在参加工头的"领工班"后，一切行动举止都得受工头支配。平时地主雇散工，每天都得2角现洋，但雇用"领工班"的工只需1.8角现洋。起初工头领给工人的镢子是新的，但到掘完荒地时镢子已用颓，工头即借故扣除工人的工资顶价。另外，工人工资经常由工头拿上买水烟、布甚至大烟卖给工人。这样，将来工头可随便扣除工人工资。一来一往，工头欺工人愚昧，从中剥削工人。比如买回的布每尺2元现洋，卖给工人却每尺得2.3元现洋。
>
>对工人来说最毒辣的办法是所谓的"打跑工"，即在开荒的时候，工人都并排着朝前面锄，大家都怕被"打跑工"，都拼死命的锄，如其中有个别体力较弱劳动效率稍差些，锄的地面却稍比别人的落后了。回去时，工头就会叫你背起铺盖"滚蛋"。那工人却没一句话说的，只好遵命"滚蛋"罢了。无论你是做了多少天的工，叫你"滚蛋"时工资全部归工头所得。
>
>又有一种是叫做"拼工"的，即你领一班人，我领一班人，同时给一家地主开荒，互相拼命的锄。两班人齐着排在一起往前锄，如果两班人锄的快慢都相等，锄的地面大小差不多，那就无话说。如果那一班劳动效率稍差些，锄的地面稍微小些，那这班人就被"打跑工"了，全班人就得背上铺盖"滚蛋"。所有该得的工资全班人一个也不能领，却由打胜的一班人所得，分开使用。这样做法，互相竞争，大有胜存败亡之势。于是劳动效率越竞争越高，工人越熬不住。结果占了便宜的却是地主。另一方面，所有人中间往往因此而引起彼此间的憎恨，分散了

工人的团结。①

以上资料详细地再现了扎工抑或领工等一类型劳动互助合作组织的显著特点：带有鲜明的封建剥削色彩。那么，这种剥削程度有多大呢？由于相关资料匮乏，难以进行定量分析。但从中足以管窥其剥削程度之大，早已超乎一般人的想象。这份材料的典型性姑且不论，其中反映的问题却很重要。至少有一点可以肯定，这类型的劳动互助合作组织在革命前的晋西北乡村还是普遍存在的，只不过其剥削程度各地不尽相同，不宜整齐划一。

4. 兑地

兑地系指两户关系好的农民，为了便于生产而相互调剂土地，有"死兑"和"活兑"两种。"死兑"出于以下目的：兑舍弃地，如修建房屋须占用邻家土地时就得兑调，兑调代价及成功与否取决于两家关系的亲疏程度；兑坟地，往往需要好几倍的代价；为了耕种方便而双方情愿互兑，代价基本相同。这种形式多见于地主与富农之间进行。"活兑"，系临时兑调耕作，土地所有地权不变。若无种菜之地，就拿自己的山地来兑；甲乙两家东西两山各有地，为了耕作方便，一家全种东山的土地，一家全种西山的土地。此种形式较多流行于中农以下阶层之间。②"但由于土地的肥瘦与离市场远近的不同，农民之间的这种交易显然成本太高"③，因而在现实生活中并未被普遍采纳。

从以上分析中不难看出，存续于晋西北民间的传统互助合作模式是农民在长期生产与劳动中自然结合形成的，有着其自身较为显著的特点。具体表现在以下几方面。第一，参加互助合作组织的阶层主要是缺乏农具或劳动力的贫农和中农，富农和地主很少或不参

---

① 《岢岚梁家会生产变工组调查材料》（1945年），山西省档案馆，A139—1—45—5。
② 晋绥边区行政公署：《晋绥边区的劳动互助》（1944年），山西省档案馆，A90—5—6—1。
③ 梅德平：《中国农村微观经济组织变迁研究：1949—1985——以湖北省为中心的个案分析》，中国社会科学出版社2004年版，第55页。

加。第二，较为普遍地遵循平等自愿、等价交换原则，在人力、畜力、农具甚至土地等方面进行互相调剂，但很少记工，折工亦无统一标准。① 这种表面看似合作双方进行互通有无的交换，实际上"经济行为背后有着社会关系和人品能力的判断"。② 正是因为这种潜在的约束力，使农民之间在互助合作中就责任与义务达成一种默契。第三，阶级意识淡薄。传统互助合作模式并未完全屈从于阶级属性，地主、富农与贫农、雇农等不同阶层抑或租佃关系之间均部分地体现出互助合作的意味。张闻天在对兴县14个村进行调查后，明确指出：农民之间的租佃关系掺杂着浓厚的亲属、朋友与互助关系。③ 这一现象之所以普遍存在，主要是因为包括贫农和雇农在内的底层农民都心怀一种理念：保持与地主的自主性与机动性关系，亦即在关键时刻希冀"临时抱佛脚"④。如借牛犋、揽工捎地、扎工等基于贫者与富者之间的互助合作更多基于他们之间关系的协调与非对立。而这种协调关系是"历史地形成的、经协商而实现的村庄生活的道德情境"的预期体现⑤，它促使自主性与自愿性的互助合作构成乡村合作与互惠的社会基础，进而形成乡村生活的正常形态。第四，数量少、规模小，具有临时性与季节性。第五，参加互助者只限于本族和亲戚、邻里之间，具有狭隘性，而且只是男全劳动力参加，不能容纳其他劳动力参加，闲置劳动力得不到有效发挥。如静乐县一犋牛能耕60—70 垧地，"葛结"（合牛）两家只有50—60 垧地，耕完就让牲口歇下，不能用于开荒或运输，不早上

---

① 史敬棠等编：《中国农业合作化运动史料》（上册），生活·读书·新知三联书店1957年版，第35页。

② 郭于华：《受苦人的讲述：骥村历史与一种文明的逻辑》，香港中文大学出版社2013年版，第120页。

③ 《张闻天选集》传记组、中共陕西省委党史研究室、中共山西省委党史研究室：《张闻天晋陕调查文集》，中共党史出版社1994年版，第106页。

④ Samuel L. Popkin, *The Rational Peasant: The Political Economy of Rural Society in Vietnam.* Berkeley·Los Angeles·London: University of California Press, 1979, p. 76.

⑤ [美]詹姆斯·C. 斯科特：《弱者的武器》，郑广怀等译，译林出版社2007年版，第226页。

地，空闲下的人闲游乱窜，也不能动员家里的妇女、小孩参加生产。① 第六，缺乏互助精神。虽有些调剂作用，但遇到困难和问题能互相帮助解决的情况很少。如静乐县的"葛结"，只局限在"葛结"两家，对他人则不管，不互相交流经验，墨守成规，存在一种"各人自扫门前雪"的思想。② 此现象从侧面印证了摩尔的观点："在中国的乡村中，很少有机会需要众多村民一起通力协作来共同完成一个任务，从而形成团结的习惯，并培养起休戚相关的感情。"③ 公共事务或公共工程的缺失部分地阻碍了农民之间互助精神的扩散。第七，部分劳动互助关系中有剥削关系。如静乐县部分村子雇牛犋时规定耕1垧地要3斗料或2—3元现洋，远高于市场价。④ 这些特点已经表明，"小农户间的这种劳动组合方式，不像租佃、雇工契约关系那样正规，但协作农户间仍然存在一定的权利义务关系"⑤，尽管这种关系并非完全对等。换言之，互助合作的运作机制有时是经济利益驱动和家族伦理取向的有机结合。

这种旧有的劳动互助尽管是孕育于旧的生产机构中比较积极与进步的因素，但并未大量发展起来，而且不可能得到充分的发展。有学者将其归咎于技术的匮乏，认为在传统农业的技术限制下，集体化农耕的优越性仅在于中型和大型水利工程方面的大规模合作劳动。⑥ 也有学者认为：由于土地分散，集体劳动未必能使效率提高太多，"中国乡村的合作型实践发展得相对薄弱并不是技术这一单一因素造成的"⑦。笔者则认为，农民之间传统互助合作模式难以得

---

① 曾鉴修：《怎样提高旧形式的劳动互助组织》，《抗战日报》1946年5月15日。
② 同上。
③ [美]巴林顿·摩尔（Barrington Moore, JR.）：《专制与民主的社会起源——现代世界形成过程中的地主与农民》，王茁、顾洁译，上海译文出版社2013年版，第213页。
④ 曾鉴修：《怎样提高旧形式的劳动互助组织》，《抗战日报》1946年5月15日。
⑤ 张佩国：《地权分配·农家经济·村落社区——1900—1945年的山东农村》，齐鲁书社2000年版，第130—131页。
⑥ [美]黄宗智（Philip Huang）：《华北的小农经济与社会变迁》，中华书局2000年版，第168页。
⑦ [美]巴林顿·摩尔（Barrington Moore, JR.）：《专制与民主的社会起源——现代世界形成过程中的地主与农民》，王茁、顾洁译，上海译文出版社2013年版，第214页。

到普遍发展的原因，除技术因素外，还应从以下几个方面进行综合考量。

  首先，受土地碎化、生产季节性强等客观因素的限制。在封建土地所有制之下，土地形成大小不一、星星点点的碎片，加之山区地形之复杂，非常不便于大规模的集体式生产。而且，农业生产本身具有很强的季节性色彩，在人口相对剩余的农村只有在农忙时或许需要较多劳动力来集体完成，如春耕、除草、秋收等，其余大部分时间基本无业可从。即便在农忙时，有亲朋好友之间的短期互助即可，无须进行规模式的集体劳动。农业生产客观条件的限制，无疑成为集体劳动发展的先天性"瓶颈"。

  其次，传统小农经济分散性的个体劳动与互助合作中的集体劳动相矛盾。在革命前的乡村社会，上层阶级的政治需求与农业运作方式的实施，推动了农民个人主义和闲置劳动力之间的相互结合，最终发展成为一个相对分散的小农社会。① 由于这种特殊的乡村社会结构，在没有组织力度较强的无产阶级政党干预农民经济生活以前，个体经济和集体劳动的矛盾是无法解决的，农民只愿意分散地单独劳动，过与世隔绝的生活，不愿与人合作，怕合作起来吃亏。

  再次，乡村社会商品经济发展迟滞，未能与市场连接。农民中互助合作的存续"主要在要素的合理配置，而不在集体劳动之有无效率"②。进一步讲，在传统小农经济体系中，互助合作大多发生在农户农具、役畜或劳动力缺乏的情况之下，其目的在于生产要素的调剂或重新配置，并未与市场发生关系或关系甚小。再说这种互助合作很少或几乎没有将生产要素当作商品进行交换，道义上的援助大于理性的交易。因此可以认为经济利益的诉求似乎与生活步履维艰的小农并无多少瓜葛，传统中这种极其简单的互助合作模式在缺乏市场导向的情况下也未能充分发挥提高生产效能的作用。

---

  ① ［美］巴林顿·摩尔（Barrington Moore, JR.）：《专制与民主的社会起源——现代世界形成过程中的地主与农民》，王茁、顾洁译，上海译文出版社 2013 年版，第 216 页。
  ② 高王凌：《政府作用和角色问题的历史考察》，海洋出版社 2002 年版，第 38 页。

最后，组织性与纪律性较差。在农民中形成的自发性互助合作模式，即没有统一的组织形式，亦缺乏有效的领导与监督机制。多样化的组织形式虽然在某种程度上符合农业劳作的需求，但无法成为高效益的组织实体。如变工、朋牛、合犋等形式均不同程度地保障了各种劳作的完成，但其本身的发展则基于道德规范而非理性支配。虽然扎工队有"工头"，但"工头"更多倾向于从扎工队中谋利，有时甚至与"功德主"联合起来剥削、欺骗与压榨工人。

第二节 中共势力嵌入晋西北与革命的发生

一 革命政权的建立

1937年7月全面抗战开始后，山西逐渐成为抗战的前沿阵地。9月，八路军第一二〇师在师长贺龙、副师长萧克的带领下东渡黄河，挺进晋西北。一二〇师曾在神池、宁武、朔县一带阻止日军南下，配合国民党军队防守忻口；11月8日太原失守后，坚持在太原附近展开游击战争。1938年2月，日伪军10000余人分五路进攻晋西北，并于3月初先后侵占宁武、神池、五寨、岢岚、偏关、河曲、保德7县县城。正在北同蒲线上作战的一二〇师主力闻讯后，星夜赶回晋西北与敌作战。经过20多天的激战，收复7县县城，并将敌赶至朔县、大同附近。7县县城的收复为晋西北抗日根据地的创建奠定了基础。

在开展军事斗争的同时，中共晋西北组织建设也日臻完善。1937年11月，中共晋西北临时省委成立，后于1938年8月改称为晋西北区党委。晋西北临时省委建立后，积极利用"牺盟会"（全称为"山西牺牲救国同盟会"）、"战动总会"（全称为"第二战区民族革命战争战地总动员委员会"）两个统一战线组织的合法地位，恢复和建立县、区、村、机关、学校等各级党的基层组织。是年年初，中共晋西北各县县委（后改称地委）先后成立，与之相应的各级组织机构亦相继建立。随着组织建设的发展，中共晋西北临时省委协同"战动总会"进行农救会、青救会、妇救会等民众团体的建设。① 1938年10月中旬，在岢岚县召开晋西北农民抗日救国联合会第一次代表大会，通过《晋西北农救会工作纲领》和减租减息等项提案，成立了晋西北农民救国联合会。1939年2月在临县成立晋西北青年救国联合会，3月在岢岚县成立晋西北妇女救国联合会。这些民众团体的建立，唤醒了民众意识，为以后进一步动员与组织农民点燃了"星星之火"。

中共晋西北临时省委在大力进行党的基层建设、地方政权与民众团体建设的同时，不断扩大抗日武装。一方面，晋西北临时省委通过"牺盟会""战动总会"建立县级抗日自卫队和游击队来扩大在晋西北的四新军决死第四纵队以及工卫旅等抗日武装，另一方面，一二〇师抽调政治部和教导团人员组成地方工作团与"牺盟会""战动总会"密切配合，进行群众宣传工作，动员农民参军参战。到1938年2月，一二〇师已由东渡黄河时的8200余人扩充为2.5万余人；到该年9月，决死第四纵队由最初的3个团扩编为5个团，工卫旅则由800人发展到4000人。

正是因为抗日武装队伍的壮大，1940年1月一二〇师与决死第四纵队成功粉碎了阎锡山的进攻。1月15日，晋西北各抗日民主党派、军队、农工青妇团体等选派代表赴兴县参加晋西北军民代表大会，推选续范亭为晋西北行政公署主任。2月1—3日，晋西北行署（当时仍沿用"山西省第二游击区行署"名称）在兴县蔡家崖召开第一次行政会议，正式宣布行署成立。晋西北抗日民主政权的正式建立，标志着晋西北大部分地区成为由中共领导的抗日根据地。

建立政权只是第一步，改造旧政权使之革命化才是最重要的。因为"如果不使政治上层建筑革命化的话，要使经济发生变化是不可想象的"②。为此，晋西北抗日民主政权建立后，中共随即开展政

---

① 张玮：《战争·革命与乡村社会：晋西北租佃制度与借贷关系之研究》，中国社会科学出版社2008年版，第52—53页。

② ［瑞典］达格芬·嘉图：《走向革命——华北的战争、社会变革和中国共产党1937—1945》，杨建立等译，中共党史资料出版社1987年版，第10页。

权建设工作。2月5日，行署公布《山西省政府第二游击区行署布告》，提出建立抗日民主政权的施政纲领："肃清贪污腐化，区村政权实行民选，积极筹备各县参政会，实行选举、罢免、创制、复决等革命民权"，并规定人民享有抗日的言论、出版、集会、结社等自由权利。① 9—10月行署召开第二次行政会议，颁布《山西省第二游击区村政权暂行条例》和《山西省第二游击区村选暂行条例》，确定公民大会或代表会是民意机关，村公所为执行机关，二者成为乡村政权的主体。村主席和代表都要经过直接的、平等的、无记名的投票选举产生，规定："凡在晋西北境内之人民，不分性别、职业、民族、阶级、党派、文化程度、居住年限，年满18岁，登记为村公民者，均有选举权与被选举权。"② 1941年3月开始村选试点工作。至5月，全区普遍开展了村选运动。据兴、临、保德、河曲等14县44个行政村（相当于乡）的统计，参加选举的公民占总人口的70.5%，男子参选占男公民的70.3%，女子参选占女公民的70.8%。而据兴县35个行政村的统计，公民参加投票者有87.36%，个别村庄达到97%以上。选举依"三三制"原则进行。选举结果据兴、临、河曲、保德等11县55个行政村的调查，主任代表中有44%是中农，38%是贫农、雇农和农村工人，17%是地主、富农，商人占1%左右；村长中32%是中农，54%是贫农，14%是地主、富农。随后在兴县等地试行区选，区政府设立行政委员会。兴县二区当选的区政府委员的成分：地主2人、富农2人、中农2人、贫农5人。地主中1人为副区长，1人为财政助理员。其他地区亦陆续改选，在1282个区级干部中中农占36.6%，贫农占27.4%，地主、富农成分为19.9%，其他为16.1%。③ 至于选举方式，据保德县化树塔村老人张金驹回忆："干部都是群众选的，

---

① 晋绥边区财政经济史编写组、山西省档案馆编：《晋绥边区财政经济史资料选编》（总论编），山西人民出版社1986年版，第231页。

② 樊润德、路敦荣：《晋绥根据地资料选编》（第5集），中共昌梁地委党史资料征集办公室1984年编印，第316页。

③ 穆欣：《晋绥解放区鸟瞰》，山西人民出版社1984年版，第33页。

都是群众举手表决。一级提一级，村里由乡上提，乡里由区里提。"①经过村选、区选，虽然与"三三制"的要求尚有一些距离，但从整体来看还是比较成功的，各阶层比例失衡的状态有所改观，农民式"民主"得以体现。这种"民主"是一种动员策略，把农民带入由党所领导的组织之中，让其在地方政治中代替旧式精英来扮演真实的角色。②

1941年10月，行署第三次行政会议接受了中共晋西区党委代表林枫关于召开临时参议会的提议，临时参议会的选举工作随即展开。自1942年春季始，各地、各界即普遍进行参议员选举，各阶层都提出自己的候选人，发表竞选提纲，选出代表全体人民的临时参议会。"一百数十万妇女选出10位妇女参议员；抗日军队选出贺龙等9人为参议员；许多游击区和敌占区人民一也都逃过敌伪的监视来投票。"③经一年的筹备，边区临时参议会大会于1942年10月24日召开，出席大会的参议员共145人。大会通过《关于政府工作报告》《巩固和建设晋西北施政纲领》《晋西北保障人权条例》《晋西北行政公署组织条例》等文件，选举产生边区最高一级的民意机关和行政领导机关即晋西北临时参议会和晋西北行政公署。在《施政纲领》中规定：民选各级民意机关及政府，必须贯彻"三三制"原则。这在具体执行中得到体现：在边区临参会的145名参议员中，共产党员有47人，占32%；国民党和无党派民主人士有98人，占68%。在边区行政公署委员中，共产党员占33.8%，党外人士占66.2%。在基层抗日民主政权中，据11个县55个行政村的统计资料显示：贫、雇农占38%，中农占44%，地主、富农占16%。在

---

① 张成德、孙丽萍等：《山西抗战口述史》（第3部），山西人民出版社2005年版，第22页。

② [美]王国斌：《转变的中国：历史变迁与欧洲经验的局限》，李伯重、连玲玲译，江苏人民出版社2010年版，第221页。

③ 穆欣：《晋绥解放区鸟瞰》，山西人民出版社1984年版，第35页；刘泽民编：《山西通史·抗日战争卷（卷捌）》，山西人民出版社2001年版，第522页。

村长中，贫、雇农占53%，中农占32%，地主、富农占14%。①

经过村选、区选以及临时参议会的召开，乡村政权中的以地主、富农为代表的旧式精英逐渐为以中农、贫农为主体力量的新式精英所取代，晋西北抗日根据地民主政权建设日趋健全。尤其是广大下层群众的革命觉悟得到极大的提高，为即将到来的经济动员奠定了坚实的群众基础。

二　初期经济动员与乡村秩序重构

1940年晋西北抗日根据地建立后，面临着各种各样、复杂而多变的困难局面，诸多因素制约了农业生产的开展。

劳动力锐减。晋西北各地尤其是河曲、保德、偏关等县份，战前农民离开本土跑口外者比比皆是，留村劳动力本来就很少。抗战爆发后，大批劳动力或被征参战、支差，或被日军杀害，抑或因流行病、瘟疫蔓延而死，较之战前减少1/3。据62村统计，1940年劳动力仅及1937年的36.8%，1941年劳动力较1940年减至82.2%。有资料显示，兴县及第二、第三、第四、第六区战时共补充正规军约70000人。不仅如此，战时差役频繁且不合理。以兴县某村贫农刘正元为例，1938年共支差12天，而1940年则增至123天，占全年总天数的1/3以上。而且听差不合理，听差天数只占实际支差总天数的58.25%，导致劳动力的严重浪费。还有些地区遭受日军重创，据16县统计，共有2826人在日军"扫荡"中被杀。也有些地区不少人口死于流行病，如兴、文水两县4村1940年此类死亡人数占人口总数的5.01%。② 再从劳动力耕作量来看，战前兴、岚、偏关、神池、方山5县1个劳动力至多可耕地25亩，而战时平均每个劳动力须耕地74亩。③ 劳动力缺乏的现象如此严重，实在难以被

---

① 山西省地方志办公室编：《民国山西史》，山西人民出版社2011年版，第486页；刘泽民编：《山西通史·抗日战争卷（卷捌）》，山西人民出版社2001年版，第523页。
② 中共晋西区党委：《经济建设材料汇集Ⅰ——农业牧畜》，山西省档案馆，D1—919，第2、6、7页。
③ 晋绥边区财政经济史编写组、山西省档案馆编：《晋绥边区财政经济史资料选编》（农业编），山西人民出版社1986年版，第66页。

忽视。

耕地荒芜严重。劳动力的严重缺乏直接导致大量土地荒芜。据24县统计，1940年耕地仅及抗战前1936年耕地总面积的84.5%，部分村庄如方山麻峪、兴县宋家塔等村荒地面积占耕地总面积的40%以上。尽管抗日民主政府建立后提倡大力开荒，但是1941年耕地面积仍未达到战前水平，仅为后者之86.3%。① 仅汾阳一县，耕地面积即由抗战前1935年的763438亩减至1942年的502063亩，递减34.2%。② 耕地在大范围内的荒芜，成为根据地建立初期恢复农业经济的一大难题。

役畜缺乏。在战前原本就役畜不足，因战时日军掠杀而面临更为短缺的严峻形势。加之繁重的战争差务、日益凋敝的商业以及饲料的缺乏，牲畜被变卖或被杀食的现象时有发生。据兴、岚、河曲等7县40村调查资料估算，1940年牛、驴、骡、马总数仅及1936年的42%，比1939年减少1/4。另据8县11村统计，1940年各种畜力平均减至抗战前的42%，其中牛减少38.2%，骡马减少76.8%，驴减少67.8%。③ 按阶层来看，据抗战时兴县、临县13村材料，中农每户不及1头牛，贫农每4户平均1头牛。④ 另一则资料显示，1941年春日军为期84天的"扫荡"造成80000头牲畜和3450人死亡。⑤ 役畜的明显性缺乏，与有些学者研究华北整个区域得出的结论是一致的。但就其对农村社会经济而言，有人指出："1940年代，役畜减少，小农经济依然在坚强地支持着乡村社会，显示出其超强的稳定性"，而且指出"当时的评论认为，役畜减少

---

① 中共晋西区党委：《经济建设材料汇集Ⅰ——农业牧畜》，山西省档案馆，D1-919，第1—2页。
② 汾阳县志编纂委员会：《汾阳县志》，海潮出版社1998年版，第146页。
③ 若衡：《根据地介绍：晋西北抗日根据地》，《解放日报》1942年4月13日。
④ 晋绥边区财政经济史编写组、山西省档案馆编：《晋绥边区财政经济史资料选编》（农业编），山西人民出版社1986年版，第148页。
⑤ 李斩：《战斗中的解放区民兵》，香港中国出版社1947年版，第27页。

影响了农村经济,实际上没有那么严重"①。笔者推测,尽管役畜减少不可能影响农村经济的整体衰落,但对于个体农民而言,至少已经影响其正常耕作以及农活的有序进行。

在上述三种因素综合影响的困难局势下,如何动员与组织农民呢?战时曾到过陕北、晋西北的英国战地记者詹姆斯·贝兰特曾这样论述道:"北方的荒山秃岭,最自然地反映了战时一个民族的情绪","华北人民过去由于缺乏斗志,对谁来统治表面上保持着麻木不仁的态度,因而备受凌辱;我们看到日本的侵略和占领改变了这一切。的确,过去北方各省管理不善,政治落后。人民的强健的体格、古老的富有战斗精神的传统与他们的屈服性格大相径庭。一年来的战争经历表明,华北人民一旦有了坚定果断的领导,能够做出多么迅速的反应;日本人残忍野蛮的行径,恰恰帮了八路军和八路军的政工人员的忙"②。这种源自民族主义的爱国情操,的确在动员与组织农民中发挥了不可替代的作用,"四项动员"运动即是一个很好的例证。

1940年2月1日晋西北行政公署在兴县召开第一次行政会议决议发起"四项动员"运动。所谓"四项动员",就是"有钱的出钱,有力的出力,有粮的出粮,有人的出人"。具体说就是扩兵、做军鞋、献金、献粮。2月26日,晋西北军政委员会决定进行"四项动员"。此后,晋西北全区广大群众积极献金、献粮,青壮年踊跃报名参军,各级妇联组织发动全区妇女突击做军鞋。在两个多月内的时间,完成了预定任务:扩兵15000名,做军鞋12万双,献黄金160斤、现洋180多万元,献救国粮14万石。③如临县仅用42天就超额完成"四项动员"的任务:献出爱国公粮20000石,代购粮

---

① 王建革:《传统社会末期华北的生态与社会》,生活·读书·新知三联书店2009年版,第197—198页。

② [英]詹姆斯·贝兰特(James Bertram):《不可征服的人们——一个外国人眼中的中国抗战》,李述一等译,求实出版社1998年版,第284页。

③ 《山西文史资料全编》(第3卷),《山西文史资料》编辑部1999年编印,第944页。

4900石；现金227900元（法币）；动员参军3445人；完成军鞋41000双。① 岚县亦于3月中旬超额完成"四项动员"，全县动员粮食2846石，完成计划的132%；现金159958元，完成计划的532%；完成军鞋9504双，完成计划的173%；招募新兵544名，完成计划的155%。② 在开展过程中，一些开明士绅和地主也捐献了大量粮食、现金及其他物资等。兴县黑峪口村开明士绅刘少白献粮50石，现洋700多元；蔡家崖牛友兰献粮150石，现洋8000元，还捐献了可以装备新军一个整团的布匹；王家塔村王作相捐献现洋1780元和两只渡船；岚县王槐珍献现洋2800元，粮食500石，猪羊50头（只），现金800元。③ 另据交城县东塔村李善谦老人回忆："人们那时还是很积极的。……四项动员，在我们家就没有阻力。……八路军那时买粮，问你要500斤米呢……我们家那时候也没有米，就给钱呢，家里的女人们金首饰，银器这些，就献了5斤。……女人们的耳环、戒指，荷出[拿出]三副来，捐出去了。我的一个嫂子，我女人，我母亲，捐了这些东西，还得到任县长的表扬了呢，说是开明士绅。"④ "四项动员"之实效由此可见，将支援战争与爱国有机结合，激发了农民普遍的民族主义情绪，进而在推动根据地经济建设的同时，壮大了抗日队伍。当然，"四项动员"在具体实践中发生的偏差亦不容忽视，主要体现为采取强迫命令、捆绑吊打和召开斗争大会等手段迫使农民尤其是地主、富农就范。据亲历者张稼夫回忆："扩军、做军鞋问题不大，筹款筹粮就颇为困难。"因为一般的群众生活水平已经很低，并无余粮和存款。而有点积蓄的地主和富农往往会把钱粮藏起来埋在地下。于是，他们就发动群众，揭发地主、富农剥削群众的罪恶，以"说服动员和施

---

① 《临县党史丛书》（一），临县史志办公室2005年编印，第40页。
② 《岚县文史资料》（第1辑），中国人民政治协商会议岚县委员会文史资料研究委员会1986年编印，第117页。
③ 中共吕梁地委党史研究室编：《中国共产党山西省吕梁地区历史纪事》（1919.5—1949.9），中共党史出版社1998年版，第196页。
④ 张成德、孙丽萍等：《山西抗战口述史》（第2部），山西人民出版社2005年版，第204页。

加压力相结合"的方式,"挤"出不少现金和粮食。这些错误发生后,以林枫为代表的晋西区党委及时予以纠正。然而在纠偏过程中,又发生了右的偏向。兴县康宁镇在"四项动员"中,一个石匠出身的积极分子因拉走地主家的一头牛而被农会枪毙。① 区党委得知后,很快着手纠偏,偏差现象才得以制止。

公粮征收政策是根据地应对财政困难的又一重大举措。晋西北抗日民主政权建立后,为实行合理负担,于1940年2月26日颁布《山西省政府第二游击区行署征收抗日公粮条例》,规定征收公粮以户为单位,以现存粮统一折米征收,每户每口扣除种子和口粮1石后,累进征收,余粮在1石以下者征10%,2石以下者征15%,依次每增1石递征5%,最高额为9石征50%。每户人均余粮超过3石者,其超过部分全部充作抗日公粮。② 此条例针对的主要对象是地主和富农,对于广大贫农和雇农来说是极有利的。但在执行的过程中,部分工作人员对此理解得不够透彻,甚至连县长都对此表示疑惑。曾任宁武县民主政府县长的王全茂后来回忆道:"当时,八路军一二○师和暂一师在晋西北活动,县政府必须负责给部队筹集粮草。可是,我从来也不知道县长是怎样一个当法,不懂得征公粮是怎么回事。有几天,连县政府几个人员的吃饭问题,也成了困难。"③ 基于此,在对干部进行训练的同时,更为重要的是修改条例,以便纠正过分打击地主、富农的生产积极性的做法。1941年11月1日,行署颁布《晋西北征收抗日救国公粮条例》,规定一年征收一次,以每人平均4斗为起征点,4—4.25斗征1%,4.25—4.5斗征2%,依次每增0.25斗递征1%,直至2石征30%。④ 1942年11月6日行署进一步修正公粮征收条例,将起征点改为5斗征5%,

----

① 张稼夫:《庚申忆逝》,山西人民出版社1984年版,第76—77页。
② 晋绥边区财政经济史编写组、山西省档案馆编:《晋绥边区财政经济史资料选编》(财政编),山西人民出版社1986年版,第198页。
③ 宁武县史志办公室:《光辉的历程》,山西人民出版社2011年版,第95页。
④ 晋绥边区财政经济史编写组、山西省档案馆编:《晋绥边区财政经济史资料选编》(财政编),山西人民出版社1986年版,第203页。

最高额则相应地改为 3 石征 30%。① 这说明伴随着减租减息的开展，对地主、富农的征收力度进一步加大。1943 年 10 月 20 日颁布的《晋西北统一救国公粮征收条例》则将田赋、摊款、营业税统一到公粮征收中，采取统一累进税制。② 地主、富农感到压力很大，便以各种方法把土地转让出去。一些地主、富农甚至成了人均 5 斗以下的免征户。为此，在 1944 年 10 月 20 日颁布的《晋绥边区统一救国公粮征收条例》中又针对地主、富农开始征收"资产米"，即对其囤积隐匿之财产进行估价折米征收。③ 从合理负担到统一累进税再到征收"资产米"，"在没有引起新的破裂的情况下，修复了乡村中很多似乎遭到破坏的裂痕"，阶级矛盾与贫富分化在这场"静悄悄的革命"中趋于缓和，乡村社会得以重建。④

不能不提的是，减租减息亦构成了这场"静悄悄的革命"的主角。抗战爆发后，"形势的变化与其自身角色的变更要求共产党在战时改变过去激进的做法"⑤。在实践中，中共放弃没收地主土地的暴力革命方式，转而采取减租减息这一温和的策略。1940 年晋西北行署成立后，于 10 月颁布了《山西省第二游击区减租减息单行条例》。1942 年 1 月 28 日公布的《中共中央关于抗日根据地土地政策的决定》中，提出了三条基本原则：第一，农民是抗日的基本力量，实行减租减息的政策对于改善农民生活并提高其生产积极性是很有必要的；第二，大多数地主是有抗日要求的，因此要对地主的人权加以保护；第三，认为富农是农村中的资产阶级，资本主义的生产方式在中国现阶段是比较进步的，对富农要采取既联合又限制

---

① 晋绥边区财政经济史编写组、山西省档案馆编：《晋绥边区财政经济史资料选编》（财政编），山西人民出版社 1986 年版，第 206 页。
② 同上书，第 214 页。
③ 同上书，第 226—227 页。
④ [美] 弗里德曼（Edward Friedman）、毕克伟（Paul G. Pickowicz）、赛尔登（Mark Selden）：《中国乡村，社会主义国家》，陶鹤山译，社会科学文献出版社 2002 年版，第 73 页。
⑤ 刘昶：《在江南干革命：共产党与江南农村，1927—1945》，载 [美] 黄宗智（Philip Huang）编《中国乡村研究》（第一辑），商务印书馆 2003 年版，第 120 页。

的政策。① 当时农村的土地状况和租佃关系非常复杂，就土地来说，有山地、平地和旱地、水地之分；就地租而言，有粮租、钱租、劳役租、牛租之别。此外，在地租约定上，还有死租、活租等说法。抗战开始后，晋西北地区首先实行二五减租，即减去原定租额的25%。如果一块土地在减租以后，租额仍然超过其年产量的37.5%，则还要从租额中再减去37.5%。此后晋西北行署又在具体实践中依此原则不止一次地修改减租减息条例，使之逐步得以完善。如在《晋西北减租交租条例》规定："山地以战前的租额先以七成五折算，（因抗战后产量约及抗战前之七成）再减百分之二十五。"② 减租减息的工作程序繁杂。首先是在行政村成立以佃户为主体的减租减息委员会，选举委员7—9人，分管宣传、调查、登记、审查、执行等工作，然后是评定土地的产量。对于佃户来说，希望把产量定得越低越好，以便少交地租和公粮，但地主、富农则希望把产量定得高一些，即便要因此而多交公粮，但余粮数额仍较为可观。为了减少由此而引起的租佃纠纷，政府强烈要求清理旧账。可以说，清理旧账，是彻底落实"双减"政策的关键性环节。曾担任岢二区北方沟行政村村长的李福书回忆道：

> 我们通过广泛深入地发动群众，培养了一批积极分子作为运动骨干。经过充分准备后，我们召开了有四五百群众参加的斗争大会，平时为富不仁、横行乡里的大地主周仁和被斗得威风扫地，狼狈不堪。……通过这次大会，清算了地主恶霸巧取豪夺的不义财物，仅粮食就清算出9万余斤，解决了贫苦农民迫在眉睫的春耕种子问题。在清理旧账取得初步胜利、群众情绪十分高涨的情况下，我们接着就开始搞减租减息。……我们以北方沟行政村为中心，对受周仁和、王珍玉剥削的十几个自

---

① 中央档案馆编：《中共中央文件选集（1941—1942）》（第13册），中共中央党校出版社1991年版，第281—282页。
② 樊润德、路敦荣：《晋绥根据地资料选编》（第5集），中共吕梁地委党史资料征集办公室1984年编印，第471页。

然村的贫苦佃农进行了深入的串联和发动。群众发动起来后，我们又组织农民和地主面对面的斗争，周仁和装出一副寒酸相，耍滑抵赖，制造假象，企图蒙混过关。我们就发动群众挖了他的储粮暗仓，仅一处就挖出四十多石。就这样，经过反复斗争，迫使周、王等地主老财接受了我们提出的"二五"减租减息政策，减租减息取得了预期的胜利。①

这种较为激进的行政策略，将"双减"运动推向高潮。就总体而言，不论是抗战初期的较为温和的策略，还是抗战后期这种渐显激进的策略，都在不同程度上引起了乡村社会阶级结构的变迁。据兴县、临县2县5村的调查材料显示，1940—1944年5年间，地主由20户减至13户，在总户数中的比例由3.8%减至2.4%，减少1.4%；富农由56户减至46户，在总户数中的比例由10.8%减至8.3%，减少2.5%；中农由135户增至234户，在总户数中的比例由25.8%增至44.3%，增加18.5%；贫农由277户减至217户，在总户数中的比例由52.3%减至40%，减少12.3%；雇农工人由27户减至9户，在总户数中的比例由5.2%减至2%，减少3.2%。②另据兴县、临县、临南、保德、河曲、岢岚、五寨、宁武、曲阳9县20村的调查材料显示，1940—1946年7年间，地主由62户减至27户，在总户数中的比例由5.2%减至2%，减少3.2%；富农由107户减至39户，在总户数中的比例由9%减至3.6%，减少5.4%；中农由375户增至795户，在总户数中的比例由31.3%增至59.5%，增加28.6%；贫农由486户减至406户，在总户数中的比例由40.6%减至30.8%，减少9.8%；雇农由105户减至11户，在总户数中的比例由3.8%减至0.8%，减少3%；工人由23户减至17户，在总户数中的比例由1.9%减至1.3%，减少0.6%；商

---

① 宁武县史志办公室：《光辉的历程》，山西人民出版社2011年版，第163—164页。
② 晋绥边区财政经济史编写组、山西省档案馆编：《晋绥边区财政经济史资料选编》（农业编），山西人民出版社1986年版，第106—108页。

人由25户减至9户，在总户数中的比例由2%减至0.7%，减少1.3%。①

另据临县的不完全统计，1942年实施"双减"政策后，全县共退出租粮8443石，农币467000元，现洋3500元，其他实物折款28368000元；地租较抗战前减少50%，抽旧契约3389张，销毁账簿386本，回赎不动产土地18680亩，收回窑洞436孔；有2.9万户贫下中农买回土地93400亩。1946年，该县把34530亩教产地、社地、绝户地分给农民耕种，全县近两万户无地、少地农民有了自己的土地。就临南县三交区孙家沟村而言，该村180户710人，共有富户36户，占总户数的20%，占有土地1700亩，占全村土地总数的80%，减租减息时回赎870亩，分给村里50户无地少地的农民耕种。减租减息后，全县贫苦农民由占总户数的61%下降至40.3%，占有土地的比例由20.9%增至26.5%，户均占有土地由14.7亩增至31.3亩；中等户由占总户数的17.6%上升至51.2%，占有土地的比例由35.5%上升至51.2%；富农由占总户数的6.7%上升至7.1%，占地比例由19.19%降至13.5%；地主由占总户数的3.9%降至2%，占地比例由23.4%降至6.5%。②

从中可以发现，地主、富农数量减少，经济力量削弱；中农人数增加，阶层扩大，经济情况改善；贫雇农及工人、商人等阶层人数缩小，地位和生活水平得到明显改善。与此同时，地主、富农开始较多出卖土地，中农和贫农也都大量买进土地，土地逐渐由乡村上层向中层、下层流转。

减租减息运动这一"静悄悄的革命"逐渐改变了乡村社会阶级力量的对比，"约束或剥夺了农村富人在损害农民利益的情况下使自己发财致富的权力和力量"③，进而促使原有的以地主、富农为主

---

① 《农村土地及阶级变化——晋绥边区老区9县20村调查》，载《段云选集》，山西人民出版社1987年版，第395—397页。
② 临县志编纂委员会：《临县志》，海潮出版社1994年版，第129页。
③ [瑞典]达格芬·嘉图：《走向革命——华北的战争、社会变革和中国共产党1937—1945》，杨建立等译，中共党史资料出版社1987年版，第173页。

体的精英阶层开始被以中农、贫农为主体的新式精英阶层所取代。而后者所能代表的阶层利益更为广泛，更能适应战争与革命的需要。正因为如此，这种阶级力量对比带来的物质利益的转化为开展以互助合作为主要形式的大生产运动奠定了基础。

第二章 互助合作的发展阶段与组织程度

从1940年年初晋西北抗日民主政府建立到1949年9月山西省人民政府成立的近10年时间里,依据不同时期中共号召与组织力度的差异以及民众参与互助合作的实际情形,可将互助合作运动分为三个阶段。

第一阶段从1940年晋西北抗日民主政府建立到1942年12月毛泽东在陕甘宁边区高干会上所做《经济问题和财政问题》报告之前,即互助合作运动的初始阶段抑或保守阶段。在这一阶段,由于中共在乡村政权尚未完全巩固,相关政策出台甚少,即便部分地区互助合作运动的开展,也基本上延续了传统的互助合作模式。一方面中共面对的是民间互助合作模式的重生,另一方面则是对中央苏区、陕甘宁边区互助合作实践经验的续用。鉴于以往经验,在这一阶段的具体实践中,农业生产方面以朋牛、格牛犋、小型人畜力变工组居多;副业方面则以官办式消费合作社、供销合作社为主。

1943—1945年为第二阶段,即互助合作运动的发展阶段抑或激进阶段。随着毛泽东一系列重要报告、讲话如《经济问题与财政问题》《组织起来》《论合作社》等的发表,中共将互助合作运动作为整合乡村社会资源进而改造乡村社会的一个助推器。这一时期,由于官方的高度重视,加之干部、积极分子的响应,互助合作运动不论在规模上还是在组织力度上都超越了前一个阶段。不过,期间发生的偏差也在一定程度上偏离了革命场景,进而造成部分地区"一哄而上"或"大呼隆"的混乱景象。

1945年8月抗日战争结束后,从1946年春耕始到1949年9月晋西北行署最终退出历史舞台为止,可以算作互助合作运动的第三阶段。由于前一阶段激进行为阴影的存在以及内战的开始,这一阶段中共在互助合作方面出台的政策不仅数量日减,而且在内容上也开始降温。尤其是1947年土改与整党工作的开展,加上自然灾害的频繁降临,中共在互助合作运动方面更多地强调传统模式的存续,革命在相当程度上迎合了传统。

第一节 保守阶段(1940—1942年)

早在1938年春,为了动员农民开展春耕运动,"战动总会"曾指示晋西北各地建立春耕委员会,并印发《春耕运动宣传大纲》,提出采取"劳动互助、兴办水利等具体办法"以恢复生产。[①] 在实施过程中,"不少地方组织了农民给抗属代耕",如保德县3个区曾组织13个代耕队帮助抗属耕种,也有不少地区政府、机关团体无偿帮助贫困户劳动力与畜力以解决其生产困难。[②] 但除此之外,严格意义上的互助合作组织并未得到有效组织。1940年年初晋西北抗日民主政权建立后,民主政府即在2月25日颁布的《晋西北民国二十九年春耕办法》(以下简称《办法》)中提出:"发动当地驻军、学校、机关团体等组织联合代耕队,组织村中尚有余力之农民组织村耕队,在春耕委员会领导下,进行代耕与助耕。"[③] 但由于新政权甫经成立,一切工作尚未步入正轨,这一《办法》并未切实执行。该年年底,随着新政权的逐步巩固,晋西北行署于12月根据中共中央及中共北方局相关指示与决议,将"切实领导春耕的群众运动,实

[①] 山西省地方志办公室编:《晋绥革命根据地史》,山西人民出版社2015年版,第40页。
[②] 中共山西省委党史研究室编:《战动总会简史》,文津出版社1993年版,第60页。
[③] 晋绥边区财政经济史编写组、山西省档案馆编:《晋绥边区财政经济史资料选编》(农业编),山西人民出版社1986年版,第134页。

行互助互济以增加农业生产"的方针列入经济建设政策之中。① 提倡劳动互助已然成为民主政府重要的施政纲领。为此，1941 年 3 月 19 日《抗战日报》发表社论指出开展劳动互助在于"组织各种劳动生产组织，互助团，代耕队"②。3 月 24 日，晋西北行署颁布《民国三十年春耕条例》（以下简称《条例》），提出开展劳动互助的具体办法为：

> 第一，发动村内人力畜力在春耕期间组织劳动互助团切实互相帮助；第二，当地机关驻军学校团体之人员牲畜在自己耕种以外，如有余力亦应组织代耕队在春耕委员会统一分配下协助人民（首先是抗属）耕种，如转至新地区时，亦应与当地政民机关协商妥为协助春耕；第三，组织壮年妇女小手工业者及一切无职业之人民较大儿童经过说服参加耕种，对无业流民并得实行强迫劳动；第四，收容流浪难民参加春耕。③

《条例》明确指出劳动互助的动员对象为民主政府辖区内的所有群体，包括男女老少、机关团体乃至难民等。此举为农业劳动互助运动的开展提供了广阔的空间。但由于《条例》并未厘清"互助团"与"代耕队"的区别，加之对"无业流民"实行强制政策，使得运动在实践中并未取得预期效果。据 15 县不完全统计，共组织互助组 4349 个，参与者 18681 人。另据表 2－1 得知，兴、临、临南、离石、方山、岢岚、五寨 7 县参加互助组人数占各县人口总数的比例分别为 2.8%、1.8%、1.3%、14.7%、2.1%、3.1%、1.9%。尽管相关数据有所缺失，但也可反映出此时劳动互助在晋西北抗日根据地尚未形成群众性运动。换言之，这一时期中共组织劳动互助

---

① 晋绥边区财政经济史编写组、山西省档案馆编：《晋绥边区财政经济史资料选编》（总论编），山西人民出版社 1986 年版，第 495 页。
② 《认真领导春耕运动增加农业生产》（社论），《抗战日报》1941 年 3 月 19 日。
③ 晋绥边区财政经济史编写组、山西省档案馆编：《晋绥边区财政经济史资料选编》（农业编），山西人民出版社 1986 年版，第 138—139 页。

工作基本趋于失败。一方面,"不顾农民私有经济,强行组织集体劳动,结果适得其反的降低了劳动情绪"。另一方面,"自流发展,造成一些毫无内容的组织形式"①。

表2-1　　　　　　晋西北7县互助组组织情况

县别\项目	人口总数（人）	参加互助组人数（人）	占比（%）
兴县	93833	2650	2.8
临县	92475	1641	1.8
临南	106634	1403	1.3
离石	30000	4424	14.7
方山	34506	710	2.1
岢岚	22000	675	3.1
五寨	30000	560	1.9

资料来源:晋绥边区财政经济史编写组、山西省档案馆编:《晋绥边区财政经济史资料选编》(总论编),山西人民出版社1986年版,第14页;樊润德、路敦荣:《晋绥根据地资料选编》(第5集),中共吕梁地委党史资料征集办公室1984年编印,第62页。

有鉴于此,晋西北行署于1942年1月1日颁布《民国三十一年春耕条例》,对1941年之《条例》作了修改,具体表现为:

第一,代耕队为优待贫苦抗属的义务组织,以自然村为单位,除抗属外,所有劳动力一律参加,但要经过政治动员;第二,互助组依"自愿原则""等价交换"与"适合日常生活关系"的原则组成之,各地大小人力畜力均可发动参加;第三,对无业游民尽可能发动自行种地,违者得实行强迫劳动,对难民须设法收容参加春耕生产。②

较之1941年,修改后的《条例》一方面将代耕队与互助组严

---

① 《晋绥区农业生产的历史总结》(1944年),山西省档案馆,A90—5—5—1。
② 樊润德、路敦荣:《晋绥根据地资料选编》(第5集),中共吕梁地委党史资料征集办公室1984年编印,第415页。

格区别，强调了代耕队的性质、组织办法以及互助组的组织原则；另一方面则对"无业游民"由强迫改造转变为以教育规训为主，强迫为辅。1月8日，中共晋西区党委发出《关于1942年春耕工作的指示》，将互助组的组织原则进一步表述为"双方自愿""劳动力的等价交换""适合于农民的生活习惯"。① 依此原则，晋西北行署及抗联于4月7日在《关于春耕工作的指示信》中参照晋东南经验提出互助组的组织办法，即以牛为中心，5户左右为一组，订为期1年的互助合同。② 依此组织办法，该年晋西北抗日根据地农业劳动互助较之1941年有所发展。据5县统计，共有41020人参加互助组，占人口总数的5.6%。③ 又如汾阳县七区、九区20余村有20%左右的劳动力参与劳武结合式的变工组，占全县解放村庄总数的14.4%，成功粉碎了日军的"扫荡"和"蚕食"。④ 还有报道指出：岢岚县大榆沟村组织互助组后，全村增加耕地80余垧，克服了不能按期下种的困难。"在未组织时，有些牛力前半天耕地，下半天因为人有别的事，牛就白闲下了；组织之后，人牛力充分应用，参加互助的牛概未闲过一天。"⑤ 毋庸置疑，这些实例表明互助组在农业生产中已经体现出一定的优越性。但仅凭此难以呈现出晋西北抗日根据地农业劳动互助发展的整体实况。事实上，该年晋西北抗日根据地的农业劳动互助已经陷入困境。

首先，从农民自身来讲，存在着不少问题。第一，长期以来习惯于个体分散生产致使在短期内很难接受集体劳作；第二，缺乏组织性与纪律性而不愿接受劳动互助合同的约束；第三，难以将自私观念从内心深处根除，技术高低、劳动力强弱、贫富不均等矛盾时有激化之可能；第四，绝大多数农民认为各季农业劳作互异，无须

---

① 晋绥边区财政经济史编写组、山西省档案馆编：《晋绥边区财政经济史资料选编》（农业编），山西人民出版社1986年版，第148页。
② 同上书，第156页。
③ 《晋西北三年来的生产总结》，《解放日报》1943年1月20日；刘欣、景占魁：《晋绥边区财政经济史》，山西经济出版社1993年版，第202页。
④ 安庆礼：《汾阳农业合作史（1942—1990）》，山西人民出版社1993年版，第17页。
⑤ 《晋绥区农业生产的历史总结》（1944年），山西省档案馆，A90—5—5—1。

进行全年性的互助合作。综合这四点，革命的张力明显受限于传统。中共以单纯行政力量组织农民的尝试遭到农民传统互助观的强烈抵制而宣告失败。以兴县任家湾村为例，在春耕动员群众会上，由村抗联秘书白某负责传达上级关于组织劳动力的办法："第一点，组织代耕队，切实分配代耕；第二点，成立互助小组，第一要以家为单位，第二要以牛为中心，第三要以人口计算，第四要自愿结合，第五要适合日常生活，第六要实行等价交换，第七要与民兵配合，第八要以一年为期，第九要订立互助合同。"从中不难发现，白某所传达组织劳动力的办法与晋西北民主政府制定的相关政策如出一辙。此种行政动员方式，事实上很难发挥预设的效果。白某刚传达完毕上级的指示，就有农民嘀咕："什么互助小组！多少年了，人家没有个东西，还不是换工（即以人工换牛工）。"[①] 也有资料显示，虽然该年兴县、宁武、岚县、离石、离东、临南6县组织5453个互助小组，42105人，但"多是老百姓自动变工组织起来的"，而与民主政府相关政策指示并非完全一致。[②]

其次，从领导层面来讲，来自农村的基层干部对中共革命政策领悟较少。据静乐县鱼脊岭村老人回忆1942年他村的情况："公家组织互助组，搞救济，这些我也搞不清。我父亲虽是支部书记，反正不参与这些。"当然这种情况后来有所变化："这以后，我父亲当了农会秘书（村长），我母亲当了妇救会主任，我是儿童团团长，一家子都出来干了。"[③] 也就是说，对于干部而言，政治动员同样需要思想观念的逐渐转变。从互助组运作来看，因各户劳动力、畜力、土地不尽相同，难以形成统一的标准进行评工，进而造成算账困难。此外，晋西北地区地势复杂，山地多于平地，且分布零散，客观上制约了劳动互助组织的发展。

在合作社方面，1940年前"牺盟会"和"战动总会"先后在

---

① 马洪：《记任家湾春耕动员群众会》，《抗战日报》1942年5月5日。
② 《晋西北去年的春耕工作》，《解放日报》1943年4月4日。
③ 张成德、孙丽萍等：《山西抗战口述史》（第2部），山西人民出版社2005年版，第102页。

晋西北各县开展宣传与动员工作，期间建立了一些合作社。如四区有临县民生产销合作社、西北大众消费合作社、中心区合作社、部队合作社等。这些合作社实际上为机关团体所开，仅中心区合作社有群众股本农币 1700 余元。① 以办得最好的岚县为例，该县消费合作社由县农救会开办，选举"牺盟会"等团体干部为董事、农会干部为总经理，资金则主要来自于反奸清算之赃款，并无群众股份。② 1939 年"晋西事变"之后，四区合作社增加为 44 个，其中离石、临县、临南、方山、离东 5 县分别有 24 个、12 个、6 个、1 个。单纯从数量上来看，较之 1938 年，增加幅度可观，但从质量上来看，变化并不明显。如临、离石两县 36 个合作社中，以农会为名义而成立的即有 22 个，占总数的 61.1%。此类合作社多由商人、地主、富农把持，以推销敌货为主。而临县还有 6 个合作社以机关名义成立，其成立之目的主要在于解决其自身生存困难问题。③ 由此可见，晋西北抗日根据地民主政权未建立之前，合作社的发展仍处于一种非正常状态，不仅未形成一种运动，更未起到振兴经济的作用。

1940 年晋西北抗日政权建立之后，政府决定在资金、原料、设备乃至运销等方面对合作事业进行帮助与扶持，同时奖励各种发明创造和派遣专业人才予以技术指导。④ 随后，政府在出台的经济政策中指出"发展合作事业的途径，是由运销合作进至生产合作，再进至信用合作"⑤。为了确保合作事业政策的有效实施，9 月 6 日晋西北行署又颁布《合作社暂行条例》，指出发展合作社"为厉行经济建设，粉碎敌伪经济进攻，在平等、互助组织之基础上，抵制中

---

① 晋西区党委：《经济建设材料汇集Ⅲ——合作事业》（1941 年 12 月），山西省档案馆，D1—921，第 1 页。

② 《山西文史资料全编》（第 5 卷），《山西文史资料》编辑部 1998 年编印，第 247 页。

③ 晋西区党委：《经济建设材料汇集Ⅲ——合作事业》（1941 年 12 月），山西省档案馆，D1—921，第 1 页。

④ 晋绥边区财政经济史编写组、山西省档案馆：《晋绥边区财政经济史资料选编》（工业编），山西人民出版社 1986 年版，第 317—318 页。

⑤ 杨世源：《西北农民银行史料》，山西人民出版社 2002 年版，第 8 页。

间剥削，改善人民生活，以适应抗战需要为目的"，同时将合作社业务分为消费、生产、运销、信用4项。① 从中不难发现，合作社的建立是政府政策引导与农民自愿参与相结合的产物，以维持农民生存为底线，以服务于抗战需求为终线。但实际情况并非如此，政府政治动员在实践中仅局限于消费合作社，"商业化的倾向到处皆是，不仅不能起激励土货生产，平抑物价的作用，少数合作社竟奸商化了……贩卖群众不必需的奢侈品，造成仇货绝对入超，使法币外流"②。如临县安家庄地主拉拢干部成立各种合作社，而离石县不少合作社系商人建立后以农民合作社之名在农会加以登记。同时，有的地方干部使用命令方式集股以及利用地主、商人乃至动机不良的农民而建立合作社。由此建立的合作社大多推销敌货，个别的还贩卖大烟、倒卖现洋而拒绝使用农币。③ 此种现象在一定时期内的蔓延，扰乱了商品市场的正常发展，违背了组织合作社的基本原则，亦难以为广大农民所接受。

有鉴于此，政府决定对合作社进行整顿，将不符合社章的合作社加以改组，并设法使已停业的合作社得以恢复。经过整顿，晋西北地区共有合作社20个，其中四区离石、临南、临县、方山4县分别有15个、2个、2个、1个。④ 在此基础上，晋西区党委做出合作社应以"手工业与副业的生产"为主的指示。⑤ 随后，晋西北行署对之前颁布的《合作社暂行条例》进行修改，减少公积金、公益金在合作社总资产中的比重，以鼓励农民积极参加合作社。⑥ 与之相应，晋西区党委进一步强调合作社的主要任务是供给日用品、巩固

---

① 晋绥边区财政经济史编写组、山西省档案馆：《晋绥边区财政经济史资料选编》（工业编），山西人民出版社1986年版，第319页。
② 《合作社应向生产方面发展》（社论），《抗战日报》1940年12月4日。
③ 晋西区党委：《经济建设材料汇集Ⅲ——合作事业》（1941年12月），山西省档案馆，D1—921，第1—2页。
④ 同上书，第2页。
⑤ 《合作社应向生产方面发展》（社论），《抗战日报》1940年12月4日。
⑥ 王春明：《晋绥边区的农业大生产运动》，北岳文艺出版社1999年版，第216—217页。

农币、推销土货。①明确合作社发展方向与主要任务之后,晋西区党委针对如何建立合作社进行了具体的指示。首先,采用"以中心推动一般"的办法建立与推广合作社,即"先集中力量在各区党委与群众工作有基础的地方成立一个合作社,然后再推广到整理过支部的主村中,最后再求普及到各主村中"②。其次,合作社开展业务以符合农民利益、满足农民需求为宗旨,即消费合作社以供给民众日用必需品为目的;运销合作社以推销社员与农民剩余土货为目的;生产合作社以发展手工业生产与供给民众必需品为目的;信用合作社以集合零散资金借给民众必须资金为目的。③最后,合作社具有民主性与大众性,即社员自愿加入、职员民主选举、股金以小额为主、分红依合作社类别不同而异,如消费合作社以社员购买量分红、生产合作社以产量分红、运销合作社以土货销售量分红。④在具体规划与实施方面,晋西北行署进一步指示:"要使合作社普遍成立。各县贸易局应会同当地县政府、抗联组织合作社指导委员会,尽量指导各地多设立。一年内,无合作社的地区,每区至少成立 社,游击区二区一社,已有合作社之地区要增加一倍。"⑤

政府上述指示使得合作社发展逐渐步入正轨。截至1941年12月,晋西北14县共有合作社85个,计兴县有15个,二区河曲、保德、偏关、神池、五寨、岢岚6县共有31个,四区临县、临南、离石、方山4县共有34个,六区宁武、静乐、忻县3县共有3个,八区文水有1个。从数量来看,分布不均现象显而易见,即以兴县为中心向四周辐射。越是靠近政权中心的地区,合作社数量越多,如二区、四区;越是远离政权中心的地区,合作社数量则越少,如六区、八区。就性质而言,85个合作社中,消费合作社为42个,占

---

① 《如何建立合作社》(社论),《抗战日报》1941年5月20日。
② 晋西区党委:《经济建设材料汇集Ⅲ——合作事业》(1941年12月),山西省档案馆,D1—921,第20页。
③ 《如何建立合作社》(社论),《抗战日报》1941年5月20日。
④ 同上。
⑤ 晋绥边区财政经济史编写组、山西省档案馆:《晋绥边区财政经济史资料选编》(金融贸易编),山西人民出版社1986年版,第29页。

总数的49.4%；兼营或综合性合作社为25个，占总数的29.4%；生产合作社为15个，占总数的17.6%；运销合作社为3个，占总数的3.6%；信用合作社处于零状态。① 也就是说，这一时期合作社的发展仍未跳出消费的范围，商业化倾向依然严重，前述政府政治动员机制的运行并未收到预期的效果。广大农民对政府发展合作社的目的与意义并不明确，持有怀疑态度。如兴县涧滩坪村40岁的刘万世说："过去丢了钱，今天倒又要干了，这是干部穿不上衣服的主意。"意即过去办合作社使农民吃了亏，如今又要提倡是干部为自己利益着想。冯家峁富农王昌贤和王仲贤弟兄不愿入股，亦"怕丢了钱"。② 怀着这种心态的农民并非少数，说明广大农民远未被动员起来。"政策所产生的一切作用仅是提供可能性"，并不总是意味着其实施对象会欣然接受。③ 在政治动员还未能带来明显物质利益的时候，新政权的合法地位并未得到广泛的认同。

综上所述，1941—1942年，尽管晋西北部分县份在政府提倡下开展了互助合作运动，但并未形成普遍发展的热潮。因此，这一时期属于20世纪40年代晋西北互助合作的保守或萌芽阶段。从1943年起，互助合作运动进入了一个新的发展阶段。

第二节　激进阶段（1943—1945年）

为了摆脱互助合作运动所面临的困境，中共开始探索新的动员策略。1942年12月，毛泽东在陕甘宁边区高级干部会议上作了《经济问题与财政问题》的报告，指出"一切空话都是无用的，必

---

① 晋西区党委：《经济建设材料汇集Ⅲ——合作事业》（1941年12月），山西省档案馆，D1—921，第3页。
② 同上书，第11—12页。
③ [加拿大] 伊莎白·柯鲁克、[英] 大卫·柯鲁克：《十里店（一）——中国一个村庄的革命》，龚厚军译，上海人民出版社2007年版，第75页。

须给人民以看得见的福利",其办法就是要利用并改造传统互助模式。① 据此,1943年1月25日《解放日报》发表题为《把劳动力组织起来》的社论,倡导对"流行民间的劳动互助组织"加以"因势利导,有计划地组织领导"②。中共中央动员策略的调整引起晋西北抗日民主政府的高度重视。3月23日,《抗战日报》发表社论指出"当前的重大问题是,如何领导农民组织与调剂劳动力,利用民间习惯的劳动互助形式,加以改善提高与发展,以更大发挥劳动互助作用。过去形式主义的强制互助,不应再用"③。4月8日,《抗战日报》又发表社论强调"根据各地具体情况,在自愿条件下,组织三家以上的劳动互助小组,并约定比较长期的互助,以改善自流变工和雇工中的一些狭隘现象"④。与之相呼应的是各县抗联、农会等组织纷纷动员农民组织变工组。河曲县抗联明确要求各村组织变工组,并鼓励妇女、儿童等弱势群体积极参与春耕生产,以解决劳动不足问题。⑤ 临县抗联亦于4月初指示各级抗联"要根据各地农民习惯及要求,加以深入说服教育,务使群众在自愿的、不吃亏的(等价交换),以家庭为单位,以牛为中心的原则下去组织起来"⑥。而兴县二区某村专门召开农会会员大会,所有会员均参加变工队进行集体开荒,进而掀起群众性开荒热潮。⑦

随着政府动员策略的转变,从1943年夏季开始,一场以锄草、抢收为主要内容、以变工组为主要形式的农业劳动互助运动在晋西北抗日根据地兴起。据报道,"夏锄开始的时候,神府各村普遍组织劳动互助。一区三乡有三分之二以上的农民都参加了变工队,二流子、退伍军人等亦积极参加。……全乡以邱家塔变工最激烈,大

---

① 《毛泽东文集》(第二卷),人民出版社1993年版,第467页。
② 《把劳动力组织起来》(社论),《解放日报》1943年1月25日。
③ 《抓紧领导春耕》(社论),《抗战日报》1943年3月23日。
④ 《发展劳动互助》(社论),《抗战日报》1943年4月8日。
⑤ 理红、理京整理:《高鲁日记》,内蒙古大学出版社2004年版,第360、370页。
⑥ 临县讯:《临县抗联发动群众变工》,《抗战日报》1943年5月13日。
⑦ 兴县讯:《兴县二区各村群众掀起开荒热潮》,《抗战日报》1943年5月13日。

队之下共有4个小队,还有7个妇女参加了变工"①。锄草变工的办法为:第一,劳作次序以"地远、草大、难锄"为标准;第二,吃饭方面或"变工不变饭",或"给谁家锄,谁家管饭";第三,劳动力与技术的协调以"双方劳动强度和锄草技术相等"为原则;第四,劳作纪律以"耕作一致,早起晚归"为范。②在秋收季节,部分地区还采取"劳武结合"的劳动互助模式。离石县农民在"快收快打快藏"的口号下集体抢收,各村民兵则封锁日军的据点、破坏其交通线路,并轮流监视其行动,随时准备给予其打击。一些民兵一方面与农民变工收割庄禾,一方面准备战斗;农民则在民兵外出时帮助其收割庄禾。③如此一来,该县秋收既节省了人力,又有效阻止了日军的破坏。

需要指出的是,从1943年开始,几乎所有文献资料都使用"变工组""扎工队""劳武结合"等词用于描述农业劳动互助运动的组织形式,之前所使用"互助团""互助组"等词显然已经被淘汰。对于此种现象,有学者认为从"互助到变工"体现了劳动互助模式由传统剥削型向革命公平型转换,指出中共新式劳动互助模式的基本取向在于均平性与对等性。④笔者则认为"变工"在晋西北农村社会早已有之,正如有资料记载:"劳动互助含有变工性质,但又和变工不同,因为变工只是两家老百姓暂时的人畜换工,而劳动互助则可以包括三家以上的人,而且互助还是全年的,有组织的,它们的互助应该记账算账,换工差数要用工资来补。"⑤从中得知,晋西北农村社会传统的劳动互助模式显然以"变工"为主。民

---

① 神府讯:《神府群众积极夏锄,普遍组织变工锄草队》,《抗战日报》1943年6月22日。
② 神府讯:《变工队蜂起云涌,第五行政村为全乡模范》,《抗战日报》1943年8月14日。
③ 新华社晋西北9日电:《民兵与群众互助变工,离石五寨突击秋收》,《解放日报》1943年10月10日。
④ 魏本权:《革命与互助:沂蒙抗日根据地的生产动员与劳动互助》,《中共党史研究》2013年第3期。
⑤ 《今年春耕中的劳动互助》(社论),《抗战日报》1942年4月2日。

主政府建立初期，中共则强调建立"互助团""互助组"。然而，1943年及其后，中共更多强调建立基于农民传统的"变工组"。因此，将中共组织农民的策略简单地表述为"互助到变工"并不符合客观史实。可以说，从"互助"到"变工"更多体现出中共新式劳动互助模式既在形式上符合农民传统习惯，又在内容上易于消除农民内心顾虑。因为"变工"一词中"变"有调剂、交换之意，而"工"则是劳动量的体现。二者合为一词，意指劳动力或畜力的相互调剂。当然，无论是"互助"还是"变工"，"剥削"与"公平"是相对的。在晋西北地区，传统劳动互助模式更强调"人情味"，而中共新式劳动互助模式更多倾向于"革命化"，是非常态性的。正因如此，单纯用"均平性"与"对等性"为中共新式劳动互助模式定性亦不符合革命现实场景。

事实上，从1943年年底起，农业劳动互助运动已经作为中共开展大生产运动的重要载体而加以行政式强化。10月，由毛泽东起草的《中共中央政治局关于减租生产拥政爱民及宣传十大政策的指示》认为"发展生产的中心关节是组织劳动力"，因此要求各根据地"取按家计划、变工队、运输队、互助社、合作社等形式，在自愿原则下，把一切全劳动力与半劳动力组织起来"[①]。随后，毛泽东在《切实执行十大政策》的讲话中指出："将个体经济为基础的劳动互助组织即农民的农业生产合作社加以发展，生产就可以大大提高。……这样的改革……是生产制度上的革命。"[②] 11月29日，毛泽东发表《组织起来》的重要讲话，号召"把群众组织起来，把一切老百姓的力量、一切部队机关学校的力量、一切男女老少的全劳动力半劳动力，只要是可能的，就要毫无例外地动员起来，组织起来，成为一支劳动大军"[③]。至此，"组织起来"已经成为一种"革命话语"建构之下的政治符号，指引着各根据地的发展方向。

---

① 中央档案馆编：《中共中央文件选集》（第14册），中共中央党校出版社1992年版，第100页。
② 《毛泽东文集》（第三卷），人民出版社1996年版，第70—71页。
③ 《毛泽东选集》（第三卷），人民出版社1991年版，第928页。

从 1944 年开始,"组织起来"的号召在晋西北抗日根据地得到迅速宣传与贯彻。3 月 7 日,《抗战日报》发表社论强调:"以毛主席的著作('组织起来')与陕甘宁晋西北劳动英雄的宝贵经验(如本报所发表的张初元、温象拴等的经验,刘建章的'办合作社的几个经验',等等)加紧教育县区以至村上的干部……使他们有信心有办法的去组织群众变工合作。"① 此社论从思想层面教育与规训基层干部积极组织农民。在生产与互助的具体实践过程中,政府政策性动员方式灵活多变。春耕时,晋绥边区行署于 3 月 6 日发出《关于积极准备春耕工作的指示》,要求"各级政府同志应普遍的发动与组织劳动互助……使人工与人工、人工与畜工、畜工与畜工、老与少、男与女、贫与富组织各色各样的劳动互助"。同时强调:劳动互助的组织规模、期限以"适于生产为宜",尤其在没有劳动互助基础的村庄不宜过大,且"应以一季为宜",提倡"利用旧的关系"即血亲、友情关系进行组织。② 这说明尽管中共急于将农民"组织起来",但革命的开展尚依赖于农民传统,亦即"中共并非一味地向农民灌输马克思主义的'正确'思想,有时为了动员农民,赢得农民的支持,也不得不迁就农民'落后'的价值观念而调整和修正自己的策略"③。夏锄时,民主政府又因时制宜而改变动员方式。7 月 11 日,《抗战日报》发表社论指出:"保证群众锄草运动的蓬勃开展,其中心环节是巩固原有的变工组织,使之能更加发挥强大效能,并进一步扩展互助组织。……至于变工锄草时组织是否需要改变和如何改变,要由变工队员民主讨论具体决定,不要机械规定。"在此基础上,要求"区村干部……必须把领导与劳动密切结合起来"④。同时,为了解决劳动力不足的问题,晋绥分局发出

---

① 《开展生产运动中的重要问题》(社论),《抗战日报》1944 年 3 月 7 日。
② 晋绥边区财政经济史编写组、山西省档案馆编:《晋绥边区财政经济史资料选编》(农业编),山西人民出版社 1986 年版,第 192—193 页。
③ 王奇生:《革命与反革命:社会文化视野下的民国政治》,社会科学文献出版社 2010 年版,第 194 页。
④ 《切实领导群众的夏锄运动》(社论),《抗战日报》1944 年 7 月 11 日。

《关于组织扎工队帮助群众锄草的通知》，要求"各部队机关除进行自己生产外，应尽可能的抽出一批善于锄草者组织扎工队为群众锄草"。① 此举在帮助群众生产的同时，增强了干群关系，进而将农民生产置于中共革命策略之内。正因如此，在关乎农民生存的秋收之际，中共更是不遗余力地改变动员方式。《抗战日报》于9月14日刊发晋绥边区行署关于《及早组织秋收展开秋翻地运动》的指示，认为应该"以春耕、夏锄、夏收时领导变工的经验，去整理变工组织。有计划的吸收可能吸收的（男、女、老、少及"二流子"）一切劳动力，发挥所有的力量去抢收一年辛苦吃在口边的田禾"②。经此，确保秋收工作高速、有效开展。

上述中共富于弹性的动员方式，在实践中体现为互组合作的组织程度明显提升。该年晋绥边区共有劳动力391845个，"组织起来"的达146550个，占劳动力总数的37.4%。③ 据兴、临南、河曲等18县统计资料显示，共有劳动力293737个，"组织起来"的达132985个，占劳动力总数的45%。其中，劳动互助开展最好的河曲县高达83%。④ 另据保德、河曲、神池、偏关、五寨、岢岚6县统计，春耕时有变工组织的自然村共计1267个，占总数的70.1%；秋收时则增至1426个，占总数的77.6%，参加变工的劳动力近90000人，占人口总数的60%。⑤ 部分村庄，如临县梁家会村，参加变工组的户数高达95.6%。⑥ 尽管如此，各地互助合作的具体发展情况并非整齐划一（见表2-2）。

---

① 中共晋绥分局：《关于组织扎工队帮助群众锄草的通知》，《抗战日报》1944年7月25日。
② 《行政公署指示：及早组织秋收展开秋翻地运动》，《抗战日报》1944年9月14日。
③ 史敬棠等编：《中国农业合作化运动史料》（上册），生活·读书·新知三联书店1957年版，第708页。
④ 晋绥边区财政经济史编写组、山西省档案馆编：《晋绥边区财政经济史资料选编》（总论编），山西人民出版社1986年版，第599页。
⑤ 二分区讯：《二分区总结布置生产，精耕为主开荒为副》，《抗战日报》1945年3月19日。
⑥ 《临县梁家会变工互助典型报告》（1945年），山西省档案馆，A147—1—70—4。

表2-2　　1944年河曲、保德两县"组织起来"百分比对比　　单位:%

		自然村	户数	劳动力
春耕	河曲	93.4	73.3	66.2
	保德	88.6	48.1	45.3
夏锄	河曲	94.8	77.4	74
	保德	93.3	71.9	57.5
秋收	河曲	96.1	85	82.5
	保德	93.6	71.2	60.2

资料来源:《河曲县生产工作总结》(1944年),山西省档案馆,A137—2—10—1;陈秉荣:《保德农业合作史》,政协保德县委员会2012年编印,第22—23页。原资料中个别数字有误,笔者已经作了修改。

从表2-2得知,河曲、保德两县"组织起来"季节性明显,从春耕到秋收,参加变工组的户数与劳动力基本呈现出增长趋势,尤其在秋收时,"组织起来"较之其他两季,在自然村、户数、劳动力等方面均占有优势。不过要想权衡变工组的功效,仅凭单纯的统计数字难免会出现误差,导致结论与史实相悖。事实上,部分地区基层干部力求组织大组甚至全村性的大变工,结果流于形式。如河曲县组织率高达83%,实际见效的仅有一半左右(见表2-3)。离东县20个变工队只有二区崖腰湾、吴家庄,三区秀家坪、鸦儿崖、庙底5村的变工队真正起了互助合作的作用。[1] 临南县枣圪塔村1944年组织的6个变工组,多半由干部强迫编制,目的是给干部和民兵种地,其中干部吕性真所欠变工组工资从未偿还。[2] 岢岚县1944年春耕,全县组织起799个变工组,其中较差的即达249个,占总数的31.2%。[3] 此类变工组虽有干部领导,但缺乏互助实效。此外,即便在同一县份内,由于动员工作的不平衡,导致各区的组织力度有所差异。如兴县1944年春耕,全县1/2的村庄组织了1055

---

[1] 《离东县农业生产工作总结》(1944年),山西省档案馆,A90—5—7—1。
[2] 《临南一区枣圪塔变工材料》(1945年),山西省档案馆,A147—1—70—5。
[3] 《岢岚县生产总结》(1944年),山西省档案馆,A139—1—43—5。

个变工组，组织起24.1%的劳动力，其中组织程度最高者为二区，达41%，而最差的一区仅为8%。①

表2-3　　　兴县、河曲、保德、偏关4县部分村庄
　　　　　　　　"组织起来"统计一览

县别	村数（个）	变工组数（个）	好的变工组（个）	比例（%）
兴县	84	403	297	73
河曲	35	159	80	50.2
保德	9	76	61	80.5
偏关	42	161	123	76.4
合计	170	799	561	70.2

备注：好的变工组是指真正进行互助合作的组织，其余的组则只互助合作了几天或尚未进行互助合作。

资料来源：晋绥边区行政公署：《晋绥边区的劳动互助》（1944年），山西省档案馆，A90—5—6—1；偏关县委：《偏关县1944年夏锄工作总结》（1944年9月），偏关县档案馆，1—1—27—4。

简而论之，1944年春耕、夏锄、秋收三个时期，晋西北各地互助合作运动都开展得异常激烈，也取得了一些成绩。不论从数量上还是规模上，1944年的互助合作运动都超过了1943年，推动了大生产运动高潮的到来，不仅有力地调动了农民的生产积极性，并且刺激了农业经济的恢复与发展。尽管如此，不少地方出现了一些强迫命令和形式主义的现象，而且许多干部在领导思想与领导实践上出现偏差。如前所述，这些偏差使得互助合作运动在部分地区"形式"多于内容，数量远甚于质量。

1945年1月27日，中共晋绥分局会议通过《中共晋绥分局关于进一步开展大规模生产运动的指示》，指出："要巩固扩大变工组组织，做到把全边区百分之六十以上的劳动力，在自愿的原则下，组织到各种各样的……变工互助组织之内。必须十分注意克服与避免

---

① 沈越：《兴县今年的春耕运动》，《抗战日报》1944年8月31日。

强迫命令形式主义的做法,以及领导上放任不管听其自流的现象。"① 基于此,晋西北各地在政府政策指引与党政军民、劳动英雄的一致努力下,互助合作运动取得较大进展。

首先,干部工作作风有所转变。在领导互助合作时,基本克服强迫命令的作风,较好地贯彻了群众自愿的方针。1945年春耕时,大部分干部对1944年领导互助合作运动发生的问题进行了反省与检讨。临南县杨家山村刘生树组织变工组时,在干部会上做了自我批评:"过去因我的认识不够,教育大家上有很大的毛病。大家的自私,在变工队投机取巧,都应我负责。大家都知道,去年我的态度不好,不但对群众,对咱们的干部同志也不好"。刘生树反省以后,干部们都认为1944年互助合作问题太多了,也不能全怨刘生树,主要是大家都犯了同样的毛病,并要决心纠正。在他这一组的影响下,全村组织起4个变工组。静乐县磨管峪村在讨论变工时,村干部向群众郑重声明"今年的变工由群众自己自由组织,怎样对大家有利,咱就怎样变工,变工是为了大家省出工来多生产,不是给公家变,上头决不强迫"②。这样群众就在合牛的基础上组织了互助合作。

深入群众、亲自领导互助合作是干部工作作风转变的另一个表现。兴县一区李家塔塔行政村在秋收组织变工组时,首先召开行政村干部会议,干部检讨了过去组织互助合作的错误做法。抗联主任康有生说:"我在峁底村领导变工时,去时只是问问村干部。头天晚上去,第二天一早便回,也不到群众里面看看,结果虽然组织起四五个组。有的变了几天,有的根本没变。"农会秘书王初生说:"我见老百姓不变工,便吼喊他们说变工是好事,你为什么不变。但我自己却不参加变工组。"其他干部也都做了深刻的反省,一致意识到该年秋收工作的重要性,决定彻底改变过去站在变工组外领

---

① 中共晋绥分局:《关于进一步开展大规模生产运动的指示》,《抗战日报》1945年2月9日。
② 晋绥边区行政公署:《1945年一年来变工互助工作总结》,山西省档案馆,A90—5—19—1。

导变工的不良作风，分头下去组织召开自然村干部会，检讨过去村干部不亲自领导变工组的毛病，并用算账教育的办法，说明该年因参战及部队开赴前线所加重的秋收任务，以此发动秋收变工。在各级干部亲自参加变工组后，该行政村及其所属自然村都"组织起来"了。①

其次，提高了变工组的质量，迎合了群众的实际需要。1945年的互助合作从形式上看不及1944年的规模大，但在质量上得到提高，实际效果增强。宁武县检查变工组不是看人数的多少，而是看节省了多少劳动力、干了些什么、地种的如何以及困难解决得怎样等。临南县在完全自由结合下，组织起3种形式的变工组，占劳动力总数的37%。其中，旧式朋牛组占变工组总数的10%，新式集体买牛组占65%，记工、折工严格并有周密计划的变工组约占25%。②后者在数量上不及1944年，但从自由组织、开会讨论、独立解决问题等方面更加巩固了变工组。

1945年，据兴、神府、岚3县统计资料显示，共有劳动力54264.5个，参加变工组的有25086个，占劳动力总数的46.2%。③截至该年11月，据河曲、保德、偏关、神池、五寨、岢岚6县的不完全统计，共有成年男劳动力291035个，已参加变工组132985个，占劳动力总数的45.6%，开荒1444103亩，变旱地为水地16199亩，仅3县种棉即达149484亩，部分地区已达到"耕三余一"。④其中，偏关县除却偏清区，一区三台梁、坝子山、刘家坨子3个行政村外，共有8941户36125人，组织起437个变工组，参加变工组

---

① 晋绥边区行政公署：《1945年一年来变工互助工作总结》，山西省档案馆，A90—5—19—1。
② 同上。
③ 晋绥边区财政经济史编写组、山西省档案馆编：《晋绥财政经济史资料选编》（总论编），山西人民出版社1986年版，第599页；穆欣：《晋绥解放区鸟瞰》，山西人民出版社1984年版，第97页。
④ 新华社晋西北22日电：《晋绥贯彻减租生产后，农民大批赎地买地》，《解放日报》1945年10月26日。

的有2426户3829人，分别占总户口与总人口的6.7%、10.6%。①岢岚县有378个村庄组织起857个变工组，参加户数4616户，占总户数的46.8%；参加劳动力7746个，占劳动力总数的39.4%；参加畜力2272个，占畜力总数的53.6%。②从9县"组织起来"的情况来看，1945年晋西北各地互助合作的开展尽管仍存在区域性不平衡的差异，但从整体质量上来看比1944年更加巩固了。与此同时，干部领导方式的转变及组织管理制度民主化程度的增强，极大地提高了农民参加变工组的积极性。所有这一切，将互助合作运动推向了高潮。

在劳武结合方面，部分地区成效可观。第一，民兵参加生产的人数增多。偏关县1944年春耕参加变工组的民兵有350个，占民兵总数的69.4%；夏锄时有432个，占其总数的71.6%；秋收时有505个，占其总数的81.8%。较之春耕，夏锄参加变工组的民兵增幅为23.4%；较之夏锄，秋收时参加变工组的民兵增幅为16.9%。③河曲县该年春耕参加变工组的民兵有2330人，占其总数的86.3%；秋收时，民兵参加变工组的数额比夏锄、春耕分别增加4.6%、15.5%。④五寨县该年共有民兵946个，参加变工组的有473个，占总数的50%。大量民兵参加变工组，在与群众生产的同时也保卫了生产。⑤第二，自卫队的普遍发展。岢岚县1945年共有自卫大队297个、自卫小队947个，队员总数为13625人。⑥第三，基本实现军火自给。1945年岢岚县不少武器较之1944年在数量上有所增加，1944年共有地雷1198个、手榴弹630个、炸药114.5

---

① 偏关县政府：《春耕生产总结各种统计表》（1945年5月27日），偏关县档案馆，3—1—8—3。

② 岢岚县志修订编纂委员会编：《岢岚县志》，山西古籍出版社1999年版，第165页。此数据与一份档案资料有出入。该资料记载：1945年岢岚县共有劳动力20082个，参加变工组的有7820个，占劳动力总数的38.9%。详见《岢岚县变工互助材料》（1945年），山西省档案馆，A139—1—45—2。

③ 偏关县委：《偏关县变工组织统计表》（1944年），偏关县档案馆，1—1—22—9。

④ 《河曲县生产工作总结》（1944年），山西省档案馆，A137—2—10—1。

⑤ 《五寨生产总结》（1944年），山西省档案馆，A138—1—40—10。

⑥ 《岢岚县1945年生产总结》（1945年），山西省档案馆，A139—1—49—5。

斤、枪21支、石雷0个，1945年则分别增加为1376个、980个、565斤、3支、61个。在熬硝方面，该县二区小南沟全村都扫硝土，共熬硝36斤；五区丈子、三井两村共熬硝30斤；城关民兵田继厚与其他3人共熬硝30余斤；四区田家崖村王长换一个人熬20斤硝。全县一年共熬硝350余斤。① 第四，爆炸技术的提高。岢岚县李家条村部队和民兵都分散在各个变工队内，部队教给民兵爆炸技术，民兵学会之后再推广到变工队。全村有11个民兵会使用地雷、制造爆炸管与炸药、熬火硝等技术；25个自卫队员学会埋地雷；6个妇女学会在村里使用地雷。②

这一时期合作社的转向同样始自前述毛泽东所作《经济问题与财政问题》的报告。该报告明确指出"南区合作社式的道路，就是边区合作社事业的道路；发展南区合作社式的合作运动，就是发展边区人民经济的重要工作之一"。毛泽东认为南区合作社的经验在于发展综合性合作社、以群众利益为导向、坚持"公私两利"方针以及建立民主管理体制等。③ 毛泽东的这一意见很快得到晋绥分局的响应，于1943年1月做出了相关指示："必须使合作社成为群众自办的事业……应当整顿现有合作社，吸收过去经验教训，有计划的首先在重要地点把合作社办好，以推动群众性的合作运动的发展。"④ 10月，毛泽东在《论合作社》中更明确地指出："合作社性质，就是为群众服务，这就是处处要想到群众，为群众打算，把群众的利益放在第一位。"⑤ 1944年中共晋绥分局为了贯彻毛泽东"组织起来"的号召，将该年领导群众生产运动的中心环节确定为"组织劳力武力结合的变工队与群众性综合性的合作社"，认为"这种变工队与合作社，都是群众的合作组织，它们不仅是现在我们新

---

① 《岢岚县1945年生产总结》（1945年），山西省档案馆，A139—1—49—5。
② 同上。
③ 《毛泽东选集》（第五卷），东北书店1948年版，第788—790页。
④ 晋绥边区财政经济史编写组、山西省档案馆：《晋绥边区财政经济史资料选编》（总论编），山西人民出版社1986年版，第472页。
⑤ 《毛泽东选集》（第五卷），东北书店1948年版，第891页。

民主主义经济中提高劳动生产力的主要方法，而且是团结教育个体农民实现当前革命任务的强大力量"。① 1945 年，中共晋绥分局进一步指出应该将"合作社的经济力量"与"军事政治经济文化等力量"加以配合"来挤敌人"②。这样一来，合作社不仅成为"团结群众实行当前任务的一种适当组织"，而且是"团结群众改造社会的有力组织"③。

随着政府行政力量的不断介入，合作社的发展逐渐超越了血缘纽带下的规模界限。1944 年兴、临、保德、河曲等县"差不多每村至少有一个合作社"。其中，临县不少干部机械地根据上级号召在每个行政村强行建立 3 个合作社、每所学校建立 1 个儿童合作社，甚至在市镇及其附近建立消费合作社。④ 在这种工作方式的引导下，该县梁家会合作社从 1943 年 11 月至 1944 年 3 月，仅 4 个月的时间内，由原来 15 个自然村 305 人组成的股金为 70410 元（农币，下同）的"小社"一举成为 107 个自然村 2718 人组成的股金为 227610 元的"大社"。⑤

强调合作社的"群众性"在实践中体现得特别明显，此即群众自办合作社，民主选举干部；合作社能为群众服务；合作社能够发扬民主与依靠群众。基于此，1943 年不少合作社贯彻了"民办公助、生产为主"的方针，如兴县魏家滩合作社、临南歧道合作社、神府贺家川合作社、离东康家里合作社、阳曲下马城合作社、宁武燕家村合作社、岚县界河口合作社等。其中，歧道合作社开办时群众股金仅 3 万余元，以区公所资助的 20 万元支持经营，在为群众服务并取得群众信任与支持后，群众股金发展到 10 万余元，公股则适

---

① 《开展生产运动中的重要问题》（社论），《抗战日报》1944 年 3 月 7 日。
② 《中共晋绥分局关于进一步开展大规模生产运动的指示》，《抗战日报》1945 年 2 月 9 日。
③ 《生产运动的领导思想问题》（社论），《抗战日报》1944 年 2 月 1 日。
④ 晋绥边区财政经济史编写组、山西省档案馆：《晋绥边区财政经济史资料选编》（工业编），山西人民出版社 1986 年版，第 736、740 页。
⑤ 晋绥分局调查研究室：《临县梁家会合作社——如何转变群众对合作社的观感，使合作社获得迅速发展的一个例子》，《抗战日报》1944 年 6 月 13 日。

时抽出，另行帮助资本不足、基础还不巩固的合作社。① 1944 年成立的保德县袁家里合作社则更好地贯彻了前述方针。该合作社是劳英袁谦在组织变工组过程中成立的，包括一座油坊、一座硫黄工厂、一座煤窑（与武家峪村合办）、一个运输队，同时供给群众日用品和动员全村妇女开展纺织。袁家里过去没有纺织基础，但在袁谦的积极发动下，全村有 43 个纺妇纺花 70 斤棉花，其中有 13 人能纺经线，并计划增加纺车，再买和织布机以实现自纺自织。②

与此同时，合作社的形式与内容也发生变化。正如毛泽东所指："部队、机关、学校的生产是一种合作社，农村的集体互助劳动又是一种合作社，此外还有包含各种业务在内的综合性合作社，被称为运盐队的运输合作社，工人们集体互助的手工业合作社。"③ 这四种合作社"是人民群众得到解放的必由之路，由穷苦变富裕的必由之路，也是抗战胜利的必由之路"④。正是基于此种认识，晋西北各地合作社发展开始由单一形式向多元化形式发展。以岢岚县为例，该县 1944 年共有合作社 32 个、社员 6210 人、股金 2134535 元。其中，生产合作社 1 个、社员 185 人、股金 50000 元；运输合作社 8 个、社员 423 人、股金 109440 元；消费合作社 1 个、社员 21 人、股金 4100 元；综合性合作社 22 个、社员 5581 人、股金 1970995 元。综合性合作社在数量上占总数的 68.8%，社员占总数的 89.9%，股金占总数的 92.3%。⑤ 1945 年晋绥边区共有综合性合作社 285 个，社员 63275 人，资金 6.3 亿元。⑥ 综合性合作社这种将生产、运输、消费、信用等各种业务集于一体的多元化合作组织得到了长足的发展。综合性合作社的发展与壮大一方面得益于政治动员机制的推动，另一方面也是农民战胜天灾人祸以求生存的需要即

---

① 杨德寿：《中国供销合作社史料选编》（第二辑），中国财政经济出版社 1990 年版，第 560 页。
② 陈珞：《袁谦和袁家里》，《抗战日报》1944 年 10 月 1 日。
③ 《毛泽东选集》（第五卷），东北书店 1948 年版，第 891 页。
④ 同上书，第 896 页。
⑤ 《岢岚县生产总结统计表》（1944 年），山西省档案馆，A139—1—43—2。
⑥ 穆欣：《晋绥解放区鸟瞰》，山西人民出版社 1984 年版，第 112 页。

农民理性选择的体现。如在业务选择上，要从农民的实际情形出发，以解决农民生活与生产困难为导向。交西三区惠家庄合作社，干部根据民众需求决定合作社当前的主要业务是吸收油籽后，少数社员"化布施"的念头方才打消，并转而拥护合作社。① 除了综合性合作社，在变工组基础上建立的变工合作社成为合作社发展高潮阶段的典型性产物。它是建立在常年互助合作基础之上的一种介于农业变工组与副业合作社的较为高级的合作形式。它的集体性高于临时性与季节性的变工组，但并未改变其自身变工的性质，它与后者的区别在于不仅实行集体劳动，而且进行部分生产资料与资金的合作。② 据统计，1944年临南县二区、三区、四区、五区这四个区分别有变工合作社7个、10个、17个、6个，合计40个。③ 变工合作社虽然没有打破生产资料私有权的限制，但却在很大程度上将其集体化，初步实现了资源的优化配置。

此外，还在合作社中逐渐建立起一套较为健全的管理体制。以社员代表大会、理事会及监事会来民主管理合作社。社员代表大会为代表权力机关，由社员民主选举产生，并有选举理事与监事、审核社务报告、制定或修正社章程及其他各种条例、规划社务、处理各种提议事件的权力；理事会有借款、放款、处理社员债务、办理合作社登记事务之责；监事会则有监察社财产及其他一切事务之责。如临县梁家会合作社由全体社员选举组成社员代表大会，并选举产生理事会、监事会。理事会由7人组成，其中5人是正式理事，分别为主任、营业股正副股长、会计股正副股长；2人是候补理事，分别为营业员、会计员。监事会由5人组成，其中3人是正式监事，2人是候补监事。④ 合作社管理体制的有效建立，不仅保障了合作社

---

① 杨世源：《西北农民银行史料》，山西人民出版社2002年版，第389页。
② 山西农业合作史编辑委员会编：《山西省农业合作化史综述卷》（总卷第六册），中央文献出版社2002年版，第22页。
③ 《临南全年生产统计》（1944年），临县档案馆，62—2—23—8—3。
④ 晋绥分局调查研究室：《临县梁家会合作社——如何转变群众对合作社的观感，使合作社获得迅速发展的一个例子》，《抗战日报》1944年6月15日。

的有序运作，同时也成为中共在乡村建立合法性权威的助推器。

第三节 曲折阶段（1946—1949年）

抗战胜利后的1946—1949年，晋西北地区跟其他解放区一样，互助合作运动经历了从强迫到自流、从自流到纠正、从纠正再到发展的一波三折的曲折过程。在这一极其动荡的时期，国内政治形势的变化、经济制度的变革以及社会情势的剧烈振荡，引起了晋西北传统农村翻天覆地的巨变。在这次空前的变革中，互助合作运动曾一度停滞不前，尤其是1947年、1948年，几近中断。

1946年1月20日，在边区生产会议闭幕会上，时任分局副书记兼宣传部部长的张稼夫在会议总结报告中指出："群众生产（包括农业、手工业、工矿、纺织、副业等）的总方向应是在现实的基础上，发动各阶层人民扩大生产，采取各种各样的、新的旧的互助合作形式，提倡与发扬集体协力的劳动效果，提高生产力，奖励与培养各行各业的男女劳动英雄，主要是农业劳动英雄"。[①] 具体来讲，"变工互助要采取多样性，要从原有的基础，从群众能够接受的形式做起，不反对但也不强调提倡大变工……变工互助的组织，要坚持贯彻自觉自愿。不变也不勉强，亲戚朋友间朋伙变工也好，伙种、安庄稼也好，只要是他们计划扩大生产的，都应予以领导鼓励。"[②] 2月18日《抗战日报》登载《边区行署抗联联合指示各级加紧组织群众春耕》一文，再次明确指出："采取各种各样新的旧的变工互助合作形式，积极地把劳动力组织起来，提高生产力。老解放区要在已有的变工互助基础上推广与提高，新解放区要采取重点办法，先做好一个地方，以推动其他。最好在民间已有的形式上

[①] 本报讯：《边区生产会议闭幕，张稼夫同志作总结报告》，《抗战日报》1946年1月29日。

[②] 晋绥边区财政经济史编写组、山西省档案馆编：《晋绥边区财政经济史资料选编》（总论编），山西人民出版社1986年版，第723页。

帮助提高，如朋牛、合牛、扎工以及平川的罗圈班子、四大帮等都可调查研究运用，从进行中逐渐改变其不合理的部分。组织形式要因时因地制宜，要出于群众自觉自愿，只要能增加生产就是好的，要积极组织。"然而随着国内形势的骤变，政府这些表面上的口号并未能付诸实践。尽管各地群众生产情绪普遍很高，春耕时纷纷买牛或置办农具，并自发组织起变工组。但需要指出的是，这些组织起的变工组大部分仍是旧有的以牛或驴为中心的朋牛、格牛组，不少变工组是无人领导的、形式上的。如宁武县教场村全村55户，只有4户未格牛，2—5户格牛一犋；黄家山村19户格牛8犋；高家沟村15户格牛3.5犋；宁化村103户格牛20犋。① 这些旧有的朋牛、格牛组，许多干部不予以承认，甚至一些大变工有基础的村子，也被迫改为小型变工组。即便是组织起来以后，干部也很少过问。如神池县一区"很多干部对合牛变工是轻视，希望闹大变工，结果大变工搞不起来，小变工也不愿领导"，以致大部分合牛组连组长都没有，依旧停留在单纯的"换工"形式上。② 此类现象无不说明这一时期大多数变工组流于形式，自流现象普遍存在。

据兴县建设科统计资料显示，1946年兴县776个自然村，共有劳动力23466个（黑峪口未统计在内）、耕牛8231头。变工组织情况如下：变工组数2159个；自然村552个，占总数的71.1%；劳动力10223个，占总数的43.6%；耕牛4038头，占总数的49.05%。1945年占52%。参加变工组较普遍的是六区，占67.3%；较少者为五区，劳动力占总数的33.5%。③ 然而，统计数据并不能完全反映互助合作的实践情况。事实上，不少地区变工组数量明显萎缩或尚未进行组织。如二区全区124个自然村中，至

---

① 《宁武县1946年生产工作的几点意见》（1946年），山西省档案馆，A138—1—26—6。

② 学古：《神池一区干部决定一人领导一变工组，积累经验加强领导》，《抗战日报》1946年5月18日。

③ 兴县建设科：《兴县半年来春耕生产总结》（1946年），山西省档案馆，A141—1—43—2。

1946年阴历三月中旬，只有32个自然村共组织起69个变工组，特别是胡家沟、柳月等模范村尚未变起，杨家坡行政村1945年组织起67个变工个组，1946年只组织起17个变工组[①]；杨家坡本自然村1945年组织起15个变工组，1946年则只有3个干部变工组。[②] 宁武县二区刘家沟、红土沟等11个行政村，1946年春耕参加变工组的有1847户，占总户数的57.8%；耕牛1345头，占牲畜总数的57.2%，土地33381.5垧，占土地总数的55.9%。其中，各地普遍以耕牛为中心组织，大多是自发的格牛组。[③] 五寨县1946年春耕组织起变工组的自然村共计107个，1289户，占总户数的32.3%；劳动力2142个，占劳动力总数的28.8%；土地40676.5垧，占总数的40.7%；畜力800.5个，占总数的42.6%。[④] 1946年春耕，偏关县组织起120个自然村1423户，其中男全劳动力1546个、男半劳动力350个，占男劳动力总数的14.8%；女全劳动力43个、半劳动力5个，占妇女劳动力总数的0.56%；牛602头、驴569头；变工耕种土地34044.5垧。[⑤] "组织起来"的劳动力占人口总数的4.96%，占劳动力总数的9.12%。[⑥]

上述兴、宁武、五寨、偏关4县（宁武县只有二区的统计资料），1946年春耕组织起变工组的自然村共有790个，劳动力14308个（不包括宁武县二区）。五寨、偏关2县共有2712户参加，占总户数的19.9%。兴、五寨、偏关3县参加变工组的畜力共有6009.5个，占3县役畜总数的53.3%。此外，河曲县1946年常年互助组有123个、季节互助组有345个，入组农户总计344户，占

---

① 白振德、高俊德：《变工组不及去年四分之一，兴二区变工自流严重》，《抗战日报》1946年4月15日。
② 《一分区春季生产工作总结》（1946年），山西省档案馆，A98—1—34—1。
③ 《宁武县第二区春耕各种表》（1946年），山西省档案馆，A138—1—21—8。
④ 《五寨县1946年各种生产统计表》，山西省档案馆，A140—1—11。
⑤ 偏关县政府：《春耕人畜力变工统计表》（1946年），偏关县档案馆，3—1—9—3。
⑥ 偏关县委：《偏关县1946年春季生产总结报告》（1946年），偏关县档案馆，1—1—47—6。

总户数的19.5%。① 需要指出的是，虽然在春耕初期变工自流现象一度极为严重，但由于各级领导的及时发现与纠正，变工组织在1945年的基础上得到进一步发展，而且更为巩固。

夏锄时，大部分地区依旧以旧式人工变人工的方式进行小组变工，未引起干部的足够重视，因此成效不大。兴县对保村夏锄中只有4个变工组，也是形式的。其中农会干事王元其领导的一个组4个人，第一次锄草时王元其已经锄过，自己便背石头砌窑洞而不管其他组员，结果变工组垮台。② 秋收时，晋西北行政公署对组织互助合作作了明确的指示："各级应立即进行组织工作，解决耕牛农具困难，把一切可能组织的男女老少及牛驴骡马都组织起来，把秋收、秋翻地两项工作密切配合，做到随收随翻。因之，要整顿变工组，很好的组织分工：收割的、驮打的、抽出人牛翻地的。区村干部必须认真负责组织这一工作，领导上并要注意发动群众，帮助没劳动力的贫苦抗属、干属和参战民兵的秋收秋翻地。"③ 同时，《晋绥日报》发表社论指出："广泛组织人力畜力抓紧变工突击：各地要将大小村庄男女老少，牛驴骡马都组织在这一运动中，学校要放假，参加这一工作，把小的变工组扩大起来。表扬群众迟睡早起的勤劳作风，实行军民大变工，互相帮助。缺乏耕牛人力者，要组织买牛租牛，或有牛者卖牛工包揽，代驮运代翻地，按通常市价出工资，或帮草料还工都可以。有闲置劳动力者，组织扎工队，到人力缺乏的地区打短帮助收割。"④ 通过各方面的宣传与号召，不少地区秋收互助合作开展得顺利、及时。如兴县王家圪台村秋收时，事先经过几天酝酿，群众自找对象，全村28户除1个老汉、1个光棍汉外，都参加了变工，妇女、儿童跟随男人参加变工组。每天晚上按

---

① 河曲县志编纂委员会：《河曲县志》，山西人民出版社1989年版，第142页。
② 王棠棣、尹先增：《兴县对保村干部接受群众批评检讨自己，搞好变工抢收秋翻地》，《晋绥日报》1946年10月16日。
③ 本报讯：《行政公署指示今后半年中农业生产几项重要工作》，《晋绥日报》1946年8月30日。
④ 《动员组织起来迎接秋收翻地》（社论），《晋绥日报》1946年9月6日。

劳动力强弱评工记分。为避免多倒地段误工，他们两三户结合在一起按地打乱收割。① 岢岚县和尚泉村按劳动力多少、种地多少来三家五家自愿结合，全村 26 户除 2 户外都参加变工组，共计 7 个小组，由农干陈文林担任秋收大队队长，负责督促检查与统一领导。平时以小组为单位进行收割，需要集体收割时再由各变工组统一调剂劳动力。② 这种办法充分发挥了互助合作的效力，保证了秋收工作的及时完成。兴县二十里铺村秋收时，在原有 7 个变工组的基础上，将妇女、儿童都组织进去跟随男人变工组上地收割。除王成瑞和村主任的两个组已经开始变工收割外，干部在群众中发动组织起 7 个组 26 户 67 人。其中有 3 个组因人数扩大，用大组领导小组收割的办法，妇女、儿童按劳动力打分数。在干部们的积极组织与领导下，仅一上午时间全村劳动力即收割荞麦、绿豆及部分谷物 73 亩。在收割过程中，还抽出闲置劳动力翻秋地 201 垧。③ 河曲县五花城村秋收时，行政村干部动员一切男女老少突击抢收，由干部分工领导，以原有的 14 个变工组为基础，合并成 4 个大变工组，不分先后你我，凡成熟的庄稼一齐收割，在自家吃饭，按劳动力强弱以亩记工。同时，为了随时防范阎锡山军队袭扰，将 40 多个民兵分组了 4 个班和 1 个专门轮流打探消息的侦察组，白天分配 3 个班防卫沿河，1 个班在山头监视日军。每班除抽一人专门放哨外，其余的民兵都带着武器在岗哨周围和群众一起收割庄禾，发现情况随时掩护让群众转移。这样一来，在 3 天内已将全村 1000 余亩早糜子基本收割完毕。④ 尽管这 4 个村的例子并不足以代表晋西北全区 1946 年秋收互助合作的整体发展状况，但从中可以发现：在互助合作有基

---

① 鲁青：《王家圪台三户两户自愿结合，全村变工打乱秋收》，《晋绥日报》1946 年 9 月 6 日。
② 周景山：《三家五家自愿结合，和尚泉改进秋收变工》，《晋绥日报》1946 年 9 月 21 日。
③ 阎玉、杨笃谦：《兴县二十里铺村干部领导变工抢收秋禾》，《晋绥日报》1946 年 9 月 23 日。
④ 王文华：《五花城群众劳武结合，三天抢收一千余亩》，《晋绥日报》1946 年 10 月 5 日。

础、干部领导得力的地区，互助合作的成效还是较为显著的。

　　1947年1月27日，《解放日报》发表社论：《挖了穷根安下富根》，明确指出："解放区党政军民首先是各部门负责人，除继续更好地领导与进行紧张的自卫战争外，应以领导与进行春耕作为自己工作的中心环节。……任何借口自卫动员紧张，无暇照顾生产，或者以为农民既经分得土地，自己会闹生产，以致放弃对春耕的领导，任期自发自流的现象，都应该克服。"在劳动互助方面，该社论指示："许多地方已有基础，应该继续坚持和推广，抛弃形式主义，讲求农民实惠"。同时要求从土改中涌现出的干部和积极分子，"应该以领导翻身运动的同样热情，在生产中继续亲自动手，领导群众组织生产互助"[①]。该社论虽然于30日为《晋绥日报》所转载，但是并未能扭转晋绥边区当时的局势。2月4日，晋绥边区行署一位负责人在干部会议上作《关于生产工作的报告》，指出："1944年的农村互助合作运动是形式主义的不是从群众出发，是主观主义的，严格的说是为了邀功追求数目，不但没有发展了生产，反而破坏了生产。"他否定互助合作运动是农民发展生产的需要，甚至说"1944年群英会是主观主义的登峰造极"[②]。尽管如此，晋绥边区行署建设处于4月还是指示各级干部："根据各地不同的习惯，帮助群众组织人牛变工，贴牛朋牛，贴牛角，帮助雇牛，解决草料工资以解决耕牛问题……人力方面，根据群众的需要与自愿，根据群众的习惯，帮助群众组织变工互助。"[③]但大部分地区并未认真执行这一指示，以至于春耕开始一个月后各地对此普遍持消极观望态度："过去闹变工闹了许多麻烦，今年好容易上头不'催'，快不用变了！""变工仅是形式主义，给群众添麻烦！"[④]兴县范家沟村有地

[①]　史敬棠等编：《中国农业合作化运动史料》（上册），生活·读书·新知三联书店1957年版，第723页。
[②]　山西农业合作史编辑委员会编：《山西省农业合作化史综述卷》（总卷第六册），中央文献出版社2002年版，第49页。
[③]　建设处：《认真帮助群众搞好春耕工作》，《晋绥日报》1947年4月12日。
[④]　张友：《组织群众互助变工做好春耕工作》，《晋绥日报》1947年5月9日。

300 余垧、耕牛 5 头。表面上看全村土地是能耕过的。但是由于迟至 5 月还没有组织人牛变工,新获得土地的 8 户贫苦烈属及贫苦农民的生产就没有彻底解决。范长海和范补陶各喂一头牛,上地时,都是跟一个人,耕了地不能打土,打了土不能耕地,只好耕一会儿打一会儿,误工很大。特别是天旱土块大,一个人更是困难。这两个有牛户因分散耕作至少少耕 20 多垧地。全村 5 头牛,由于未提倡人牛变工,至少少耕 50 余垧地。①

6—7 月,中共晋绥分局召开土改、整党工作会议,分局领导继续否定 1944 年的互助合作运动,说"1944 年以后搞变工多是形式主义,劳模很多是假的,张初元的英雄事迹是别人搞的。临县窑头模范村是建立在地主、富农基础上"②。在官方指示与"左"倾思想的相互博弈之中,表达性现实与客观性现实相背离。③ 官方建构的表达性现实与互助合作运动发展的客观性现实之间明显存在着差异。在这种特殊境况下,不少县区的互助合作运动趋于涣散甚或停顿。以偏关县为例,该县大部分地区未"组织起来",有的地区群众自找对象变工,但干部未加以有计划、有组织的领导。只有极少数地区真正组织起了变工组,如四区阴窝沟、西梁峁、化岭沟、黄家营、黄家梁、池家窑、孙家梁 7 个行政村有土地 1028.5 垧,共有 16 户、22 个小组进行变工,包括男劳动力 34 个、女劳动力 21 个、牛驴 25.5 头。这些组大部分是群众自发组织起的、以役畜为中心的小型朋牛组,其中有 4 户是人牛变工、4 户是畜力变工。④ 这些个例似乎表明农民的传统依旧有着潜在的生命力,而中共的动员收效甚微。

---

① 史健:《春耕中的三个问题》,《晋绥日报》1947 年 5 月 3 日。
② 山西农业合作史编辑委员会编:《山西省农业合作化史综述卷》(总卷第六册),中央文献出版社 2002 年版,第 49 页。
③ [美] 黄宗智(Philip Huang):《中国革命中的农村阶级斗争——从土改到文革时期的表达性现实与客观性现实》,载 [美] 黄宗智(Philip Huang)编《中国乡村研究》(第二辑),商务印书馆 2003 年版,第 70 页。
④ 偏关县政府:《四区各行政村生产变工统计表》(1947 年),偏关县档案馆,3—1—56—1。

1948年2月18日晋绥边区行政公署、农会临时委员会共同发布《春耕动员令》，指出："必须从今年土改后的情况出发……把农民组织起来，互助合作进行生产。应研究总结抗日时期的变工经验，否定其形式主义、强迫命令的一面，发挥其对生产有利的一面。变工合作生产，必须是出于自觉自愿，对于人工牛工草料工资折算，必须是公平合理的和方法简便的，应防止按阶级成分不同而规定的片面的折合，必须是在双方有利的原则下，变工合作才能坚持到底。同时，变工合作是一种自由结合的经济性质的组织，凡参加的农民都有其自由加入和自由退出的权利。……在平分土地后，必须同时注意强制地主生产和鼓励富农（包括土改后的旧式富农在内）生产的问题。"① 此文件在强调自愿互利原则、反对形式主义与强迫命令的同时，却明令"强制地主生产"，前后内容相矛盾，明显打上了阶级意识的烙印。

同年3月10日至4月9日，边区召开生产会议。该次会议关于互助合作的内容主要体现在以下几个方面。② 第一，充分肯定了"组织起来"的成绩，指出："组织起来变工互助进行生产的方针是正确的，在发展生产上起了一定的作用，变工互助做好的地方，解决了贫苦农民的生产困难，特别在边沿区开展了劳武结合，打击了敌人，保卫了生产。"第二，检讨出不少地区互助合作未能成功开展的原因，指出："大多数是因为不从当时当地群众生产的实际需要出发，而是追求数目字，按照工作干部的主观要求来组织，强迫命令，搞结合，搞大变工，参加变工组，有的规定打钟起床集体上地，不能自由经营自己的生产。有些地方群众自发的组织起来了，但工作干部不承认，认为形式太低，不'科学'，就不通过群众硬

---

① 晋绥边区财政经济史编写组、山西省档案馆编：《晋绥边区财政经济史资料选编》（农业编），山西人民出版社1986年版，第540—541页；中国社会科学院经济研究所中国现代经济史组编：《革命根据地经济史料选编》（下），江西人民出版社1986年版，第380—381页。

② 本报讯：《边区生产会议提出组织变工互助必须贯彻的原则》，《晋绥日报》1948年4月30日。

要'提高''改造',引起群众不满。"第三,强调土改后进行互助合作的必要性,指出:"人人都有了一份土地,但有的缺乏牛力,有的缺乏人力,有的有牛无草料,有的有草料无牛。"第四,提出干部在领导互助合作进行生产所存在的思想问题,认为:"现在在某些干部中存在着认为土改后群众分到土地不用领导也会生产,有的'怕负责任''怕犯错误'借口生产不好领导或没干部等放弃领导生产的错误思想,必须引起警惕,坚决克服"。针对以上四点,会议再次明确提出组织与领导变工组必须贯彻自愿与互利原则,同时要善于利用传统互助合作模式,并根据各地实际情况加以提高。5月10日,晋绥边区行署根据各地灾情发出进一步的指示:"农民间以牛犋为中心的合作和因灾荒情况人力畜力互相调剂的合作组织都是很重要的形式,而且也是为广大群众所愿意和能够接受的组织形式,应加以推广提倡。这样既可以组织起来增加生产,又能解决军勤负担与灾荒口粮的困难。"①

尽管这些方针与指示总结了不少经验,但由于领导上对部分地区生产救灾工作抓得不够紧,部分受灾区难以恢复正常生产,饿死人的现象相当严重。据神府、宁武、崞、神池、神木、府谷6县的不完全统计,饿死群众多达370人。② 这种严重的灾难致使大部分地区春耕变工无法开展。目前仅发现个别地区的相关资料。如河曲县辉塔行政村春耕时,在农会的领导下,形成了以下三种类型的互助合作组织。(1)格犋变工,两头牲口(牛、驴)格一犋,牛格犋、人变工,自然形成小组;(2)以牛犋为中心的混合变工,有牛户和无牛户的农民组成小组,人工变牛工安种,有牛户尚可抽出时间掏炭、掏上龙骨等以解决口粮和牛料;(3)合伙互助,具体分工,调剂畜力以节省人工。村民吕二等3人伙喂1头牛和刘五海的独辕(独拉一犋)牛变工。他们不说吃亏便宜,合伙互助,按各人

---

① 晋绥分局:《行署关于发展生产的指示》,《晋绥日报》1948年5月12日。
② 晋绥边区财政经济史编写组、山西省档案馆编:《晋绥边区财政经济史资料选编》(农业编),山西人民出版社1986年版,第546页。

能力具体分工。吕二赶上毛驴给大家送粪，刘五海和另一人赶上牛安种，省出一个劳动力来掏炭。①临县组织变工组2720个，参加农户占全县总户数的70%，耕牛达到82984头，比1947年增加2474头。②偏关县夏锄时，二区123个自然村仅有47个村的243户350人组织变工组进行锄草，"组织起来"的村庄占村庄总数的38.2%③；三区82个自然村中有28个村的265户475人组织起80个变工组，"组织起来"的村庄占村庄总数的34.1%。④这些零散的资料足以证明互助合作运动已经陷入低谷。

为了尽快摆脱这种态势，新华社发表社论指出："为了发展生产，除了改良农业技术（生产工具）外，起决定作用的，就是组织劳动力的问题了。……特别在目前，由于土地改革后，土地、役畜、农具等相对分散，加上长期战争的消耗与敌人的破坏，造成农村人力、畜力及生产资料之不足，因此更需要引导农民组织起来，发展合作互助。"同时指出："一切劳动人民都可以成为组织合作互助的对象。农民与农民间的合作互助，固应提倡；转向劳动的旧地主参加农民的合作互助，也是允许的；组织中农和贫农的互助，尤其重要。"⑤这一社论，实际上已经以政府指示的形式在政策、方针上纠正土改中的过激行为，进而引导互助合作运动从曲折中摆脱出来。

到了1949年春耕时，晋西北农业生产的开展面临着严重的困境。首先，生产资料短缺。据23县统计资料显示：耕地面积较战前减少约20%，牲畜（包括牛、驴、骡、马）较战前减少约40%，

---

① 沫林、冯松：《河曲辉塔行政村代表会检查春耕生产》，《晋绥日报》1948年4月20日。
② 山西省老区建设促进会编：《山西革命老区》，中央文献出版社2003年版，第282页。
③ 偏关县委：《二区关于农业生产工作总结报告》（1948年），偏关县档案馆，1—1—113—2。
④ 《偏关县夏秋季生产暨参军参战工作的初步检查材料汇集》（1948年），山西省档案馆，A136—1—21—1。
⑤ 《把解放区的农业生产提高一步》（新华社社论），《晋绥日报》1948年8月14日。

羊较战前减少约60%。其中耕牛减少较轻，驴、骡、马减少最严重，部分地区竟减少80%以上。各种土地产量平均较战前减少20%弱。[①]其次，干部、劳动力短缺。偏关县参军支前时，共调动参军者230人，调干3次共计73人，调分区受训2次共计103人，参战民工130人。[②]为此，边区行署于2月18日发出《晋绥边区行政公署关于组织变工互助的指示》（以下简称《指示》）。《指示》要求各县专员、县长在大生产运动中，必须加强对互助合作的领导，克服"不组织变工群众也会生产"的自流思想；切实贯彻自愿结合、平等互利、等价交换的原则；采取广泛的形式，如朋牛、合牛、帖牛、人工变牛工、牛工变草料、工变工、罗圈班、捎种、修水利变工等，不论大或小、长期的或临时的，均应予以表扬与鼓励。[③]从这一《指示》不难看出，政府已经在总结历年互助合作经验的基础上，较为理智地选择那些易于为群众接受的互助合作形式，对理想的追求让位于现实的需求，对高级形式的向往迁就于传统的简单形式。除了这种理念之外，土改对乡村社会以及农民本身的改造亦不容忽视。在土改中，中共"利用阶级观念将农村的金字塔结果倒过来，使昔日的最穷最令人看不起的人处在权力架构的最上层，处于最令人羡慕的地位，呈现出一种所谓的倒金字塔结构，这对于激励和鼓舞人数最多的贫苦农民参加革命无疑是一种最佳的方式"[④]。由于广大底层农民的参与，该年晋西北部分地区互助合作逐渐走上了正常发展的道路。

据统计，偏关县春耕组织变工组的自然村有86个，夏锄则有227个，分别占自然村总数的18.1%、47.6%，增长164.0%；春

[①] 本报特讯：《边区生产会议结束，确定今年农业生产计划》，《晋绥日报》1949年2月3日。
[②] 偏关县委：《关于春耕生产总结报告》（1949年），偏关县档案馆，1—1—106—27。
[③] 刘欣、景占魁：《晋绥边区财政经济史资料选编》（农业编），山西人民出版社1986年版，第555—556页。
[④] 张鸣：《乡村社会权力和文化结构的变迁（1903—1953）》，广西人民出版社2001年版，第153页。

耕组织变工组247个，夏锄则为603个，增长144.1%；春耕变工户数为1141户，夏锄则为2044户，增长79.1%；春耕参加变工组的女劳动力为429个，夏锄则为721个，增长40.5%。①此外，在夏锄中，一、二区妇女上地占妇女总数的70%—90%，四区花园、三区部分村妇女上地占妇女总数的50%—60%，最差的三区马肚代梁村23个妇女中，上地的也有7个。②这充分表明，偏关县夏锄互助合作规模进一步扩大，尤其是大量妇女参加变工组产生了积极的效果。又如临县春耕时在群众朋伙买牛的基础上组织了2720个变工组，参加农户占全县总户数的70%，牛8294头，比1948年增加2474条③；保德县四个区春耕时，"组织起来"的户数为874户，占总户数8795户的9.9%。④两县"组织起来"相差甚大，其原因一方面是临县将传统的朋牛、格牛组统计在内而保德县则将其排除在外，另一方面是保德县在土改时大批基层干部被抽调，导致互助合作运动因土改遗留问题尚未妥善解决而趋于涣散。⑤

在合作社方面，1946年1月边区生产会议明确提出要将"扶植组织产销合作社""作为今年贸易工作的方针与任务"⑥。3月，晋绥边区合作社指导委员会成立，首次会议确定其主要工作任务为"本着组织群众生产，推销土产的方向，调查研究指导各地合作社工作"，同时"组织群众买牛、调剂种子，帮助发展纺织，大量收集……土产"以便"为今年大生产运动服务"⑦。在具体落实过程

---

① 偏关县委：《偏关县春耕生产总结报告》（1949年），偏关县档案馆，1—1—106—27；偏关县委：《夏锄工作总结报告》（1949年），偏关县档案馆，1—1—106—27。
② 偏关县委：《关于目前夏锄工作报告》（1949年），偏关县档案馆，1—1—102—25。
③ 晋绥边区财政经济史编写组、山西省档案馆编：《晋绥边区财政经济史资料选编》（农业编），山西人民出版社1986年版，第594—595页。
④ 王俊斌：《改造农民：中国农业合作化运动研究——以山西省保德县为中心》，博士学位论文，首都师范大学，2009年，第69页。
⑤ 同上书，第68页。
⑥ 本报讯：《今年贸易工作方针：扩大对外贸易帮助群众生产》，《抗战日报》1946年1月23日。
⑦ 戈润生：《指导合作社为大生产服务，边区合作社指委会成立》，《抗战日报》1946年3月2日。

中，一些地区取得较好的成绩。宁武县怀道村三道沟煤炭工人因煤炭销路不畅而生活困难，合作社便投资莜麦1.6石与窑工合伙生产，获利后与窑工对半分红①；保德县1946年合作社共有社员200多人、股金3000000余元，在1945年2月—1946年2月先后分红2次。②

然而这些繁荣景象并未持久，到了1947年随着土改中"左倾"错误的蔓延，合作社的发展几近停滞。据该年生产会议资料统计：全边区合作社总数在300个左右。但其中不少仅是凑数而已，实际质量不高。不少合作社地主钻空子剥削群众，挪用公粮、强迫群众群众集股等；还有一些合作社干部一面为邀功，另一面则为自己利益做打算，真正为群众服务的很少。③ 至1948年3月，一分区仅存15个、二分区21个、三分区41个、五分区11个、六分区6个、八分区6个，总计100个。也就是说，从1947年生产会议召开至1948年3月，前后仅一年左右的时间，合作社垮台即高达60%。④ 为此，1948年5月10日边区行署指示："合作事业应确定合作社的方针是组织生产与运销，切实为人民服务。今年应着重组织小型的、群众性的生产运销合作社，对群众中各种各样的合作，如合伙熬硝、榨油、挖煤、朋伙搞运输等小型生产及运输合作，应及时给以帮助指导，以便逐渐开展多方面的合作运动。对现有的合作社，必须加以整顿，不能再垮。"⑤ 这些正确的方针加诸土改"纠偏"工作的开展，到1948年后半年以及1949年，合作社逐渐恢复生产。临县合作社经过两次整顿后，数量由35个增至39个。整顿

---

① 静宁讯：《宁五区合作社投资、设炭店、修路，帮助群众运销煤炭》，《抗战日报》1946年2月2日。
② 本报讯：《保德康家滩合作社处处为群众谋利》，《抗战日报》1946年5月5日。
③ 晋绥边区财政经济史编写组、山西省档案馆编：《晋绥边区财政经济史资料选编》（总论编），山西人民出版社1986年版，第762页。
④ 晋绥边区财政经济史编写组、山西省档案馆编：《晋绥边区财政经济史资料选编》（工业编），山西人民出版社1986年版，第736—737页。
⑤ 同上书，第693—694页。

后的合作社克服了盈利思想，提高了工作效率，业务方针也有所转变。①

由此观之，解放战争时期晋西北互助合作运动除1946年有所发展以外，其他年份如1947年、1948年几乎找不到相关的资料加以论证。虽然1949年在土改完成后部分地区重新开展了互助合作运动，但其组织形式基本上还是传统互助合作模式中的格牛、朋牛组。究其原因，主要表现在如下三个方面。

第一，干部自流思想的滋长。抗日战争获得全面胜利的事实激发了群众进行生产的兴趣，在1946年春耕时各地农民自发组织起不少变工组。但是许多干部认为"和平了，不用领导人们也会刨闹呀"②，也有的干部认为"先由群众自愿自动组织起来，然后再去领导"③。这些思想上的偏差，加上1946年边区生产供给会议上对过去互助合作不切实际的批评，致使干部对领导互助合作发生怀疑和失去信心。④不少干部存在"主观上轻视变工或反对变工的思想，把它作为抵抗领导变工的武器，尽量谈坏的典型，扩大受害部分，不说成绩与效果，不是当作工作中的经验教训去接受改进，而是错误的认为变工就有这些害处伴随"⑤。这些极"左"思想不同程度地引发了互助合作组织的涣散或瘫痪。如河曲县史家山行政村在1946年夏秋之际天降大雨，锄地、收夏田、翻夏茬等农活均需及时做完，可是干部却认为："群众生产情绪高，不用领导变工了"。于是大部分变工组垮台，如"李家后塌村四个组垮了三个，南塌村四个

---

① 仲明、永昌：《经过两次整顿临县合作社稍有发展》，《晋绥日报》1948年12月24日。
② 力民：《克服生产领导上的自流问题》，《抗战日报》1946年4月23日。
③ 山西农业合作史编辑委员会编：《山西省农业合作化史综述卷》（总卷第六册），中央文献出版社2002年版，第51页。
④ 学古：《神池一区干部决定一人领导一变工组，积累经验加强领导》，《抗战日报》1946年5月18日。
⑤ 晋西北行政公署：《晋西北农业生产的初步总结》（1949年），山西省档案馆，A93—5—14—1。

组转变为三两人时而变工的临时组"①。

第二，空前严重的自然灾害。1946 年 7 月 14 日，保德全县普降暴雨，黄河水溢出堤岸，一区和四区部分村庄受害，康家滩、郭家滩、铁匠铺等村冲毁水地 75 亩、民房 10 余间、磁煤窑各 1 座，东关 20 余家商户被淹。19 日，黄河水再度泛滥，沿途村庄再遭冲毁，损失水地 150 余亩。② 同年 7 月 18 日黄河暴涨，临县沿河 20 余村 7000 多人受灾，淹没土地 7000 余亩，农业生产遭受极大打击。③ 仅索达干一村 224 户即有 210 多户受灾，淹没水地 296 亩、平地 170 余亩、水井 30 余孔。④ 至 8 月，临、离石、河曲、保德、偏关、五寨、神府、神池、凉城等县遭受水灾、雹灾的有 270 村，灾民多达 8346 户。⑤ 是年冬季基本没有下雪，1947 年春耕期间，整个晋西北地区干旱无雨，直至立夏后，大部分农田仍未耕种。6 月上旬，虽普降了一场透雨，"补种""抢种"了部分农田，但接下来 40 余天的曝晒导致禾苗枯死几近半数。7 月下旬，许多地区又接连遭到严重的虫灾、雹灾、洪灾的频繁侵袭，继之又是秋后的早霜早冻。据统计，该年全区遭受上述自然灾害强烈破坏的地区多达 2/3 以上。⑥ 其中，岚县在夏季连遭 8 次冰雹袭击，受灾农作物达 2.8 万亩，全县减产四成。⑦ 1948 年宁武全县 45 个行政村，受灾村达 23 个，占全县行政村总数的 51%。最严重的一区、三区，难民有 2800 户，占全县难民总户数的 21.5%。全县共有难民 13000 人，占全县人口总数的 25% 左右。⑧ 1946—1948 年的自然灾害，极大地破坏了

---

① 金照汉：《放弃领导变工垮台，河曲史家山行政村营生挤在一起没办法》，《晋绥日报》1946 年 8 月 13 日。
② 保德县志编纂办公室：《保德县志》，山西人民出版社 1990 年版，第 454 页。
③ 临县志编纂委员会：《临县志》，海潮出版社 1994 年版，第 851 页。
④ 纯一：《临县救灾运动》，《晋绥日报》1946 年 8 月 12 日。
⑤ 中共山西省委党史研究室等编：《晋绥革命根据地大事记》，山西人民出版社 1989 年版，第 329 页。
⑥ 山西省地方志办公室编：《晋绥革命根据地史》，山西人民出版社 2015 年版，第 409 页。
⑦ 康茂生编：《岚县志》，中国科学技术出版社 1991 年版，第 19 页。
⑧ 佚名：《宁武初步总结生产救灾工作》，《晋绥日报》1948 年 6 月 24 日。

各县的农业生产,这也使互助合作运动无法正常开展。

第三,土改和整党中的"左"倾偏向。1947年2月,以康生、陈伯达为代表的土改考察团在临县郝家坡村、静乐县潘家庄进行土改试点工作时,采用"查三代""挖底财""搞清算"的土改办法,并将其在之后召开的几次会议上加以宣传,"左"倾风气顿时弥漫全区。同年9月《中国土地法大纲》颁布后,晋绥边区农会随之颁布《晋绥边区农会临时委员会告农民书》,将土地改革运动推向高潮。在土改深入开展的同时,进行了以整编党的队伍为内容的整党工作。整党以"三查"(查阶级、查思想、查作风)"三整"(整顿组织、整顿思想、整顿作风)为主要内容。经过整党,纯洁和巩固了党在农村的基层组织,保证了党在农村各项政策的正确执行。但是,在这两次运动中,不少老区、半老区发生了错划阶级成分、机械平分土地、排斥和侵犯中农利益、过分严重地估计农村基层党组织不纯以及乱斗、乱打、乱杀等极端"左"倾偏向。如宁武县沙梁村将11户中农多余的土地全部抽走。[①] 有些地区还牵扯不少无辜的贫农及雇农等下层民众,不少贫雇农被卷入土改大潮中,被乱石砸死或木棍打死甚至惨遭反动分子暗算致死的现象在《晋绥日报》上时有报道,屡见不鲜。当事人的事后回忆更是令人触目惊心,宁武县老干部冯彬曾具体地讲到宁四区土改过程:

> 农历8月18日(1947年),全县统一关押地主、富农,宁四区将全区大部地、富扣押到怀道村弓四(人名)的石窑洞内,集中斗争。由各村派贫农民兵8人看守,地、富集中后,各村农会检举揭发他们的罪行及他们中谁有地财,由管押领导进行审问斗争,让其交出"地财"(现洋、银子)。与此同时,各村农会对地、富开展了斗争,对一部分地、富勒令搬家,"扫地出门"。没收了牛、羊、粮食及衣物,也斗出了一部分现洋、银子。斗争中也出现了"吊打、钉竹签、烤旺火"等肉

[①] 宁武县史志办公室:《光辉的历程》,山西人民出版社2011年版,第280页。

刑。怀道村对3名地主妇女（地主弓元德的女人、地主弓四的小老婆、地主弓登奎的女儿弓秀珍）使用肉刑，致使弓四的小老婆和弓秀珍2人死亡。[①]

这种乱打乱杀的不正之风在1948年中央给晋绥分局下达相关指示后，才得到一定程度的制止。

上述种种偏向，对农业生产，尤其是互助合作运动的开展无疑是一个致命的打击。不少干部受到批斗，甚至被打死，互助合作中领导体系瘫痪，大部分趋于自流。兴县白家沟村贾宝执领导的土地运输合作社，在1947年冬土改中也几乎被摧毁。当时，白家沟村共73户，42户被划为地主、富农，占全村总户数的57%。贾宝执领导的合作社共有社员53户，被划为地主、富农的竟达31户，占入社户的58%。在"群众要怎么办就怎么办"口号的鼓动下，贾宝执被撤销合作社主任的职务。部分对贾宝执不满的贫雇农污蔑他强迫群众入社，逼着群众参军、服抗勤，并对其进行"控诉"。在这种情况下，贾宝执被迫逃往外地。贾宝执走后，合作社内公共财产大部分被分掉，28户被驱逐出社，7户被迫退社，社员减至18户。与此同时，许多行之有效的规章制度被废弃，合作社几近瘫痪。[②] 此外，在"左"倾之风下群众生产情绪受到严重影响，侵犯中农的利益使不少中农怀产生"穷光荣，富危险"的恐惧心理，随意浪费、变卖土地和牲畜、任耕地荒芜的现象随处可见。这使互助合作运动中团结各阶层利益的政策以及等价交换的原则徒有虚名，进而使互助合作运动在这一时期"元气大伤"。

尽管如此，随着中共纠偏指示的及时下发与贯彻，"左"倾偏向在一定程度上得以制止。从1949年春耕开始，晋西北互助合作运动逐渐走上稳步发展的道路。

[①] 宁武县史志办公室：《光辉的历程》，山西人民出版社2011年版，第243—244页。
[②] 山西农业合作史编辑委员会：《山西省农业合作化史综述卷》（总卷第六册），中央文献出版社2002年版，第56页；山西省地方志编纂委员会编：《山西通志·农业志》，中华书局1994年版，第98页。

第四节　个案分析：偏关县39个中心自然村的考察

以毛泽东为代表的中共中央领导人一再强调"组织起来"而且也曾将之作为一种组织手段在各根据地、解放区强制推行过。那么，究竟"组织起来"的力度有多大抑或在多大程度上迎合了中共的政治意图，成为笔者关注的一个话题。据不完全统计，1944年偏关县（包括偏清区，缺一区高家埝行政村）春耕"组织起来"的户数为3473户，变工组数为763个。其中，参加变工组的劳动力共6559个，占劳动力总数的48.6%，占人口总数的17.1%；畜力分别为驴1811头、牛1930.5头（包括农民原有的组织）。此外，民兵、村干部、县区干部及退伍军人参加变工组的人数分别为376人、208人、24人、41人。其中退伍军人参加变工组占全部退伍军人的74.5%。[①] 夏锄，全县（缺偏清区）"组织起来"231个自然村的2669户，变工组541个，劳动力（包括民兵）5441个，畜力437个。[②] 秋收变工组织比夏锄扩大，全县组织劳动力59.6%，夏锄仅为35.6%。其中，参加秋收变工的妇女占劳动力总数的60.8%，夏锄只有25%；秋收组织畜力占原有畜力的65.3%，夏锄只占11.8%，春耕占50.6%。[③]

在"熟人社会"的视域里，地主、富农作为乡村财富的最大拥有者，也不会对其他阶层的人显得那么漠然无情，顾及"面子"的惯习以及血缘网的固存，使得阶级对立并非那么明显。"乡村中的社会阶级，在平常时期，在外表上不容易看出来……不同阶层的人

[①] 偏关县委：《偏关县1944年春耕生产总结报告》(1944年)，偏关县档案馆，1—1—27—4。

[②] 偏关县委：《偏关县1944年夏锄工作总结》(1944年)，偏关县档案馆，1—1—27—4。

[③] 偏关县委：《偏关县变工组织统计表》(1944年)，偏关县档案馆，1—1—22—9。

也免不了有互相依赖或借助之处。"① 尤其是在土地贫瘠、交通落后的晋西北偏关县，阶级对立的概念只是建构于中共官方表达之上。同时，"由于互助组扎根于农村经济生活之中，因而可能比党的其他大部分组织对农民更具有吸引力"②。偏关县（缺偏清区）31 个中心自然村及宋家畔等 8 个中心自然村 1944 年各阶层参与互助合作的程度就足以说明这一点。

地主、富农参与度。春耕时，全县 31 个中心自然村中，地主、富农参加变工组分别占其总户数的 58%、91.2%。③ 宋家畔、油房头、黄子㟍、刘满庄、碾子梁、狼窝、天㟍、吴城 8 个中心自然村中，原有地主 2 户 14 人 8 个劳动力，参加变工组 1 户 7 人 7 个劳动力，"组织起来"的比例为 50%、50%、87.5%；富农 27 户 159 人 106 个劳动力，参加变工组 25 户 104 人 72 个劳动力，"组织起来"的比例为 92.6%、98.1%、67.9%。④ 需要指出的是，即便在这些中心村，少数地主、富农在是否参与变工组问题上仍心存顾虑，一方面是自私观念尚未消除，怕吃亏，另一方面则认为自己劳动力、畜力够用，无须参加变工组。夏锄时，31 个中心村的地主共计有 11.5 个劳动力，参加变工组的有 6.5 个，"组织起来"的比例为 56.5%；富农（包括偏清区）共计有 175.8 个，参加变工组的有 112.5 个，"组织起来"的比例为 64.0%。⑤ 8 个中心村中，地主参与变工组情况与春耕无异；富农 28 户 175 人 108 个劳动力，参加变工组的有 25 户 111 人 78 个劳动力，"组织起来"的比例为 89.3%、

---

① ［美］杨懋春：《乡村社会学》，台北"国立"编译馆译，台北区中书局 1970 年版，第 125—126 页。
② ［新］纪保宁（Pauline Keating）：《组织农民：陕甘宁边区的党、政府与乡村组织》，载冯崇义、古德曼：《华北抗日根据地与社会生态》，当代中国出版社 1998 年版，第 93 页。
③ 偏关县委：《偏关县 1944 年春耕生产总结报告》（1944 年），偏关县档案馆，1—1—27—4。
④ 偏关县委：《典型自然村变工生产统计表》（1944 年），偏关县档案馆，1—1—22—9。
⑤ 偏关县委：《偏关县 1944 年夏锄工作总结》（1944 年），偏关县档案馆，1—1—27—4。

63.4%、72.2%。① 若仅从这些数据来看，31个中心村夏锄地主、富农"组织起来"的程度与春耕相比，稍嫌偏低。究其原因，锄草本身是一种极其繁杂的农活，若无合理的记工、折工制度，就会引起纠纷。不少地主认为与其参加变工组，不如临时雇短工更方便省事。而8村的材料则说明夏锄"组织起来"的范围在春耕基础上进一步扩大，这更合乎1944年全边区农业互助互作的发展态势。秋收时，8个中心村原有地主2户14人劳动力7个，参加变工组的有1户7人劳动力7个，"组织起来"的比例为50%、50%、100%；富农28户175人100个劳动力，参加变工组的有27户119人86个劳动力，"组织起来"的比例为96.4%、68.0%、86%。从中不难发现，地主、富农在秋收中"组织起来"的程度较之春耕、夏锄，得到了明显的提高。

中农参与度。春耕时，31个中心自然村中，中农参加变工组占其总户数的95.9%。② 8个自然村中，原有中农80户392人201个劳动力，参加变工组的有74户227人160个劳动力，"组织起来"的比例为92.5%、57.9%、79.6%。③ 夏锄时，31个中心自然村的中农共有劳动力758.5个，参加变工组的有547.9个，"组织起来"的比例为72.2%。④ 8个自然村中，原有中农107户467人292个劳动力，参加变工组的有89户284人188个劳动力，"组织起来"的比例为83.2%、60.8%、64.4%。⑤ 秋收时，8个中心村共有中农108户471人280个劳动力，参加变工组的有105户307人221个

---

① 偏关县委：《典型自然村变工生产统计表》（1944年），偏关县档案馆，1—1—22—9。
② 偏关县委：《偏关县1944年春耕总结》（1944年），偏关县档案馆，1—1—27—14。
③ 偏关县委：《典型自然村变工生产统计表》（1944年），偏关县档案馆，1—1—22—9。
④ 偏关县委：《偏关县夏锄工作总结》（1944年），偏关县档案馆，1—1—27—14。
⑤ 偏关县委：《典型自然村变工生产统计表》（1944年），偏关县档案馆，1—1—22—9。

劳动力,"组织起来"的比例为97.2%、65.2%、78.9%。① 这些数据充分表明,中农在互助合作中的参与度普遍很高,均在90%以上。从春耕到秋收,中农"组织起来"的总体态势依旧是"两头高,中间低",亦即中农在参与变工组的立场上并非冒进亦非退缩,基本处于一个稳定与平衡状态,这既与中农的自身能力相符,亦符合农业生产的基本规律,即锄草不是一蹴而就的事,要讲求"细作"。倘若投入的劳动力严重超过一块土地所需的劳动力,结果只会造成"粗做"。

贫农、雇农参与度。春耕时,31个中心自然村中,贫农参加变工组占其总户数的86.2%、雇农占73%。② 8个中心村原有贫农152户509人293个劳动力,参加变工组的有143户314人222个劳动力,"组织起来"的比例为94.1%、61.7%、75.8%;雇农6户13人8个劳动力,参加变工组的有4户3人0个劳动力,"组织起来"的比例为66.7%、23.1%、0%。③ 夏锄时,31个自然村贫农共计有劳动力829.4个,参加变工组的有495.5个,"组织起来"的比例为59.7%;雇农共有劳动力134.4个,参加变工组的有80.9个,"组织起来"的比例为60.2%。④ 8个中心自然村共有贫农190户635人385个劳动力,参加变工组的有133户313人228个劳动力,"组织起来"的比例为70.0%、49.3%、59.2%;雇农5户11人7个劳动力,参加变工组的有4户3人3个劳动力,"组织起来"的比例为80.0%、27.3%、42.9%。⑤ 秋收时,8个中心自然村共有贫农196户643人367个劳动力,参加变工组的有164户388人

---

① 偏关县委:《典型自然村变工生产统计表》(1944年),偏关县档案馆,1—1—22—9。
② 偏关县委:《偏关县1944年春耕总结》(1944年),偏关县档案馆,1—1—27—14。
③ 偏关县委:《典型自然村变工生产统计表》(1944年),偏关县档案馆,1—1—22—9。
④ 偏关县委:《偏关县夏锄工作总结》(1944年),偏关县档案馆,1—1—27—14。
⑤ 偏关县委:《典型自然村变工生产统计表》(1944年),偏关县档案馆,1—1—22—9。

286个劳动力，"组织起来"的比例为83.7%、60.3%、77.9%；雇农组织情况与夏锄相同。① 贫、雇农中未参加变工组者，原因有缺乏食粮、籽种、农具和劳动力。其他如商人、二流子等为数尚少，亦在不同程度上参加了变工组，兹不赘述。

从各阶层在春耕、夏锄、秋收各阶段参与互助合作的量化程度来看，31个中心村，地主、富农阶层的平均参与度约为60%②；中农阶层的平均参与度约为72%；贫、雇农阶层的平均参与度约为60%。8个中心村与之相对应的数据分别为地主、富农69%，中农74%，贫农、雇农50%。互助合作运动中各阶层参与度体现出的特征与"两头小，中间大"的阶级分布特征有着惊人的相似之处。这些数据代表的仅仅是中心村抑或典型村的特殊情况，在其他地区尤其是群众并未充分动员起来的一些村庄，实际情况可能并非如此。尤其是地主、富农参与度接近于贫、雇农参与度的结论尚需进一步考证。据笔者收集到的一些零散资料来看，临县窑头村1944年春耕各阶层"组织起来"占本阶层的比例为：富农38%、中农67.8%、贫农50.4%③；岢岚县梨园坪村1945年春耕各阶层"组织起来"占本阶层的比例为：富农50%、中农100%、贫农64.7%④；保德县郝家里村1945年春耕各阶层"组织起来"占本阶层的比例为中农、新中农45.5%、贫农40%。⑤ 这三组数据虽然不能证实地主、富农参与度与贫、雇农参与度相仿的结论，但是至少可以说明地主、富农并未被排斥在互助合作之外。部分地区地主、富农参与度较高的原因，可能一方面与当地地主、富农数量相对较少而感到被

---

① 偏关县委：《典型自然村变工生产统计表》（1944年），偏关县档案馆，1—1—22—9。

② 已有的各阶段统计数据不具有可比性，兹取夏锄时相关数据更切合实际，因春耕、秋收的相关数据并非实际参与变工互助的劳动力数，不少被统计起来的户数、人数实际并未真正"组织起来"。

③ 《窑头自然村的变工互助》（1944年），临县档案馆，62—1—20—5—7。

④ 《岢岚三区梨园坪自然村变工材料》（1945年），山西省档案馆，A139—1—45—7。

⑤ 《郝家里变工组总结材料》（1945年），山西省档案馆，A147—1—70—6。

孤立的事实有关，偏关县39个中心自然村即如此。另一方面一些地区在全村大多数劳动力已经被纳入变工组的情况下，地主、富农因劳动力短缺却又无法雇用到劳动力，只好被迫加入变工组。如岚县毛窝村劳动英雄刘志功组织变工组后，富农曹香铭看到变工组有劳动力，认为都是贫农可以利用，于是就请求加入。加入变工组之后，当即让大家给他背粪。他种地七八十垧，仅粪就有几百驮。大家给他背粪让他还工。他却说："我没人还工，我能出钱。"因该组组员多系贫农、移难民，大家变工是为了多开荒而解决生活困难，不愿被当作雇工而耽误开荒。曹氏的行为引起组员普遍的不满情绪，他最后只好退出该组。① 曹氏的行为再现了"组织起来"情形下地主、富农面临的困窘局面。

尽管以上的分析可能不太严密，但还是能从整体上把握当时互助合作运动的组织程度。在具体数字根本无法计算的客观限制条件下，分析结果与实际史实基本相符的事实已足以证实这一点。由于各阶层的广泛参与，互助合作在实际运作中又体现出了多样化的特点。因各阶层土地、劳动力、畜力的不均，不同阶层之间的互助亦不尽相同。一区中心自然村曹家村1944年春耕"组织起来"42户，共分6个组，除第五、第六组为5户、9户外，其余四组均为7户。其中，第一组有中农1户、贫农6户；第二组有中农2户、贫农5户；第三组有富农1户、贫农5户、雇农1户；第四组有中农4户、贫农2户、雇农1户；第五组有富农2户、中农1户、贫农2户；第六组有富农1户、中农3户、贫农4户、雇农1户。② 第一、第四组真正进行互助合作，按时下种，认真执行相关制度并善于总结耕作经验，与瑞典学者达格芬·嘉图的论断："更有效的和构成了最广阔的社会基础的是贫农和中农组成的互助组"相吻合。③ 因为中

---

① 《岚县春耕工作报告》（1944年），山西省档案馆，A139—1—6—1。
② 偏关县委：《一区中心自然村曹家村材料》（1944年），偏关县档案馆，1—1—22—9。
③ ［瑞典］达格芬·嘉图：《走向革命——华北的战争、社会变革和中国共产党1937—1945》，杨建立等译，中共党史资料出版社1987年版，第215页。

农和贫农之间的互助，不仅可以互相调剂农具、种子、劳动力、畜力，而且还可以通过组织开荒或发展副业来合理处理闲置劳动力。第二、第三组互助合作程度一般，尚能正常维持。第五、第六组组织最差。除组长领导不力外，成分复杂问题也应予以考虑。如组员秦二瞒是富农，土地被赎 10 垧后生产情绪不高，不服从领导。[①] 因而富农与中、贫农之间由于土地、牲口、农具等生产资料的悬殊以及思想观念的固化，互助合作的效力明显降低。概言之，"必须让农民看到合作生产的优越性，看到变工队可以给他们的生活带来经济实惠"[②]，利益的需求在一定程度上决定着互助合作的成效。

---

① 偏关县委：《一区中心自然村曹家村材料》（1944 年），偏关县档案馆，1—1—22—9。

② [美] 杰克·贝尔登：《中国震撼世界》，邱应觉等译，北京出版社 1980 年版，第 151 页。

第三章 互助合作的动员机制

在战争中，任何一方得胜都有赖于各种资源的支撑。要想获取资源，必须在动员机制方面占据优势。抗战时期身居边缘区域的中共尤为注重动员的力量。有学者认为"中共在掌权时坚信动员和斗争是政治的本质"①。可以肯定，这一点在与国民党乃至日伪角逐之中已被普遍采用，它不仅体现在政治体制的运作过程中，而且贯穿于经济变革的大潮中。由于"农民在中国革命中处于中心地位"②，动员其参与党领导下的经济变革亦属形势使然。

一般来讲，中共动员机制是"共产党的精英及其组织者为动员乡村社会群体，使他们参与到党的革命工作中来而采取的应对策略、技术和手段"③。对于这一机制本身的研究，学界有两种观点较为重要。一种观点认为：从中共乡村动员所依赖的力量，可将其分为内生型和外力型两种路径。其中，"内生型是指组织者主要依靠当地各种乡村关系形成农民的聚合"，如组织者在亲友中选择最初动员的对象，再由之扩大；通过学校，以教员的身份进行动员；利用农民的传统聚集方式；对单个贫苦农民的随机动员等。"外力型是指主要依靠外部武力的帮助建立党及农会的组织，它通常是先打

---

① [美]詹姆斯·R.汤森（James R. Townsend）、布莱特利·沃马克（Brantly Womack）：《中国政治》，顾速、董方译，江苏人民出版社2010年版，第56页。
② [美]王国斌：《转变的中国：历史变迁与欧洲经验的局限》，李伯重、连玲玲译，江苏人民出版社2010年版，第223页。
③ 张孝芳：《革命与动员：建构"共意"的视角》，社会科学文献出版社2011年版，第19页。

破乡村既有秩序，然后重新构建新的乡村权力体系。"① 另一种观点认为：中共的乡村动员模式从区域来看可分为："华北模式"、"江南模式"和"中央苏区模式"。"华北模式"主要是通过"减租减息"政策和将村庄直接置于国家政治活动场所而实现的，一方面复兴了自耕农，另一方面则在一定程度上"迎合"乡村传统的同时，极大限度地汲取了乡村社会资源；"江南模式"因国家和地方精英的压制以及村庄权力分化与宗族关系弱化的并存，主要通过军事力量得以实现；"中央苏区模式"则通过调动"民众的原初营利意识"、"破解"农民的享乐观念以及激荡"山区型权威人格"而实现。而贯穿于动员模式始终的核心步骤是：第一，乡村革命的合法性"塑造"；第二，找准党的利益、革命利益与农民利益的平衡点；第三，强有力的地方政府和积极分子的培养。②

上述两种观点，虽然研究的视角不同，但彼此间有相通之处。在中共动员机制的运作中，二者都承认中共动员基于农民传统、农民性格，认为从农民利益方面出发是动员的关键步骤所在，而且政府的行政手段、党员与积极分子的模范作用亦不容忽视。基于此，笔者认为中共在晋西北互助合作运动的动员实践中，一方面要考虑动员本身的趋向，是策略型还是偏激型，另一方面不仅要考虑政府、干部、党员、积极分子的作用，而且也要将着眼点放在其他方面，如媒体、文娱活动的宣传等。

第一节　动员方式

一　民主政府动员

1937 年 7 月全面抗战开始后，中共以"战动总会"为载体在晋

---

① 黄琨：《从暴动到乡村割据：1927—1929——中国共产党革命根据地是怎样建立起来的》，上海社会科学院出版社 2006 年版，第 33—35 页。
② 张宏卿：《农民性格与中共的乡村动员模式——以中央苏区为中心的考察》，中国社会科学出版社 2012 年版，第 229—233 页。

西北地区进行革命动员。1940年初抗日政权建立后,民主政府在互助合作方面的动员主要体现在行政动员与宣传动员两个方面。

1. 行政动员

抗战初期,"战动总会"即于1937年12月在离石成立马茂庄农会,动员农民参与革命。1938年10月,晋西北农民救国联合会(简称"晋西北农会")在岢岚成立,统一领导晋西北农民运动。晋西北农会一经成立,就将动员农民开展春耕生产运动作为其中心工作。1940年年初,晋西北抗日民主政府专门设立管理生产建设的职能机构即建设处。建设处除颁布行署农业法令外,还先后颁布了《民国二十九年春耕办法》《合作社章程》等政策法规。此外,成立由农会负责的晋西北春耕委员会,组织当地驻军、学校、机关、团体等各种力量进行代耕与助耕,动员农村一切劳动力参加春耕,对游民施行强迫劳动,根据实际情况调剂籽种等。1941年11月,民主政府成立晋西北生产建设委员会,由各机关所选代表组成。其主要工作包括:(1)研究讨论生产建设计划及检查落实生产总结;(2)贯彻生产建设计划及执行相关法令;(3)筹划各种生产产品展览及劳动竞赛等事宜;(4)解决生产建设工作中的各种困难问题;等等。1945年1月31日,晋绥边区行署政务会议决定成立边区生产指导委员会,专门负责指导与研究边区的农业、工矿业以及纺织业等各种生产,交流各地经验。[①] 这些生产机构的相继建立,有利于一系列政策的制定与实施,同时为互助合作的有效动员提供了政治前提。"成功的行动很大程度上取决于提出并付诸实施的行动的类型。"[②] 互助合作动员机制的成功同样得益于政府政策型导向策略,如减租减息、村选、农贷、互济互借等政策、运动的贯彻与开展等。这些不同方面的举措构成了政府动员互助合作的主要方式。

以临县桦林村为例。该村未减租以前,全村80%以上的农户租

[①] 王春明:《晋绥边区的农业大生产运动(1940—1949)》,北岳文艺出版社2001年版,第97—100页。

[②] [美]杰克·A.戈德斯通(Jack A. Goldstone):《国家、政党与社会运动》,张延杰译,上海人民出版社2009年版,第37页。

种土地，耕种一年仅地租就需缴纳 100 余石。1943 年 6 月、7 月间，县级干部都来该村指导减租工作。雇工贺祯喜带领全村 13 个长工向雇主提出增加工资。之后，区委选派工作队督导减租工作。经过减租（见表 3-1、表 3-2），该村参加变工队的 109 户中有 55 户增加土地 1358 亩；1 户雇工上升为贫农、2 户雇工上升为中农，35 户贫农上升为中农。在减租的同时，还落实村选政策。贺祯喜在党员干部会上提出"翻身要靠变工劳动，不能靠吃二毛"。之后，村内开始讨论揭发村长贪污之事，并召开全村群众大会进行民主选举，一致决定侨兴焕与贺祯喜为村长候选人。大部分群众说："咱这一下立马要选咱的'一劲人'咧。高汝光吃了二毛，把咱穷人也忘了。"有的人则说："侨兴焕的骨头就是好的，人家是正经好人。高汝光比人家差的多咧。"在讨论中，群众体会到侨兴焕背上炒面和他人变工、贺祯喜拉上牛给穷人耕地的模范精神。之后，正式召开选举大会。会上，高汝光勉强承认贪污事实，但是选村长活动开始时，他又矢口否认。群众表示先选村长后进行反贪污斗争。结果，侨兴焕、贺祯喜分别被选为村长、候补村长。选举结束后，开展对高汝光的斗争。高汝光迫于无奈最终承认错误。于是，大会决定将高汝光贪污的现洋和粮食全部退出，贪污所买之地全部没收。群众都说："这比枪决了还好，吐出来咱能闹生产。"斗争后成立新支部，曹生树为支书、贺祯喜为组织员、张光明为宣传员，村长侨兴焕也参与其中。变工队中也发展了 4 个党员，还有五六个预备对象。[1]

表 3-1　　　　　临县二区桦林村变工队成员土地增加情况

项目	户数	山地	平地	水地	塔地	合计
回赎	12	177	2	—	—	179
典入	3	4	—	3.5	—	7.5
买入	40	1116.5	18	27.0	10	1171.5
合计	55	1297.5	20	30.5	10	1358

资料来源：《临县二区桦林村互助变工材料》（1944 年），临县档案馆，62—1—20—5—8。

---

[1]《临县二区桦林村互助变工材料》（1944 年），临县档案馆，62—1—20—5—8。

表 3-2　　临县二区桦林村变工队成员阶级成分变化情况　　　　单位：户

	雇工	贫农	中农	富农	合计
原来成分	3	48	56	2	109
现在成分	—	14	93	2	109
说明	雇工有1户升贫农、2户升中农。					

资料来源：《临县二区桦林村互助变工材料》（1944年），临县档案馆，62—1—20—5—8。

又如静乐县圪洞岩村1946年春耕时，农会领导查租、换约，稳定租佃关系，普遍订立了新约，又按条例退回租子9石5斗。在此基础上，群众自愿组成8个变工组，中农李存祥等3人并购买耕牛3头，都参加到变工组里，无牲畜的农民亦都参加了进去。随后，农会又以1945年集存的粮食解决了5户贫户的食粮、籽种困难。所有问题解决后，8个变工组订出全年的生产计划，并着手开荒。[①] 在减租中落实村选政策，为互助合作运动的开展提供了政治保障。

发放农贷是政府动员互助合作的又一举措。1941年，晋西北行署拨春耕水利贷款200000元，贷粮1000石。1942年，晋西北行署又增拨贷款300000元，贷粮1350石。1943年，晋西北行署两次拨青苗贷款4600000元。[②] 据统计，在抗日战争期间的1940—1945年，晋西北民主政府共发放农业贷款1.05亿元，贷粮1.48万大石。[③] 其中，1944年为了推动大生产运动的开展，更加大了政府政策性贷款与贷粮的力度。据统计，该年岚县春耕时县政府发放贷粮200石，解决了群众春耕时的种子问题、夏锄时的食粮问题。贷粮办法，首先，在群众中宣传解释贷粮的意义，什么人可以借贷粮，号召群众报名借贷。其次，须由农会及村干部进行调查研究，提出

---

① 邢天文、郝振明、王万恒：《静乐圪洞岩查租中发动变工》，《抗战日报》1946年4月27日。
② 张国祥：《山西抗日战争史》（下），山西人民出版社1992年版，第342页。
③ 王春明：《晋绥边区的农业大生产运动（1940—1949）》，北岳文艺出版社2001年版，第119页。

应借贷款的名单（由审查委员会通过）。这个名单一方面是群众自己要求的，另一方面是干部调查的。再次，召开群众大会，提出名单，由群众讨论，谁应借，谁不应借。群众意见最后决定借粮人。在这样的群众会上能展开群众之间的检讨、批评甚至斗争。要转变的二流子只要经过群众的信任与保证也能借到粮的。群众通过后，最后还要经过变工组讨论决定。为了防止二流子等乱用所借之粮，决定由变工组长承担放粮之责。如五区的贷粮共借出78.45石，其中贫农借粮61.56石，占总数的78%；中农借粮5石；雇工借粮2石多；其他如退伍军人等借粮10石多。贷钱方面，发放农贷120万元、青贷60万元。贷物的方法和贷粮是差不多的。五区贷出农贷698550元、青贷321500元。[①] 详情如表3-3所示。

表3-3　　　　　　　岚县五区各阶层受贷统计　　　　　　单位：元

阶层＼项目	农贷	青贷
贫农	611750	274286
雇工	10000	3430
中农	61600	37040
其他	15200	11860
合计	698550	321500

资料来源：《岚县春耕工作报告》（1944年），山西省档案馆，A139—1—6—1。

在借款户中贫农借款（农贷、青贷）均在85%以上。借款的用途大部分是用在生产方面，买耕牛、农具占大部分。

此外，政府还发动与开展互济互借。岚县1944年春耕时发动群众互济粮食，以群众大会讨论、个别劝说动员的方式，向有余粮户借出相当多的粮食，解决了贫苦农民一部分困难。据3个区的统计，群众共互济113大石细粮，其中仅五区阴寨行政村即互济16大石之

---

① 《岚县春耕工作报告》（1944年），山西省档案馆，A139—1—6—1。

多。群众这种互济粮解决了生产的种子的问题。另外，还由农会给缺地的农民调剂了很多的土地。据五区一个区的统计，就给群众租出土地1203 垧，阴寨行政村就给农民、退伍军人、移难民等调剂土地334 垧，每个退伍军人得到4 垧以上的土地。① 偏关县一区曹家村春耕发动互济互借运动时，由农会讨论并决定谁应该借与向谁借。前后进行过两次互济与互借，第一次借给曹六、曹刘拴山药籽160 斤，第二次由曹六、曹九等9 人向阎大、阎拴等5 户借了粮食7.5 斗。② 宁武县群众解决互济粮38 石、义仓粮57 石。③ 兴县1945年在春季组织变工组时发扬互助精神，共给1664 户调剂籽种306.2 石，给2238 户互济口粮413.6 石。④ 通过互济互借，乡村既有资源得到重新整合，不仅解决了生产、生活等实际困难，同时有助于调解村庄内部各阶层之间的关系，进而推动了互助合作运动的有效进行。

开展劳动英雄运动是中共塑造典范以推动互助合作运动发展的又一重大举措。晋西北抗日根据地先后于1942 年1 月、12 月和1942 年1 月、12 月召开过四次劳动英雄大会（简称"劳英会"）。（1）评选劳动英雄。晋西北选举战斗英雄和劳动英雄的活动始于1941 年。1943 年10 月和1944 年9 月晋西北行署先后颁布《晋西北劳动英雄与模范工作者大会及其代表的选举办法》《关于劳动英雄与模范工作者选举与奖励办法》，渐次规范了选举事宜。劳动英雄来自工农、合作、运输等不同行业。如1944 年12 月第四届劳英会评选出部队特等英雄邓朝贵等16 名，民兵特等英雄段兴玉等14 名，农业特等英雄张初元等14 名，合作运输特等英雄魏建鳌等3 名，公营工厂特等英雄张秋凤等5 名，民间工矿特等英雄刘清荣等2 名。

---

① 《岚县春耕工作报告》（1944 年），山西省档案馆，A139—1—6—1。
② 偏关县委：《一区中心自然村曹家村材料》（1944 年），偏关县档案馆，1—1—22—9。
③ 宁武县政府：《宁武县全县生产数字总结报告》（1944 年），山西省档案馆，A138—1—26—2。
④ 兴县讯：《兴县农业生产大发展》，《抗战日报》1945 年8 月2 日。

(2) 奖励劳动英雄。民主政府从精神上与物质上奖励劳动英雄。如在 1944 年 1 月召开的第三届劳动英雄大会上，不仅奖给张初元、温象栓、刘文锦、刘补焕、王三法 5 名特等劳动英雄每人 1 头大黄牛及数条毛口袋，同时还奖给他们每人 1 枚朱总司令章。①（3）创造以劳动英雄为核心的模范村。兴县在 1944 年春耕的互助合作运动中，创造了 5 个模范村（一区贾挨碰村，二区温象栓、白改玉村，五区贾怀德村，六区刘有鸿村），创造中心村 30 个，创造 33 个变工较好的自然村。这 68 个自然村，成为全县生产运动中的堡垒，有了很大的影响，而这些村子本身都有中心人物。② 以劳动英雄为核心之模范村的创造，是广泛开展互助合作运动的有效途径。以上三种方式，使中共在对乡村社会优秀典型进行英雄化塑造的同时，不仅得以迅速开展互助合作运动，而且使中共势力在乡村社会开始扎根，并成为日后赢得农民广泛支持的最为有力的武器。

2. 宣传动员

作为中共中央晋绥分局的机关报，《抗战日报》在宣传互助合作方面扮演了非常重要的角色。（1）对各种具体问题进行针对性报道。1942 年 12 月毛泽东发出开展大生产运动的号召后，《抗战日报》在 1943 年的生产报道中号召妇女、儿童参加劳动和部队机关帮助农民生产以解决劳动力不足，刊登各地农事活动和改良耕作技术的经验，以社论的形式对春耕准备、领导春耕、保卫春耕夏收秋收、发展劳动互助等工作进行及时的指导。1944 年，《抗战日报》以大量篇幅对大生产运动进行连续报道，尤其详尽地介绍了"组织起来"开展互助合作的具体情况、组织方式、管理制度等，推广了新式互助合作形式的发展。1945 年，《抗战日报》宣传边区军民为实现晋绥分局提出的"耕三余一"、穿衣自给和主要工业品自给目标而奋斗的情况，及时指出并纠正组织变工组的"偏差"，促进了

---

① 刘欣、景占魁：《晋绥边区财政经济史》，山西经济出版社 1993 年版，第 198 页。
② 沈越：《兴县今年的春耕运动》，《抗战日报》1944 年 8 月 31 日。

互助合作组织的巩固与发展。①（2）对典型人物、重要事件的连续性报道。《抗战日报》在响应毛主席"组织起来"号召方面，注意发现和抓住典型人物、典型事件、典型经验进行广泛报道，以使之全面推广。例如不断刊登劳动英雄温象栓、农民英雄张初元、纺织英雄张秋林的模范事件与典型经验，并运用多种方式进行反复宣传。这样就使先进典型深入人心，推动学习先进的群众运动，有力地促进根据地对敌斗争与生产建设。尤其是张初元创造了"劳武结合"之后，该报先介绍了此种形式的要点，接着就刊登了人物通讯《张初元——劳动力与武力结合的光辉榜样》，后来又发表了张初元等劳动英雄参加的变工组调查记录——《组织变工互助，把劳动力与武力结合起来》，详细介绍了"劳武结合"中一些具体问题的解决办法，对"劳武结合"的广泛推广起了重要作用。②

  边区另一份报纸——《晋绥大众报》，以通俗易懂的形式向根据地群众宣传互助合作。初办时期，对晋西北地方新闻的报道不够充分。1942年，根据延安整风精神，开始注意接近群众与调查研究群众的生活和根据地的实际情况。继而报道了丰富多彩的群众生活，包括对敌斗争、支援前线、扩兵、拥军优属、民兵活动、缴纳救国公粮、生产、经济建设、减租减息、变工生产、冬学、文化教育、选举、民主运动等。此外，工农兵英勇抗战的故事和抗日英雄、生产与经济建设中的先进事迹和模范人物大量出现在报纸上。③这不仅广泛宣传了党的政策与方针，而且对于动员农民"组织起来"也发挥了其应有的效力。

  文娱宣传也是一种较为有效的动员方式。在传统的乡村社会，农民有着自己的一套娱乐方式，如元宵节的灯会、夏季唱求雨戏以及各地的庙会等。这些带有一定迷信色彩的群众性娱乐活动在革命的场景下得到了不同程度的改造。以文娱活动宣传互助合作成为中

---

① 《晋绥日报简史》编委会：《晋绥日报简史》，重庆出版社1992年版，第16页。
② 同上书，第19—20页。
③ 《山西文史资料全编》（第3卷），太原《山西文史资料》编辑部1999年编印，第792页。

共动员农民生产自救的一种特别手段。

著名"山药蛋"派作家西戎的剧本《大家办合作社》是通过文娱宣传互助合作的典型例子。[①] 该剧本从合作社这一关乎根据地群众经济生活的问题而展开。该戏第一次演出时，群众的反映是："简直就是我们村那个合作社嘛！""我们村合作社垮台，也是有像白油子那样一个人搞鬼！""方向闹对了！咱村合作社也要这样哩！"剧情是建立在一个初创的合作社里，戏一开始，就给观众公布了一张这个合作社初期的货单："取出饼子洋旱烟，烧酒罐子摆上柜，再把那枣儿齐摆上。"这一段台词简洁明了地告诉观众合作社的办社方针。随之而来的场景是急需布的人买不到布、急要用油的人打不到油，那么合作社的命运将怎样呢？马会计伤心地说："合作社闹的连个生意铺子都不如了！"然而白油子这一类为自己私利打算的人，却生怕合作社有所变更，竭力为现在的合作社辩护，他责备买货来的刘五说："你才日怪哩！咱们合作社有的东西，你偏不买，没啦的东西，你就三番五次的要买。看看，这饼子，多大，多重，只要十块钱！"可是刘五只拿起饼子来简单地看了看，说了一句"吃不起！"，然后转身就走。这一幕通过刻画人物性格和再现生动事实的方式否定了这种合作社的业务方针。

接着在第二场，作者以一个指导方针正确的合作社作衬托，激起了群众要求整顿合作社的高涨情绪。恰在此时，一个眼光狭小的商人二贵来打探风声，煽动群众。然而他没有成功，遇到"三十二"（人名）这样刚强直爽的农民和他大吵一顿，最后警告他："你不要装孙子，你的那些底细，哪一天不高兴了，全给你抖搂出来。"在这种场景下，为人民服务的合作社主任因合作社业务无法真正开展而受到群众的冷眼和上级的批评。为此，他毫不犹豫地同群众采取了一致的行动：召开社员大会、民主讨论办社办法、清算账目、洗刷坏干部和确定合作社业务方针。经此整顿，等到戏剧收尾时合

[①] 中国作家协会山西省分会编：《山西革命根据地文艺资料》，北岳文艺出版社1987年版，第837—839页。

作社面目焕然一新。主要体现在：从贸易局买到货，创办纺织训练班，组织运输合作社，买布的人买上了布，打油的人打上了油。甚至连马会计也衷心地感到："如今这合作社可办好了！"买货的人一天不断，纺训班结束了，运输队归来，入股的人蜂拥而至。

剧中表现的经济生活可以说是非常动人的，比之一般概念化的、与现实脱节的生硬说理和空喊政府政策的口号要深刻得多。它严肃地批评了合作社脱离群众的不正确的业务方针，纠正了干部缺乏民主的思想，揭露了那些成分不良、投机取巧、假公济私的坏干部，并且团结了小商人。这场戏有力地说明群众的智慧和力量是无限的，对鼓励群众积极支持与发展合作社有着极大的鼓动作用。

临南县中庄村1945年春耕组织变工组时，劳动英雄李汝林利用新年村里要"打会"唱戏的机会，与大家集体编写《变工好》《订计划》两出戏。《变工好》的内容大致是：村里大多数人参加变工组，有1户弟兄俩不参加。春耕开始，一个变工组和他俩在一道梁上耕地。变工组5个人分别把犁、拌粪、抓粪、种豆和打土疙瘩，干得又快又起劲。相比之下，他兄弟俩赶了1头毛驴，抓了粪没人种黑豆，把了犁缺打土疙瘩的。一会儿忙这，一会儿忙那，忙来忙去，还是弄不好，只好坐下休息。凑巧分派到抗战勤务，变工组抽去两个人后照样耕地，而他们弟兄俩抽走一个后无法耕作。结果是两亩地没耕完，老大就扛上犁回家了。一到村，婆姨埋怨，邻居笑话。觉得不变工实在丢人，他就自动要求加入了变工队。这出戏演得生动、形象，打动了人心。有个演员原来排戏还只是为了闹红火而本心还不想变工，但是演过戏后他受到感动，向别人说："啊哟，我可真的要参加变工啦！"① 岚县1946年春耕组织变工组时，通过完小、民间秧歌队、剧团等开展文娱活动进行春耕宣传动员，其宣传内容为：（1）各种奖励生产法令与公粮、减租政策；（2）时事宣传，揭破坏人造谣；（3）以各阶层团结会、胜利会的名义座谈生产

---

① 一平：《通过具体的领导才有真正的民主自愿——李汝林组织变工的经验》，《抗战日报》1945年5月22日。

与时事，进而酝酿该年生产运动；（4）督促公粮入仓，动员农民砍柴、送粪以为生产做准备。① 这些宣传活动无疑加深了群众对互助合作的认识，进而从思想上动员他们积极参与互助合作。

在晋西北宣传革命的歌曲中，也不乏宣传劳动英雄的例子。一曲《劳动英雄回家》道出了劳动英雄的心声："大黄牛，黄油油，两对牙，四岁口。政府里赏给咱，叫咱生产更加油来更加油。"② 另一首《变工歌》则更鼓励农民实行互助合作以增加生产："阳婆出来满山红呀嗨，咱五人合伙变了工呀嗨。五个人要齐了心，黄土也变成金。互相帮助能多收成么一呀嗨！"③ 也有劳动英雄自编歌曲宣传"组织起来"。如兴县劳动英雄刘有鸿自编歌曲《杨坪上村一户不变工》，写道：

  杨坪上生产模范村，劳力武力结合紧。普遍生产动员好，组织起来一家人。变工合作变到底，今年生产没问题。互助合作节省工，全村荒地消灭尽。……

  兴县有个李兴远，不互助来不变工。……他的生产没捉摸，变工小组不要他。……互助为了大家事，投机取巧不能行。互助变工有好处，省下人工一切减了个轻。

  互助变工真不赖，增加生产过好光景。④

歌曲以娱乐方式一方面通过揭发富农自私行为以教育并规劝其服从于"组织起来"，另一方面则以互助合作产生的实际效益启发农民将"组织起来"付诸实践。随着"组织起来"的广泛传播，抗战胜利后表达农民生产热忱的歌曲更令人醒目："生产中，要组织，

---

① 《岚县春季工作报告》（1946年），山西省档案馆，A139—1—20—1。
② 擎夫、寒荔编：《西北民歌》（第二册 晋绥之部），商务印书馆1950年版，第99页。
③ 同上书，第120页。
④ 朋明：《谈谈劳动英雄刘有鸿的歌》，《抗战日报》1944年12月10日。

互助合作大团结。普遍成立变工队，精耕细作把力出。"① 这些非常接近于民谣的革命歌曲，由于"具有绝对的，毫不妥协的和简单明了的形式"，所以易于为广大农民所接受并"产生有效的影响"。②它一方面活跃了农业集体劳作的氛围，另一方面则潜移默化地动员农民积极参与互助合作，进而扩大了中共在农民中间的号召力与影响力。

二 基层社会动员

在互助合作实践历程中，单纯依靠政府行政力量进行动员很难达到预期目标。政府行政动员的成效在很大程度上取决于基层社会尤其是以党支部为核心的组织动员。在党支部强有力的领导之下，党员、干部、积极分子成为组织动员的核心力量。查默斯·约翰逊和马克·塞尔登两位美国学者甚至认为中共之所以能够得到人民的支持，主要原因是基层党员、干部、积极分子"有能力解决被战争破坏的农村出现的行政和经济问题"③。这一群体"作为强有力革命组织的代理人，其威望可以推动产生一些具有外部性的集体物品，动员工作比较容易在一盘散沙般的农民中开展"④。为此，他们成为动员互助合作的真正践行者。从现存文献来看，基层党员、干部、积极分子的动员方式主要分为一般性动员、季节性动员以及阶层性动员三种。

1. 一般性动员

一般性动员包括利益诱导型动员、示范诱致型动员、教育劝诱型动员以及规划延续型动员 4 种。

（1）利益诱导型动员。在战时严酷的生存场景下，"把农民从恒久的冷漠之中动员起来转入积极而有组织的运动，必须要有最单

---

① 苗满山：《生产运动十唱》，《抗战日报》1946 年 2 月 26 日。
② [法]古斯塔夫·勒庞（Gustave Le Bon）：《乌合之众：大众心理研究》，冯克利译，中央编译出版社 2005 年版，第 44 页。
③ [美]魏斐德（Frederic E. Wakeman Jr.）、梁禾编：《讲述中国历史》（下），东方出版社 2008 年版，第 776 页。
④ 陈德军：《乡村社会中的革命——以赣东北根据地为研究中心（1924—1934）》，上海大学出版社 2004 年版，第 101 页。

纯和最直接的手段去打动他的感情"①。这种手段在中共的政治视域中，无疑将关系农民切身的利益置于首位。因为中共已经认识到："对于农民而言，他们是否为一次集体行动贡献力量，往往取决于其个体利益而不是群体和阶级利益。"② 只有当群众切身体验到变工的好处，他们的情绪才会提高，才会有参加变工组的要求。因此，满足农民的利益需求成为动员其参加互助合作的一种非常有效的方式。兴县温家寨村1943年秋收时，本已组成"团结秋收队"，但有些人提出了问题。贫农温红儿说："收了秋还要打短工，那怎样参加？"对于此问题，经小组讨论决定地少的也可进行互助合作，由地多的支付工钱。月工李挨牛提出："收得快，收完了咱恐怕就没包月工做了。"后决定雇工在参加秋收两个月之后，另外再给他找活儿干。单身汉温油儿提出没人给他做饭的困难，生产队队长温象栓则自动答应："我家给你捎着做。"诸多困难解决之后，有9户自动报名，加上旧有的25户，共34户43个劳动力参加秋收变工组。③

（2）示范诱致型动员。动员农民参与互助合作时，要建立模范变工组以凸显互助合作的优越性。"因为农民们是现实主义者，他们相信'眼见是实'，他们没有见过的事物，虽经宣传他们总是半信半疑，见过的事物再加宣传，那就完全相信了。"④ 岢岚县劳动英雄武二郎首先以一个变工队队员的资格参加了他村的变工组，使之成为中心组。然后利用中心组的组织经验动员群众组织一般的变工组。他一方面使用变工办法发展自己的生产，另一方面则了解变工组中各种不同的实际问题以正确指导变工组进行生产。他还经常把邻村的积极分子召集到自己的变工组中，一方面让他们还工，另一

---

① ［美］白修德、贾安娜：《中国的惊雷》，端纳译，新华出版社1988年版，第225页。
② 王奇生：《革命与反革命：社会文化视野下的民国政治》，社会科学文献出版社2010年版，第193—194页。
③ 晋绥分局调查研究室：《温家寨的劳动互助》，《抗战日报》1943年3月11日。
④ 新华社延安电：《生产运动中的经验点滴》，《抗战日报》1944年3月23日。

方面则顺便检查他们的生产工作。这种从中心到一般的动员方式,不仅使互助合作得到普遍发展,而且由于领导工作既具体又实际,使变工组得到了进一步的巩固。①

(3)教育劝诱型动员。临南县劳动英雄李汝林曾用开反省会的方式,巩固了变工组织。1944年春耕,全村组织了9个变工组,其中第四组有4户1头驴。4户都是农会会员,另有一个二流子乔赖虎。大家感觉地多,怕一头驴耕不过来。组员李增启说:"一头驴耕不了。"组长李绍恩说:"不怕,耕不过我负责。"因为他是掌犁的。李增启还是说:"耕不过。"乔赖虎从中说长道短,挑拨关系,意见就多起来,大家听了这个二流子的话,把驴按原价算给李增启。就这样变工组几近分裂。这时,李汝林急忙召开干部会批评李绍恩,李绍恩说:"咱没甚,咱就是爱吼喊人。"乔赖虎说:"他们不愿意要我,我也就说不参加了。"李汝林又去找其他组员个别谈,并说:"咱们都是'农会',咱变不好,怎么叫人家变呢?如今村里都说你们精,你说怎么办呀?"结果,各人都说"咱没甚",表示还要变下去。李汝林又把他们叫到一块儿,叫他们自己说心里话。受了乔赖虎挑拨的人都说不应该听他的话。组长李绍恩说:"今后,咱们听你们四个人的话,你们叫我干甚,我一定干甚!"接着李汝林给他们解决了牲口问题:"你们现在先耕着看,看着耕不完了,就再买一头毛驴,耕完了再卖,卖不了咱们驮炭驮枣。"众人都说好。于是,变工组得以巩固。②

(4)规划延续型动员。保德县袁家里村为了巩固变工组织,就根据"在本村深耕细作,组织闲置劳动力出外开荒"的原则,把41个劳动力分编成两大组:20个劳动力配备10犋耕牛留在本村,耕种完全村876.5垧地,由袁三喜担任组长;另外21个劳动力由袁双牛领导,到河曲县五区、六区开荒,采用集体开荒、记工分粮的办法,计划开100垧荒地,春种欠下的工,到秋收时再还。这样一来,

---

① 《岢岚县变工互助材料》(1945年),山西省档案馆,A139—1—45—2。
② 铁可:《李汝林村的生产搞起劲啦》,《抗战日报》1944年6月8日。

耕地、开荒两不误,既合理处理了劳动力,又保证了互助合作的效力。① 临县梁家会村变工组的耕作计划更是细微入至。从春耕伊始的 2 月 17 日至结束的 5 月 4 日,该组的耕作计划共分为五期。第一期:2 月 17—26 日,时间 10 天,耕小麦地 16.5 垧,翻黑豆、谷子地 45 垧;第二期:2 月 27 日—3 月 15 日,时间 17 天,耕豌豆地 62 垧,翻谷子、莜麦地 70 垧;第三期:3 月 16 日—4 月 11 日,时间 26 天,耕山药蛋、黑豆、玉米、胡麻、小豆、谷子地 334.5 垧,翻莜麦、糜黍地 67 垧;第四期:4 月 12 日—5 月 2 日,时间 21 天,耕莜麦地 148.5 垧,翻糜黍地 16 垧;第五期:5 月 3—4 日,时间 2 天,种糜黍地 99 垧。五期共耕翻、种地 858.5 垧,使用牛工 425.5 个、人工 731.5 个。② 这种制订具体生产计划的发动方式,增强了群众对组织变工组的信心,提高了群众的生产情绪,同时也使变工组得以延续。

从上述 4 种动员方式来看,给予群众物质利益是动员其进行互助合作的首要环节。解决群众自身实际困难、说服与教育群众转变思想观念、引导群众从传统走向革命是动员工作的基本取向。在具体动员过程中,坚持实事求是的群众路线,将政府政策、指示、方针与基层社会具体实际相结合,最大限度地减少行政力量的盲目干涉,代之以诱致方式引导群众。只有这样有计划、有策略的动员,才能使动员效果最大化。

2. 季节性动员

由于农业生产的季节性较强,季节性动员的重要性就被凸显出来。它不同于一般的政治性动员,而是具有明显的季节性差异。

春耕动员主要集中于解决畜力、籽种、劳动力等各种困难以及对本季甚至全年的生产规划。保德县 1943 年春耕时,政府于 3 月 12 日召开区长会议,讨论春耕工作,确定该年生产的奋斗目标为:增加总产量 1/10,植棉 1300 亩。关于解决粮食种子的困难,除贷

---

① 陈珞:《袁谦和袁家里》,《抗战日报》1944 年 10 月 1 日。
② 《临县梁家会变工互助典型报告》(1945 年),山西省档案馆,A147—1—70—4。

款贷粮外，政府帮助群众互借，保证归还；允许群众借"仓谷"，在群众同意下，可立契付息。耕牛问题是在贷款中注意发动群众伙买耕牛，牛租不减，并保证按时交租。劳动力的解决是除 4 月、5 月、6 月三个月外，停止一般抗战勤务并发动群众组织变工组，使每头耕牛均能发挥其最大力量。①

锄草是多产粮、产好粮的必经步骤。少锄一次，就会使产量减少，就会使所产之粮秕而不实。"多锄多上，强如放账"，"谷锄三次自成米"，正是农民对锄草重要性的体现。就动员要求而言，主要有：提倡增锄，培养与提拔积极分子，发动互济互借，鼓励技术好的农民与教育差者并帮助其提高，动员妇女、儿童等半劳动力参与生产；组织节余劳动力扎工、开伏荒、坝沟地、修淤滩地或组织运输队、运输合作社，加强"劳武结合"；等等。② 兴县胡家沟村即如此。该村劳动英雄胡生用变工组锄草快且可使用节余劳动力沤青肥的实例启发刘布来等 7 户自愿参加变工组。不仅如此，他带头给 2 户退伍军人、3 户穷人、2 户转变了的二流子贷粮大麦 7 斗，影响其他干部也与群众进行互济。在锄草时，提出"精锄、多锄，防旱备荒"的口号，并保证一般庄稼锄 3 次、谷子稻黍锄 4 次、棉花锄 8 次。此外，还利用休息时间学习埋地雷，以防日伪侵扰。③

秋收是一个特殊时期。日伪因其经济枯竭、粮食不足，每年于秋冬季都要发动大规模的、有计划的抢粮与毁粮暴行，因此发动保卫秋收运动是一项重要的政治任务。在内地地区，须切实将包括妇女、儿童在内的所有人动员起来突击秋收，以便"快收""快打""快藏"，着重组织劳动互助以解决劳动力少、有病或地远等困难，并且帮助抗属收割。在游击区与接敌区，须将劳动力与武力切实结合起来，民兵要用封锁网、联防哨等方式警戒与打击日军或者民兵与群众集体上地，日军不来时，一齐收割；日军出扰时，民兵放下

---

① 本报保德讯：《保德确定春耕目标帮助群众实行互助》，《抗战日报》1943 年 3 月 21 日。
② 《切实领导群众的夏锄运动》（社论），《抗战日报》1944 年 7 月 11 日。
③ 邵挺军：《兴县胡家沟的夏锄变工》，《抗战日报》1945 年 8 月 13 日。

镰刀拿起武器，打击日军，掩护群众搬送与收藏田禾，民兵的地则让群众负责帮助收割。在秋收的同时，还提倡秋翻地。但贫苦农民因没牛或人力不足往往不能如愿，因此就要具体的组织互助变工，帮助借牛。此外，部队机关、学校等脱离生产的人员要认真帮助群众秋收，各级领导机关要负责计划并切实进行领导。① 兴县胡家沟村秋收互助合作成效大，原因在于：动员所有人员参与秋收，全村进行大变工，共组织7个变工组，40多个妇女和三四十个儿童也花编在男人组里，妇女们除摘180亩棉花外，还参加割糜谷；干部深入群众，随时检查与解决问题，且不怕吃亏，如干部刘奴儿、孙玉儿的谷子都是最后割的；抗勤与收秋统一领导，统一记工；对参战民兵的庄稼，由各个变工组负专责，都是先给收割；调剂牛力翻地，牛顶5分工，草料由借牛户负责。②

3. 阶层性动员

对不同阶层或同一阶层进行互助合作动员，主要基于各阶层自身特点及实际利益需求。譬如在动员贫农与中农进行互助合作时，由于贫农缺乏土地、粮食和耕牛而劳动力相对剩余，因之须从解决贫农的生活困难入手。寻找原本与贫农相处较好且自愿为其提供一些帮助的中农，使其不必多打短工而能多种地。同时，要保障贫农的利益，如在吃饭问题上，早饭各吃各家的，午饭若地远可派一人送饭集体吃；适当在贷款、贷粮时予以照顾；贫农欠人工秋后还粮可从其收入中扣除后计算公粮，而得粮户则按工资收入计算。在兴县劳动英雄温象栓村，雇工李安牛除在温象栓家揽工外，还自己种地参加温象栓的变工组。因此，温象栓和李安牛既有雇用关系，又有中农与贫农互助合作的关系。③

在动员贫农与贫农进行互助合作时，由于双方都缺牛少地、没有粮食却相处较好，因此必须首先解决他们的生产与生活困难，如

---

① 《组织与保卫秋收》（社论），《抗战日报》1943年9月9日。
② 兴县讯：《兴县胡家沟变工搞得好，今年秋收比去年还快》，《抗战日报》1945年10月14日。
③ 晋西北行署：《劳动互助材料》（1943年），山西省档案馆，A88—6—8—3。

贷给牛或若干粮食，使他们有力量集体开荒地或多种一些熟地。特别困难时，还可集体出去打几天短工，赚一些粮食，再继续种自己的地。在贷款及互济之后，具体帮助他们计划生产，加之有力领导与不定时检查。宁武县芦草沟村赵银换变工组，4户全系贫农，感情要好，土地、劳动力相仿，共有土地47垧、全劳动力5个、半劳动力2个。在各户生活困难解决之后，村干部首先根据他们的实际情况帮助其订立生产计划。然后，根据时令和劳动力类型的不同进行具体分工：2人经常耕锄，4人参加民兵集训；耕时送粪，锄时锄地，伏天开生荒，女人帮助锄各户房前屋后的山药蛋、菜豆。① 该组的特点有：感情基础好，组织较为巩固；干部领导有力，生产计划合理，可操作性强。

在动员地主与贫农进行互助合作时，理应让贫农在地主家吃饭，同时抽出一部分劳动力给地主种地。其好处是一则解决贫农食粮困难以进行生产，比临时出去揽工要好；二则解决地主缺乏劳动力的困难，比雇短工强。富农与贫农的互助合作同样基于利益的需要，一方面当富农经营土地超过自己劳动力承受度时，就需要调剂劳动力，另一方面贫农需要打短维持生活就给富农多做工以换取部分食粮或因缺乏畜力而使用富农之牛工。② 在实际动员中，维护贫农的利益尤为重要。兴县窑儿沟村在1944年夏锄组织起变工组后，贫农嫌跟富农变工吃亏，宁愿出去打短工。于是村民大会规定：不经村中许可，不准出外打短工。贫农康麦当场提出严重抗议说："家中没得吃，除非叫我家死了，我才不出去呢！"在这种情况下，干训队宋队长解释说："别人欠下你的，按市价给你工钱，你没得吃，村里给你互济粮，怎样？我作保证，你放心吗？"康麦笑了："你们为个甚，还不是为咱村闹好。"③ 经此解释，变工组得以巩固。

上述可见，随着中共政权的日趋巩固，以支部、党员、干部、

---

① 《晋绥区农业生产的历史总结》（1944年），山西省档案馆，A90—5—5—1。
② 晋西北行署：《劳动互助材料》（1943年），山西省档案馆，A88—6—8—3。
③ 鲁风：《一个队和一个村》，《抗战日报》1945年2月12日。

积极分子为核心的党组织肌体在互助合作运动中作用逐渐特殊化、明显化。这种迹象表明，革命的深入开展与乡村传统的延续如同黏着剂一般黏合在一起，革命并非摒弃传统，传统亦非拒绝革命，二者之间存在着传承与变革的依存关系。

第二节 动员过程中出现的偏差

行政力量的推动的确促进了互助合作运动的开展，表现出高效率的一面，但滋生的问题也不容忽视。尽管以毛泽东为首的中央主要领导人和中共当局一再强调，互助合作组织的建立必须以自愿为原则，但在具体实践中并非如此。诸多史实证明，在中共领导下的"集体生产制"（主要是变工组）不同于传统"农业互助组织"的自发性特点，往往具有"强制编组"的性质。[1] 这种"强制编组"是农业互助合作运动中最容易出现的一个偏差。但是倘若对行政命令动员方式的过分矫正，则往往会形成放弃领导的自流形式。正如1946年4月3日《抗战日报》发表社论所指：

> 强迫命令和放任自流，都是由于对领导问题缺乏正确理解而来的。它们又都同样是脱离群众，极端有害的。……由于强迫命令的作风曾经极显著的遭到群众的反对和不满，有些同志便集中精力去反对强迫命令，而不提防给放任自流开了一个缺口。……也正由于抱有这样放任自流，否认领导的见解，有些同志，对于变工组织形式的普及和提高问题，也同样表现有一种片面的、有害的观点。变工中的比较高级的形式，如大变工，在某些地方曾经被强迫采用，因而遭到群众的反对……有些同志便列举这些事实，证明出："大变工既不适合群众需要，又

---

[1] 赖建诚：《近代中国的合作经济运动：1912—1949》，（台湾）学生书局2011年版，第180页。

浪费劳动力"……便极力赞美群众中旧有的"合牛"形式，认为群众只能采取这些低级的、习惯的形式，而一切提高似乎都是徒劳。①

革命与传统之交织复杂情形不难从中略窥一二。首先，政党意志是导致偏激型动员的首因。在农民与中共博弈的进程中，二者此消彼长。在博弈的第一个阶段（1940—1942年），中共对于农民参与互助合作的动员往往采取利益诱导式，在发动农民减租减息斗争中，帮助原本处于社会底层的群体翻身以提高其响应中共开展大生产号召之情绪。农民在切身利益有所保障之后，对中共心存好感，显示出其革命的一面。从1943年始，以"组织起来"为中共政策趋向展开的第二个阶段（1943—1945年）里，行政命令逐渐取初期温和策略而代之，"强迫命令"现象不同程度地存在于各地互助合作的实践过程中。农民为此并非无动于衷，而是采取表面应付，实际固守传统的应对策略。在貌似革命的同时，传统并未完全根除。出乎意料的是，在那些互助合作进展较为顺利的典型区域，恰好是革命与传统的均衡发展促成互助合作绩效的提高。然而，1946年后，在博弈的第三个阶段（1946—1949年），中共与农民之间的博弈因客观政治形势与干部主观认识而再次发生变化。由于中共直接对抗国民党局势的形成，代表中共意志的上层乃至基层干部对领导生产与发展生产的认识发生变化。由于不少干部主观认识上的偏差，致使"自流"现象时而发生，严重影响了根据地经济的健康发展。

在对中共与农民之间博弈过程进行详细梳理之后，探讨其中所凸显之偏差问题的表现形式、发生原因及纠正过程就显得尤为重要了。

一 偏差的表现

源于行政力量的强迫命令在1944—1945年晋西北互助合作运动

---

① 《及早防止生产领导上的自流倾向》（社论），《抗战日报》1946年4月3日。

的激进阶段中普遍存在。

有些干部在组织变工组时强迫命令抄名单，单纯追求数字。如神府县六区六乡春耕组织变工组时，乡长为了完成上级要求，就直接对群众说："不变也得变，非变不可，你为甚不变呢？"结果25%的劳动力被"组织"到变工组里，然后向上级报告完成了任务，"实际都未变起来"[①]。兴县高家村1944年春耕组织变工组时，村干部为了与杨家坡村进行生产竞赛，提出组织劳动力95%的计划（全村102户130余个劳动力），并要求超过杨家坡村组织劳动力90%的计划。在这种情绪下，便产生了一种单纯追求数字的倾向。对于当时对互助合作持怀疑观望态度的一部分富农、上中农，采取了动员的工作方式与强迫命令的手段。三番五次的非叫他们参加变工组不可。当时正值保佃大会后群众斗争情绪高涨之时，地主富农虽然心里不满，但碍于情面，勉强参加了变工组。编组时又不管是否情愿、人牛力强弱就花编了13个组。从形式上看，确实将89户"组织起来"，实际上仍有不少是应付的。"组织起来"后，干部采取强制限制办法来达到维持和扩大变工组的目的，有如下规定。第一，不参加变工组者无权使用任何一个变工组的耕牛。由于村里所有耕牛都被编入变工组，因此为了耕地，个别未入组的农户也只好加入。上中农刘宏胜就是在这种情形下参加变工组的。第二，不参加变工组的富农和二流子必须多服抗战勤务。二流子白健邦本来在锄草时已退出变工组，但后来因怕多交差而再次加入。第三，战时指挥部要求干部在动员群众"组织起来"时务必强调："谁不参加变工，在反扫荡时，互助组就不帮助进行空室清野和转移。"在此种情况下，三四个寡妇和地主白凤山也参加了变工组。[②] 河曲县某行政村干部在区级干部会议上接受上级要求组织变工组的任务后，把全行政村7个自然村的群众集合在一起开会说："毛主席有号召，

---

① 风起：《神府六区扩干会议深入检讨工作优缺点》，《抗战日报》1945年1月9日。
② 纪希晨：《高家村卖牛现象发生原因及纠正办法研究》，《抗战日报》1945年3月18日。

叫组织起来"，随即宣布了预先编定的名单，之后就让群众自行解散。在回去的路上，群众议论纷纷。有的说"这一下把咱的朋友也捣乱了"，有的说"这一下给咱们找了管家的了"。结果几天之后，变工组仍未组织起来。该干部就去村里检查，询问群众："组织起来是好事，为什么不变？"富者说："我倒愿意，那些穷的嫌我们能受，跟不上，受不行，又爱随便。"穷者说："我倒愿意变，人家嫌咱穷，害怕吃亏，再说咱也没吃的。"也有人不是说"人不合适，怕变起来吵嘴"，就是说"这两天不太忙，忙了变罢"。彼此之间借故推脱，谁也不知怎样才能"组织起来"[1]。兴县古楼申村群众不愿意参加变工组，干部每晚召集群众开会，连开三个晚上。群众瞌睡得不成，说："快变吧！不变人家干部不成！""组织起来"后，干部一走，随即垮台。[2] 如此组织变工组，大都流于形式，并未产生实际的效果。岢岚县一区干部吕存驹在县扩干会上的检讨则更体现了这一点：

> 咱们过去思想不对，做一些工作不是真心为群众打算，而是抱着为上级完成任务，抱着求功思想。工作方法不是耐心说服，而是强迫，因此弄得群众不满意。但是群众还不愿向咱们干部当面讲。去年春天我在村组织变工组时，我硬组织一个"合作农场"，有些群众不满意，但表面上还说可以，结果也没组织起来。本来天旱地干很厉害，群众说掘不下先种熟地吧。我说不是地干，是你们不掘。结果闹上一群（20来个）开了几天，群众情绪不高。荒地没开下多少，可多背工了。向上级告时还要多说数目。[3]

---

[1] 晋绥边区行政公署：《晋绥边区关于变工互助的几个问题》，冀南书店1946年版，第13—14页；史敬棠等编：《中国农业合作化运动史料》（上册），生活·读书·新知三联书店1957年版，第584—585页。

[2] 兴县讯：《纠正强迫、自流偏向，说服群众自愿变工》，《抗战日报》1946年4月1日。

[3] 《岢岚春耕工作总结》（1944年），山西省档案馆，A139—1—43—1。

有一些干部自身素质差，命令式办事。岢岚县二区1944年春耕时，干部强迫有牛户先给移民耕种，结果有两个牛主因此荒了自家的地；夏锄时西豹峪村干部提出集体翻伏地，强迫村民王成来到寨上村翻地，王成来因此而偷偷卖了牛。① 兴县康家塔村主任胡三孩1946年春组织变工组时，把全村人召集在一起，讲了一番上到国际国内政治形势下到群众组织变工组有利等大道理，随即让群众组织变工组。由于平日里他提议让群众做的事决不允许出现不同的意见，否则就大发脾气横加顶撞，因而这回群众也只好口头答应组织两个变工组应付他。之后，他又到西吉村，一天开了4个会，用同样的办法组织了两个变工组。第二天就回他村，后来也未曾检查督促过。两个村4个变工组自然也不会真正搞起来，但他却到行政村汇报组织了4个巩固的变工组。② 静乐县火神窊村1944年组织变工组时，富农金贵存对变工不大满意，不想劳动，干部对他说："你是二流子，要改造你，你不变工有什么思想？"硬强迫叫他参加，他看见不参加不行就勉强参加。另一富农李怀子也不愿变工，干部就说："你不参加变工，你有问题，谈你的思想，就要斗争你"，后来也参加了。然后，干部公开说："谁不愿参加变工队，谁就是二流子，就要批评斗争谁。"其他人看见金贵存和李怀子参加后，也很不情愿地参加了变工组。③ 岢岚县劳动英雄马侯儿在动员村民张桂生当民兵进行劳武结合时说："当民兵很好，你可要当民兵。"后张桂生怕当民兵，开小差跑到河曲县老家。马侯儿对他母亲说："你小子是破坏民兵，你快把他叫回来。不然，就不要你在本村住。"结果，他母亲很不满意。④

还有一些干部领导生产生搬硬套，强迫群众接受。静乐县磨管

---

① 《岢岚县1945年春耕总结》（1945年），山西省档案馆，A139—1—49—7。
② 兴县讯：《兴县高家村行政村加强偏僻小村生产领导》，《晋绥日报》1946年8月25日。
③ 《静乐县五区火神窊村三年的变工过程》（1946年），山西省档案馆，A140—1—5—2。
④ 《岢岚梁家会生产变工组调查材料》（1945年），山西省档案馆，A139—1—45—5。

峪村1944年组织变工组时，干部要求群众把三犋牛放在一小块地里耕作，因地块小牛多操作不便，导致误工太多；强迫全村的毛驴集体送粪，不许跑运输；强行将民兵花编在各组，由变工组代耕土地。鉴于此，群众不满意地说："人打游击，牛还打游击啦！为什么牛也要还工！"① 河曲县夏营村1944年的变工是在自由结合下，群众组成小变工形式，记工是采用工票的办法，搞得较好。1945年春季，村干部提出了要实行大变工，取消工牌办法，采取记缺工不记实工的办法，群众不同意地说："闹不好，下来算不清楚账。"干部说："谁短下向谁要，这样大变工效力大。"结果他硬把20多个人组成一个大变工组。王悦不参加大变工，变工组硬把他编入。结果，一个多月后，他在组内实工很多，但缺工很少，群众说："变工变工，变的没工啦。"余工的人没有要钱的地方，向王悦要时，王悦说："我也没给你们作，你们也没给我作，要什么钱，我不出。"后来召开变工组会议提出"往少的折工"，但折来折去还是不合适，于是干部不得已在大会上说："我余的那29个工不要了"，后来群众说："人家干部的这不要了，咱们的也算了吧"，心里很不满意。大变工就这样垮了，群众又组成小变工，仍恢复了工票记工的办法。② 事实上，"组织劳动互助，是最生动具体的事情，决不能够不顾当地实际情况、千篇一律的去对待"③。行政力量支配下的教条主义作风用之于领导生产可能会讨得上级一时的欢心，但对于基层群众而言，这样做的后果不仅损害其基本利益，从长远来看更是对乡村经济生活秩序的严重破坏。

另外，放弃领导或领导不当导致互助合作形成自流也是动员互助合作过程中极易出现的一个偏差。

部分干部全盘否定以往成绩，致使互助合作流于形式。据岚县五区会里村武秋生谈到1944年春耕组织变工组时，说："正月由县

---

① 晋绥边区生产委员会：《变工互助的几个具体问题》，晋绥边区生产委员会1946年编印，第8页。
② 同上书，第10页。
③ 《把劳动力组织起来》（社论），《解放日报》1943年1月25日。

上开了扩干会时，回去村里也召开了村扩干会。在自然村召开了群众会，检讨了两三天，将过去的错误完全承认了。当时群众说以后变工是自由了，就不变了，说变工没利。当时自然村干部与民兵表面要变，实际他们也不愿变。"① 该村干部不是实事求是地检讨过去的工作，而是一概否决已有的成绩，这不仅与事实相违，更为严重的是导致了人心的涣散，进而不利于互助合作运动的正常开展。在兴县二区扩干会上，个别干部将先给抗属、贫农、退伍军人耕作等一些有利于巩固互助合作的做法也当成缺点，并反映说："忙了一年尽是做下些缺点。"② 这种近乎气急败坏的亚健康心理，当然无益于互助合作组织的领导与巩固。

部分干部动员互助合作时脱离群众。河曲县 1944 年春耕组织变工组时，×村苗润生组以地主、富农及富裕中农为中心，把基本群众排斥在组织之外；坪泉村周明组是为了应付上级检查，没有记工；沙泉村阎子升组"组织起来"后只给干部耕作；辉塔村部分组将二流子组织到一起；等等。③ 兴县某区干部在某村强迫群众进行互助合作，结果累倒七八头牛，他走了群众就不变工，他来了群众被迫又变工。再如某村干部下乡搞变工，第一次问为什么不变？群众答"地冻着"；第二次又问，答曰："耕夏田"；第三次问，群众又说"地快耕完了"。如此不调查不研究而表面应付的工作方式，使得这些村庄的变工组不但未扩大，反而缩小或垮台了。④ 临南县青塘村的变工组，干部领导涣散，不经常开会检讨，养成给自己劳动时积极而给别人劳动则应付的坏毛病，并且说只有参加变工组才能贷粮。这种自私与专断的作风使得群众无心参加变工组，说："干部们不能变，因为干部在地里做工的时候开会走了，即便是变也是先给干部们变了，咱的也是变在后面了。"⑤ 干群关系的失调，

---

① 《武秋生谈四四年变工队情形》（1944 年），山西省档案馆，A139—1—6—2。
② 白日璋：《兴二区扩干会的检讨》，《抗战日报》1945 年 3 月 15 日。
③ 《河曲县生产工作总结》（1944 年），山西省档案馆，A137—2—10—1。
④ 沈越：《兴县今年的春耕运动》（续），《抗战日报》1944 年 9 月 2 日。
⑤ 《临南枣圪塔等村变工组情况》，山西省档案馆，A147—1—70—9。

导致该村变工组最终垮台。

有些干部"形式主义"地组织变工组。岚县后子坪村组织变工组时，生产主任对群众说："咱们组织变工吧，不组织怕村长过来骂"，应付行为由此流于言表。① 神池县 1946 年组织变工组时，干部贪图数量，不求实效。四区组织了 100 多个组，但能起到作用的还不到 10 个。其中，东峪村一个村就组织起 40 多个组，结果却流于形式。② 兴县二区春耕组织变工组时，大部分干部只知道强迫命令的办法不对，但又不会走群众路线。当上级检查春耕时，干部们说："可不知怎搞哩，两条牛耕地大小不一样，搞不在一起，夏锄保险能变好。"但当检查夏锄时，干部又说："地都锄得不差甚了，秋收再变吧。"③ 干部们的推诿、应付行为，使得"组织起来"仅仅留下一个空壳。

有些干部不了解"组织起来"的真实意义，以旧式的合牛、朋牛组等较为低级的互助合作形式代替"组织起来"。×县一个行政村的主要负责干部认为组织变工组是上级指派的"公事""变工就是代耕"，结果未积极加以领导，该县×区的 40 余个行政村干部，只有 5 个在组织变工组过程中起了一些作用，3 个连自己的生产也未抓好，其余则大多努力于自己的生产，对组织群众生产却不闻不问。④ 保德县岳家里村干部王朋满说："今年不能搞大变工，谁搞起来，出了错误就由谁负责。"于是，该村互助合作大多沿用"工变工""贴角子""伙喂牛"等旧有模式，普遍产生不记工、不评工、笼统的一工还一工、一天轮一天的现象，甚至有的组今天变，明天

---

① 《岚县春季工作报告》（1946 年），山西省档案馆，A139—1—20—1。
② 谢勇：《神池检查春季工作：减租生产未很好结合，生产领导尚须具体深入》，《抗战日报》1946 年 4 月 27 日。
③ 兴县讯：《从检查、解决村干部困难着手，传达与贯彻高干会精神》，《晋绥日报》1946 年 8 月 27 日。
④ 《必须及时纠正劳动互助运动中的缺点》（社论），《抗战日报》1944 年 5 月 18 日。

不变；上午变，下午不变；这块地变，那块地不变；等等。①

　　还有一些干部曲解"自由结合"，主动放弃领导。1944年春耕时，岢岚县部分干部说："变工自由结合"，结果采取不理态度，认为："群众愿怎变就怎变，不用咱管正能看好哩，如果干部一管就弄坏了。"②兴县碾子村在组织互助时，干部尚未深刻教育群众和解决生产困难，就开大会说："实行民主，由你们自愿组织吧。"结果群众随之应付，一次性组织了11个变工组，实际上没有一个组在真正进行变工。③保德县郭家滩村已自动组织了变工组，而干部还不知道，并把自愿和领导对立起来，认为："今年是民主年，谁不愿意组织就算了，参加不参加由你。"④干部主动放弃领导，一些思想本来就散漫的农民会因此而产生投机心理，并导致互助合作组织的垮台。

　　不论强迫还是自流，都是互助合作动员过程中对自愿原则违背的典型表现。强迫组织群众，是一种主观主义的官僚主义的方法。这样会使组织陷于形式主义，进而阻碍互助合作运动的顺利发展。因此，在群众尚未深刻理解"组织起来"之前，"强迫组织势必使群众反而感觉是一种烦扰，一种负担，群众就不积极参加，甚至反会遭到抵抗"⑤。反之，放弃领导群众，会使组织流于形式，难以提高生产效率。事实上，时人对自愿与自流有过较为中肯的判断，认为：自愿是"谁的思想打不通，不愿参加，可以不参加"，"不是说自愿就不要领导"。他进一步指出："上级提出的'自愿'，只是怕你去组织人家时候，人家实在不愿意就强迫人家，并不是叫你不管事，弄得好多愿意入组的也找不到门路。"⑥这些观点从侧面反映了违背自愿原则所导致的后果。

---

　　① 康溥泉：《保德一区变工生产中注意组织剩余劳力》，《抗战日报》1946年4月30日。
　　② 《岢岚春耕工作总结》（1944年），山西省档案馆，A139—1—43—1。
　　③ 白日障：《兴县二区各村变工办法有许多改进》，《抗战日报》1945年5月12日。
　　④ 康溥泉：《保德一区变工生产中注意组织剩余劳力》，《抗战日报》1946年4月30日。
　　⑤ 晋绥边区财政经济史编写组、山西省档案馆编：《晋绥边区财政经济史资料选编》（农业编），山西人民出版社1986年版，第755页。
　　⑥ 《赵树理全集》（第五卷），北岳文艺出版社2000年版，第197—198页。

总之，强迫抑或自流是一个问题的两个面，极左和极右（或"激进"与"温和"）的策略是中共在应对不同局势所做出的反应，其实质都是主观臆断违背了客观实际，都是对客观事件的极端应对，都是应该予以警惕的。

二 出现偏差的原因

动员农民参与互助合作过程中产生的偏差，实际上体现了生产实践与革命场景的背离。站在中共自身的角度上来看，偏差之因在于领导不当，尤其是由于记工、工账、内部组织与纪律等管理制度不善所致，而不在于农民的"个人主义"或"自私自利"。[1] 然而根据笔者已掌握的史料，偏差的出现是不同因素共同作用的结果。

从表面来看，实践与场景的背离与干部关系最大。一是对政策本身的误解。有的干部对毛泽东关于"组织起来"的政策尚未深刻认识，更谈不上认真贯彻。如×县一个村长这样反省道："自己开罢会后，思想还和过去一样，布置了互助组，自己想变不起来，只有以法令去强迫组织，求得数目字多些，报告好看些，真正变得起来变不起来不去管它。"[2] 另一个村长反省道："自己对组织互助的认识，是只要号召一下，求得数目字就可以了。对于生产，认为老百姓自己会进行，不需要领导，因此就很少解决群众的问题。"[3] 无论是强迫命令或是编造数字，其实质都是形式主义，都需要耐心的纠正。

二是领导方式不当。"在动员群众和向群众解释党的政策方面，组织具有至关重要的作用。"[4] 在党组织中，干部是党在乡村社会的

---

[1] Pauline B. Keating, *Two Revolutions: Village Reconstruction and the Cooperative Movement in Northern Shaanxi, 1934–1945*, Stanfand, California: Stanford University Press, 1997, p. 221.

[2] 晋绥边区财政经济史编写组、山西省档案馆编：《晋绥边区财政经济史资料选编》（农业编），山西人民出版社1986年版，第197页。

[3] 《必须及时纠正劳动互助运动中的缺点》（社论），《抗战日报》1944年5月18日。

[4] ［美］弗雷德里克·C.泰韦斯：《从毛泽东到邓小平》，王红续等译，中共中央党校出版社1991年版，第35—36页。

化身。部分干部因惯于教条主义工作作风,一切以上级指示行事,忽视具体工作的自身特点,而未能将理论上的方针政策与工作中的实际情形有机结合起来。如兴县高家村1944年组织变工组时,村公所和农会全然不顾及牛主的利益,对牛主作了如下规定:第一,变工组中牛主一律要给二流子、退伍军人、穷人、抗属的每种作物下种后,才能给自己下种;第二,牛主非经变工组长允许,不得给组外非变工队员包揽耕地,赚取工资;第三,对于牛耕地工价规定:耕山地一垧给料一小斗(往年是一斗二升),耕平地一垧是斗半(往年种棉时是一斗六七升),如给干草是35—40斤(往年是40—50斤);第四,人工变牛工时,如在牛主家吃饭时还人工2.5个,不吃饭则还2个(往年是3个)。① 还有的干部在领导互助合作时,采取"分散合并"的方式,把好的变工组合并到不好的变工组里去或将个别表现不好的组员开除等,河曲县坪泉村干部刘板汗即是如此。② 静乐县岔而上村1944年响应上级号召,实行大变工,将不参加变工队或不开会者一律视为特务。村民王三毛因家务繁多而开会迟到,变工队长王毛巧就令其坦白思想。王三毛说:"给家里弄烧的、弄米、担水做饭,没甚思想。"王毛巧问大家有何意见,大家都不吭声,于是下令将王三毛白天押到地里晒太阳,晚上关黑窑。③ 诸如此类的例子还很多,不再一一列举。正是这种脱离群众实际的工作作风导致了变工组的自流。

三是缺乏集体意识。兴县某村积极分子白福大自从当选劳动英雄后,处处想占便宜,他领导的一个变工组,自己不早上地,别人做了大半天,他才出去,还要坐着抽烟,他上地时,常带着两只大羊,吃别人家的庄稼,组员不满地说:"给我们找下老掌柜了。"加之组内工账算不清,变工组最终垮台。岢岚县劳动英雄史双喜在村中招摇撞骗,虐待雇工,违犯政府法令,不参加劳动,他欺骗农民

---

① 纪希晨:《高家村卖牛现象发生原因及纠正办法研究》,《抗战日报》1945年3月18日。
② 《河曲县生产工作总结》(1944年),山西省档案馆,A137—2—10—1。
③ 《静乐岔而上大变工影响生产》(1946年),山西省档案馆,A140—1—5—4。

叫给他开荒，他的地耕完，就赶紧把牛卖了。① 兴县石楼圪台村分队长刘保则、村主任白明亮在夏锄中和群众组成一个变工组，两个人争着要给自己先锄，等他俩的地锄完要锄别人的地时，他俩却借故退出变工组，给自己挽豌豆去了。组员因此说："像这样领导变工，咱以后一辈子也不参加了。"② 举凡此类实例，由于缺乏干部大公无私精神的激励，农民自私、涣散的思想难以改变，变工组的垮台也就不足为怪了。

四是思想认识偏颇。1946年春耕时，许多干部认为"和平了，不用领导人们也会刨闹呀"③，"该把自己的生产刨闹一下吧，过去群众是往上翻哩"④，"今年没敌人啦，谁还不打算好好刨闹？地一定荒不下！不用去管，群众自己也会生产的"⑤，"群众自己会生产，不需要领导"⑥，"干部插一手，变工就垮台"⑦，也有的干部认为"先由群众自愿自动组织起来，然后再去领导"⑧。这些思想上的偏差，加之边区生产供给会议上不切实际、片面批评过去互助合作中提倡的大变工、合作农场等高级形式，以致干部对领导互助合作产生怀疑和失去信心，同时某些干部认为"大变工不行""某村搞大变工垮了""大变工既不适合群众需要，又浪费劳动力"，而另一些干部则轻视群众自发组织的合牛变工，希望闹大变工。⑨ 另有些干部则从一个极端走到另一个极端，政府强调纠正强迫命令的错误做

---

① 本报讯：《群英大会劳动英雄座谈变工互助问题》，《抗战日报》1944年12月22日。
② 李六平：《兴一区干部检讨夏锄中的教训：干部要不自私多听群众意见，才能把秋收组织好》，《晋绥日报》1946年9月14日。
③ 《克服生产领导上的自流问题》（社论），《抗战日报》1946年4月23日。
④ 同上。
⑤ 张承武：《二马营怎样组织了生产》，《抗战日报》1946年5月4日。
⑥ 山西农业合作史编辑委员会：《山西省农业合作化史综述卷》（总卷第六册），中央文献出版社2002年版，第51页。
⑦ 丁克：《领导不等于强迫，自愿不是自流》，《抗战日报》1946年4月19日。
⑧ 山西农业合作史编辑委员会编：《山西省农业合作化史综述卷》（总卷第六册），中央文献出版社2002年版，第51页。
⑨ 学古：《神池一区干部决定一人领导一变工组，积累经验加强领导》，《抗战日报》1946年5月18日。

法，他们就说"从去年发动群众后，感到组织变工实在难，怕强迫违犯政策，说话就觉得理短"。兴县一区二十里铺村干部拒绝接受双牛变工而借故托词："尽零块地，占不着双牛，人家都说变不起，咱怎领导？"① 这些领导上的错误思想加剧了变工组织中的自流现象。

除干部因素之外，实践与场景的背离还与土改和整党运动有关。政治运动中"左"的倾向随着运动的升温而迅速蔓延到经济领域。至于土改与整党运动对互助合作运动的影响已在第二章第三节中论述。不论干部因素还是土改、整党运动，它们只是造成实践与场景背离的表因。进一步讲，基层党组织系统的失控才是背离发生的内因。在中共革命的过程中，传统绅权逐渐被新式精英代替。由于阶级观念的渗透，以新中农甚至贫雇农为主的群体成为新式精英的重要组成部分。这一群体的特征是革命性强，但革命素养差。因为这一群体大多出身低微、文化水平低，且不少带有流氓气息。随着革命的不断演进，在不断动荡的社会中，他们被惩罚的危险逐渐消失，其"邪恶的本能就会暴露于光天化日之下"②。尤其是在一些大型的群众运动中，由于他们被煽动，"人治"下的武断与暴力取代了民主与法制。这些行为在互助合作运动中体现为私人空间被公共空间所挤兑，将互助组改造成了动员群众的半官方机构，并将组织本身利益引向了公共利益和革命利益。前述强迫农民加入变工组或不顾所在村实际情况而进行大变工的做法，显然将农民变为实现公共利益与革命利益的手段。这种现象并非仅存在于当时，即便在新中国成立后的集体化运动中也一再发生。它摧毁了农民传统互助合作模式的纽带，却未形成农民对新式模式的认可，因为"农民并不习惯于超越家庭或家族来进行相互合作"③。行政力量强制推行的结

---

① 《一分区春季生产工作总结》（1946年），山西省档案馆，A98—1—34—1。
② [法] 古斯塔夫·勒庞（Gustave Le Bon）：《革命心理学》，佟德志、刘训练译，吉林人民出版社2011年版，第40页。
③ [美] 巴林顿·摩尔（Barrington Moore, JR.）：《专制与民主的社会起源——现代世界形成过程中的地主与农民》，王茁、顾洁译，上海译文出版社2013年版，第219页。

果，只能是农民消极情绪的增长以及随之而来的组织的涣散或崩溃。

三　偏差的纠正

为了纠正互助合作运动中出现的偏差，1945年1月27日中共晋绥分局在关于进一步开展大规模生产运动的指示中指出："在变工互助的组织与领导方面还存在着自流放任与强迫命令的偏向"，并指示"在今年的生产建设运动中，必须加以纠正和克服"。[1] 4月3日，晋绥边区行政公署发出关于春耕几个问题的紧急指示，提出在组织变工组时首先要清算旧账，同时坚持自愿民主、公平合理的原则，采取"耐心说服，典型示范"的方针，并重视小组长的推选问题。《抗战日报》于1944年5月18日、1945年5月22日先后发表社论提出了"纠偏"的具体方法。

从思想教育入手。如×县因刚开始组织变工组时大多流于形式，于是决定召集40余个区县干部进行思想教育工作。他们开了8天会，第一、第二天由各区干部详细报告了典型村子的材料及其经验教训，之后又报告了春耕中各项工作中所发生的实际问题、解决办法与干部的思想。在讨论中，根据本区的情况，密切联系到自己的经验教训，进行思想反省。[2] 兴县五区郑家塔村分队长尹增乾1945年未参加变工组，1946年在村扩大会上经教育与反省后，回到村里就积极参加变工组进行生产了。[3]

转变领导方式。干部到每个自然村后必须切实了解生产情况。全村各阶层的土地、劳动力、畜力的分配如何，阶级关系如何，生产的中心问题是什么，是劳动力畜力不足还是土地不够种，有无荒地，哪些人是生产的积极分子，哪些人生产技术较好，二流子、退伍军人各多少？生产情形如何，以及各阶层对互助合作的认识如

---

[1] 晋绥边区财政经济史编写组、山西省档案馆编：《晋绥边区财政经济史资料选编》（总论编），山西人民出版社1986年版，第485—486页。
[2] 晋绥边区财政经济史编写组、山西省档案馆编：《晋绥边区财政经济史资料选编》（农业编），山西人民出版社1986年版，第199页。
[3] 《克服生产领导上的自流问题》（社论），《抗战日报》1946年4月23日。

何，等。① 了解实际情况后，再决定领导方式。岚县后沟村 1946 年春耕变工组垮台，区干部冯希复回村后，立即召开村干部会检讨垮台的原因，并用算账教育以本村扩大耕地 600 亩要多用 1800 个人工的事实说明不组织变工组有完不成夏锄任务的危险。继而经过与农会研究，决定干部和农会会员每人动员 3 人，结果组织起 3 个变工组，22 户 15 天锄完谷及稻黍地 445 亩。② 变工组建立后，要民主选出组长。岚县界河口行政村各自然村干部在纠正自流偏向时，均加入变工组中作为组员，由群众民主选举组长，若干部被选中，则在群众中另选一个副组长。村干部一方面通过变工组进行调剂土地、互济籽种、解决纠纷、文化教育、抗优等村政工作，另一方面也自然成为领导全村群众进行互助合作的中心力量。③ 干部必须深入变工组中去，根据小组情况共同讨论具体的实施办法。保德县铺房塌、郭家峁两村组织变工组时，村干部首先发动群众酝酿，了解群众各自的情况后开会检讨过去变工组中存在的问题，重新规定了记工折工的办法，精耕细作和开荒同时进行，变工组中抽出 9 个劳动力开荒，耕地采用双牛耕。这样一来，群众生产情绪高涨，参加变工组的比例高达 75%。④ 经常检查变工组的工作。岚县界河口行政村的做法是：先由各自然村找出好、坏各两个组作典型报告，然后由其他村作补充，通过大家评议的办法，最后选出王能成领导的组为模范变工组，并在总结会上奖给该组组员绣有"模范变工组"红字的手巾每人一条，成为大家学习的榜样。群众变工情绪随之高涨，过去组织不好乃至受到批评的小组也干劲十足了。⑤ 在检查中发现问题后，必须深入研究其原因并采取适当的纠正办法。临南县

---

① 丁岩：《怎样组织与领导变工队》，《抗战日报》1943 年 9 月 9 日。
② 王林：《岚三区干部注意加强夏锄变工》，《晋绥日报》1946 年 7 月 19 日。
③ 岚县讯：《岚县界河口村干部克服自流努力发展变工》，《抗战日报》1946 年 5 月 3 日。
④ 岳来荷：《保德白玉泉检查变工，着手纠正自流现象》，《抗战日报》1946 年 4 月 19 日。
⑤ 界河口通讯小组：《深入检查变工，界河口选模范变工组》，《抗战日报》1946 年 6 月 25 日。

劳动英雄李汝林所在的村某变工组，由5人伙买一头毛驴而组成。组内有1个二流子苦水差，1个中农自私怕吃亏。于是，后者鼓动二流子说："你的地少，变工吃亏哩，而况一个毛驴也耕不过全组的地，算了吧"。其他组员一听，不高兴地说："既是这样，你一个人把驴并了去吧。"这个中农果真把驴并了，小组就此垮台。李汝林得知此事后，先找小组长检讨了垮台的情形，又找那个中农谈，然后让两人在一起将事情说清楚。另外又分别找其余3个人谈话，征求了意见，做了解释。最后把5个人同时找来，大家讨论说："怕地耕不过是实情，咱们想办法再朋伙朋买头驴，将来也入运输队，抽出人来赶驴。"后来又买了一头驴，不仅将所有的地耕完，而且地少的人也有事可做。这个组开始得到巩固，组员之间也能够团结互助了。① 为了进一步巩固变工组织，干部布置工作要抓中心。临县五区窑头村1945年春耕变工自流后，区村干部认真检讨变工垮台的原因：没有民主的依靠群众、没有团结积极分子等。事后采取"团结积极分子、抓中心创造经验"的办法，变工组得以重新建立。全村11个雇工中就有10个组成3个变工组，买到3头牛后外出开荒了。② 当然，在必要的时候，也可对变工组组长或队长进行训练。训练的方式可由当地劳动英雄与有互助合作经验的老农集合三五个变工组组长或队长召开座谈会，大家可以很自然地研究与交换经验，提出问题并解决问题。村级或以上领导机关要经常推动并协助这样的训练，把领导劳动组织成为其工作的中心之一。③

采取灵活多样的组织形式。互助合作的组织形式不宜拘泥于某一固定形式，对于亲戚朋友之间朋伙、伙种、安庄稼等传统模式亦应予以鼓励，不反对但也不强调提倡与现实并不相符的大变工、合作农场等高级形式。从容易为群众接受的互助合作形式做起，在普

---

① 一平：《通过具体的领导才有真正的民主自愿——李汝林组织变工的经验》，《抗战日报》1945年5月22日。
② 由前民：《按本村实际民主解决问题，窑头重整变工组成功》，《抗战日报》1945年4月23日。
③ 新华社延安电：《生产运动中的经验点滴》，《抗战日报》1944年3月21日。

及过程中要逐渐提高，使其得以巩固。普及应基于群众需要与自愿，提高应始于原有基础，两者都不能脱离现实条件。在坚持自愿原则的同时，必须对群众进行说服教育。① 1944 年组织变工组时，一些干部强迫农民进行全村式的大变工，形式上组织起来了，实际上是自流。如偏关二区舍身崖自然村，干部在群众大会上要求进行全村大变工，但结果还是各做各的；郝家山村开大会斗争不参加变工者，影响了群众的生产情绪。② 由此可见，对于互助合作形式的选择，务必因地制宜、灵活多变，切勿"一刀切"。

  完善基层生产机构。成立村级生产委员会或小组，也是纠正偏差的具体办法之一。村级生产委员会的任务是组织领导群众变工，解决其中的问题与争议，提高变工组的质量，同时解决群众的生产困难、推动按时下种与研究精耕细作等。为使生产委员会真正能起作用，除村中劳动英雄、耕作有经验的老农参加外，主要干部如村长、村主任、农会干部及民兵队队长等也必须参加，而且要成为生产委员会或小组的骨干。这些干部在生产领导中，除自己参加变工组努力生产外，还要耐心领导群众生产。如兴县四区大部行政村生产委员会经常领导生产，自然村有生产小组。参加委员会或小组的干部，能按工作性质如变工、种棉、改造二流子、纺织等进行具体分工，经常到群众中去推广经验。二区李家湾村生产委员会除村长、农会秘书参加外，还吸收老农及劳动英雄参加，每半月开会一次，专门讨论生产中的问题及精耕细作等。在棉花下种前，李家湾村生产小组还召开紧急的群众动员会，推动变工组的建立与发展，并且帮助解决了几户棉籽困难的问题。③

  经过纠正，组织变工组中出现的强迫命令和自流等形式主义的偏差逐步减少，晋绥边区的农业互助合作运动渐次步入健康、快速发展的轨道，"不仅对农村的经济模式带来了基本的变化，为持续

---

① 晋绥边区财政经济史编写组、山西省档案馆：《晋绥边区财政经济史资料选编》（总论编），山西人民出版社 1986 年版，第 723 页。
② 偏关县委：《偏关县 1944 年夏锄工作总结》，偏关县档案馆，1—1—27—4。
③ 屈健：《加强村级生产委员会的工作》，《抗战日报》1946 年 5 月 12 日。

的经济增长创造了可能性，而且使那些与世隔绝的乡村感受到了社会政治变革的浪潮"①。无可否认，互助合作开展较为成功的地区，不仅受个体利益支配的小农经济受到冲击，而且整个乡村社会甚至走向革命性的变迁。

四 启示

通过对互助合作动员过程中出现偏差现象的分析，笔者认为偏差现象的发生是多种因素共同作用的结果。它不仅仅与当时的社会背景、农民心理等诸多外在因素相关联，党领导的失误应为其中最为重要的因素。这不能不给当今"三农"问题的解决以重大启迪。

第一，主观认识与客观实际的统一。抗战进入相持阶段以后，尤其是1941—1943年，无情的自然灾害加上日军的疯狂扫荡，使根据地面临空前严重的困难。在如此困境下，动员农民积极投身生产，无疑是正确的。然而，"大规模的组织的发展产生了人所熟知的官僚主义问题"②。不少干部为了邀功，简单主观追求数目字，鼓动甚至强迫农民尝试不结合实际的全村"大变工"乃至大型合作农场，结果使得许多互助合组织流于形式。此种专断的官僚主义行为致使主观的臆想并未成为现实。因此，在今后的经济建设中，找寻适合国情的方式方为社会进步的"良药"。

第二，传统的延续与变革。在农业互助合作运动开展的初期，中共还是比较重视农民的传统，如尊重旧有的"朋牛"组或"格牛"组。在这种情况下，农民是乐于接受的。可一经扩大规模，农民就感觉不自在，认为集体劳动会影响个人生产。那么，如何改造农民以使其改变传统观念呢？笔者认为，在尊重农民的传统时，一方面要延续其合理的成分，因为"只有那些由农民自己自由发起的，其好处经他们在实践中检验过的联合才是有价值的"③，只有这

---

① [美]马克·赛尔登：《革命中的中国：延安道路》，魏晓明、冯崇义译，社会科学文献出版社2002年版，第237页。

② [美]道格拉斯·C.诺思：《经济史上的结构和变迁》，厉以平译，商务印书馆1992年版，第201页。

③ 《列宁全集》（第二十九卷），人民出版社1956年版，第18页。

样才能提高农民互助合作的兴趣。另一方面要因势利导，要在给予农民最现实利益的前提下，顺势将其引导到现代化的道路上来。

第三，党的自身建设。在乡村社会中，外来干部对于农民来说，有时不仅是行事的"导航灯"，而且是塑造自身形象的一面"旗帜"。然而在互助合作运动的实践过程中，不少农民抱怨干部自身素质差，不是强迫命令、教条主义、官僚主义作风，就是自私自利的个人主义。这种情形不仅发生于中共建党之初、抗战和解放战争时期，而且在后来的历次经济和政治运动中屡有发生。它不仅影响土地改革运动、互助合作运动、集体化运动和人民公社化运动的正常发展，而且成为诸如"三反"、"五反"和"文化大革命"等政治运动过火的重要因子。加强党的自身建设，培养党员优良素质是关键的一步。对于沾满农民落后、迷信、自私气息的干部尤其是基层干部，灌输革命思想非一日之寒，必须对其进行深入的革命教化与严格的业务训练，而且要使其在工作实践中不断提高自己，以应对革命形势与社会变化。

第三节　互助合作中群体心理之分析

尽管中共和抗日民主政府一再强调加强对互助合作的组织与领导，要求真正将农民"组织起来"。但是，"对于绝大多数农民来说，被灌进脑袋里的新意识形态观念和意识并不可能真的在几年内被消化吸收"[①]。在实际的组织与动员中，不但普通农民，就是服务于党的农民干部和积极分子也并非简单屈从于"组织起来"的号召，各阶层心理与动机不但互异而且显得异常复杂。

一　基层干部群体心理的深描

作为政策执行者的基层干部在动员与组织普通农民参与互助合

---

① 张鸣：《乡村社会权力和文化结构的变迁（1903—1953）》，广西人民出版社2001年版，第151页。

作的实践历程中,对于"组织起来"的认识并非完全符合中共革命意图。不少干部对"组织起来"认识不明确,因而在动员过程中秉承"一般号召、调查登记、普遍组织"的流水程式。也有干部反映:"人家都愿格牛不愿变工,咱们也不知道怎变哩!"① 于是,就将"组织起来"等同于动员农民组织格牛组,而格牛组在民间业已存在,因此认为"组织变工很容易"。还有干部认为"公家多管闲事,干部不组织,群众也会变工"②,"只要号召一下,求得数目字就可以了"③。诸如此类对"组织起来"的模糊认识,使得干部心理变化万端。临县互助合作运动中干部心理的变化就是一个典例。

1944 年春耕,临县干部心理变化大致经历了三个时期。在春耕初期,剥削与应付心理普遍存在。五区区干部任君贤租种 12 亩好地,借口与群众变工并承诺在锄草时还工,而实际是让群众代耕,变相剥削其劳动。桦林村在组织变工组时,干部只进行简单动员,依靠传统朋牛习惯或以贷粮诱惑群众参加变工组。任家沟村亦如此,当县级干部来村检查时,群众以假组长与临时变工的方式加以应付。为此,县委于 4 月 20 日召集各级干部进行工作检讨,同时学习《论合作社》《组织起来》《敌后军民的道路——张初元劳武结合》《温象栓的变工经验和领导方法的决定》等重要文件。之后,部分干部对"组织起来"有了较为深刻的认识。四区兔坂村和水槽沟村,干部动员群众纠正了以往将牛主充任变工组组长的错误做法,并且进行民主选举组长。三区玉荐村经干部动员和教育群众后,重新组织变工组,使牛主把变工组领导权归还群众,从而彻底改造了原来由牛主支配、带有剥削性质的形式主义变工组。但是,在应付心理有所改变的同时又产生了理论与实践、公与私相脱节的错误心理。五区区干部冯浩源制订阳坡村工作计划时规定在 26 天中 10 天用于专门教育群众、10 天用于专门开展生产工作,结果导致

---

① 《宁武县 1946 年生产工作的几点意见》,山西省档案馆,A138—1—26—6。
② 《河曲县生产工作总结》(1944 年),山西省档案馆,A137—2—10—1。
③ 晋绥边区行政公署:《晋绥边区的劳动互助》(1944 年),山西省档案馆,A90—5—6—1。

从理论上教育群众与在实践中领导群众生产产生相脱节的不良现象。三区玉荐村抗联主任刘克斌则怕领导群众生产影响自己发财，因之对变工组生产表有疑虑且不放心让组员使用其即将下崽的母马，致使集体利益与个人利益发生冲突，影响了"组织起来"的正常运作。为此，县委召集各级干部再次进行检讨与反省，前述错误心理才基本得以纠正。二区桦林村组织开荒队的经验不仅得到本区8个村干部的认可，而且影响玉荐、窑塌、窑头等村干部在开荒队的基础上组织全村大变工，使"组织起来"有了具体的内容。然而在"组织起来"深入开展的同时，部分干部夸功自傲心理滋长。桦林村在曹生树领导下开展互助合作运动后，"民兵大队长贺祯喜被选为民兵英雄，曹就说贺是他培养起来的干部，生产工作是他自己搞起来的"①。此种思想的滋生无形之中影响了"组织起来"的实效。

通过对1944年临县互助合作运动中干部心理的深描，不难发现干部心理在具体的工作实践中变化万端。从自私、应付转而至功利心理的萌发，无不凸显出种种复杂态相。面对党政策的压力与群众生产情绪的高涨，干部心理不时发生扭转。在向互助合作核心角色的转化过程中，一再显示出其并不成熟的资质，干群之间的矛盾也无时不在，并非趋于苟同。

1945年抗战胜利后，随着时局的骤变，干部心理变化尤为显著。非但旧有的顾虑再现，新的顾虑亦大量涌现。这些新、旧顾虑在1946年春耕时相继迸发。其一，"私"高于"公"。不少干部认为战时领导群众生产是替"公家办事"，而战争结束后就应该考虑自身生产事宜，因此"私"高于"公"的心理凸显。兴县蔡家崖村中队队长说："和平了，咱可好好生产翻身吧"；小善村村干部则说："咱领导群众生产吃亏吃倒塌了。"② 临县三区永丰村村长、区

---

① 临县县政府：《临县生产工作总结》（1944年），临县档案馆，62—2—22—7—2。
② 《一分区春季生产工作总结》（1946年），山西省档案馆，A98—1—34—1。

干部和他研究生产尚未完结就返村回家。① 兴县杨家坡8个生产委员只有2个下乡；高家村生产委员王金全下乡组织变工组一夜开了两个会，第二天一早便跑回去；蔡家崖村没有建立生产小组，委员胡三孩下乡，一天开了4个会，上午妇救会，下午干部会、农救会，晚上群众会，问题尚未解决，第二天就回去了。② 究其原因，从干部方面来讲，"在抗战的几年中有许多干部自己的生产被工作挤掉了，而他们的生活水平日趋下降，公粮有多少就出多少。又因民族敌人当前，一心一意与敌人斗争。而如今民族敌人——日本帝国主义已被消灭，和平已经开始，公粮亦实行通常产量，唯恐其产量赶不上通常产量。故在自己生产与领导生产这一问题未得到解决之前，自己生产挤掉领导生产是必然的"③。这种"私"高于"公"心理现象的发生，使得干部往昔"无私"的道义价值观明显打上了"自私"的理性印记。

其二，放任、抵触心理显现。一般村干部和一部分区干部到村后发现群众生产情绪颇高，"一家作甚都作甚"，认为要领导生产就得多开会反而耽误群众生产时间。临县三区干部在领导群众种棉时，因为1945年一味强调浅种而未捉苗，所以1946年种棉时发现群众深种也没有提出意见，结果导致棉花种植失败。该县六区不少村干部"宁愿背一天石头，也不愿领导群众变工"，七区部分村长"宁愿领导修建公路也不愿领导生产"④。岚县不少干部则认为："日本人在时扰乱得不行，不领导不行。今年日本人走了，实行民主了，还要领导吗？"⑤ 宁武县部分区村干部亦如是说："和平啦，还再惹人？"⑥ 干部此种放任、抵触心理实际上使革命化的"组织起

---

① 临县县政府：《临县四六年春季生产工作总结》（1946年），临县档案馆，62—2—57—11—1。
② 《一分区春季生产工作总结》（1946年），山西省档案馆，A98—1—34—1。
③ 临县县政府：《临县四六年春季生产工作总结》（1946年），临县档案馆，62—2—57—11—1。
④ 同上。
⑤ 《岚县春季工作报告》（1946年），山西省档案馆，A139—1—20—1。
⑥ 《宁武县三个区的生产初步检查》（1946年），山西省档案馆，A138—1—26—5。

来"回归到民间互助合作组织的自发性、无组织性状态。

其三，不谙世事心理表露。临县个别区干部，群众询问："和平后南北（指国民党与解放区）互相往来交通这是什么意思？"他答："国民党地区没有减租，咱这儿要大闹生产。咱去那里减租，他们来咱这里生产。"又一区干部在村召开村干部会议上，答复不了"既是和平，为甚还打"的问题时，立即说："多时了，散会睡吧！"自己首先就睡下，别人看见是这样，也就散了会。三区区干部回县开完会回区里，走到半路有一村干部追来说："你们就走呀？（指国民党将要来，区干部撤出的意思）怎么还不告我呢？"① 干部这种漠视时事变化、不谙事态发展的心理，加剧了群众内心的恐慌与不安，致使"组织起来"陷入困境。

二 农民群体心理的泛化

尽管革命洗涤了传统社会的尘埃，农民固有的缺陷仍然在一定程度上存在着。从"组织起来"运作过程中体现出的农民复杂多变的心理就足以证实这一点。

不少农民认为"组织起来"是"公家的事"，应付心理油然而生。如1944年春耕时，岢岚县农民普遍认为："公家每年都是号召生产，动员组织变工，过去就完了，组织不组织，还不是那么一回事！"② 该县某村组织变工组时，有些农民就认为："号召生产变工，一年都有一次，到春天公家动员一次，大家应付一下就算了。"③ 临县二区杜家沟自然村组织变工组时，干部仅召集农民开会登记参与的人数就算完事。结果农民反映说："今年和往年仍旧一样，公家不来'组织'老百姓也是一样要朋牛耕地的。"还有的农民认为"仍是和往年一样，只是春季耕地临时凑合一下，把地耕过就算了，不是什么长久之计，耕完地后，还是各作各的"。抱着此种心理，

---

① 临县政府：《临县四六年春季生产工作总结》（1946年），临县档案馆，62—2—57—11—1。
② 《岢岚县生产总结》（1944年），山西省档案馆，A139—1—43—5。
③ 岚县讯：《岚县两个模范村干部组织全村参加变工》，《抗战日报》1944年5月16日。

在变工组出现问题后，不少农民认为："忍耐一时，应付过去，耕完地就散伙，再个人作个人的吧，犯不着提出问题和得罪人。"① 从中得知，农民内心固存之"面子"观在短期内难以改变。当然，不可否认的是，农民政治思想觉悟的提高同样非"形式主义"动员所致。

与此同时，由于农民群体内部并非整齐划一，贫富有别的现象不同程度地存在。在变工组内，这种现象被认为是"穷人与富人的斗争"②。换言之，传统小农经济体制下农民自私心理在"组织起来"这种事关切身利益的革命化运动面前显得更具生命力。河曲县1944年春耕组织变工组时，有牛的中农、富农怕吃亏，特别是富农怕互借，怕暴露隐瞒的土地，对互助合作采取应付或逃避的态度。贫农也不积极参与变工组，原因是："自己地少，没可占的，尽给人家动弹，又感掌柜太多，又怕长下工不给工钱或不给现钱。"③ 岚县某村富农刘佩荣认为"变工互助是想从我们身上找便宜"，如说："要变工也可以，我有两条大牛，谁家的牛赶上我的牛，我就和谁变。"④ 岚县阎家湾村富农李闹红则说："今年闹变工，咱不变，变起来，还不是咱吃亏？那些贫民贫了几辈子，还叫他翻身，能翻得了？"⑤ 在这种思想顾虑之下，地主、富农结合起来变工，不要穷人、二流子，挤兑干部。岚县一区后泽坪村地主韩殿英找了几个地主、富农、自家的人变起来，不准别人参加，实际上是应付变工；范家口村地主范有保也是寻找富农变工，外加几个种地很少而且对他忠实劳动的贫农。为了劳武结合，又吸收一个能为他掌握的民兵，一般穷苦的人不准参加。⑥ 农民表面自私实则理性的心理由此

---

① 晋绥分局调查研究室：《组织变工中一个形式主义的例子》，《抗战日报》1944年5月18日。
② 束为、韦明：《白改玉村变工组的检查与整顿》，《抗战日报》1944年6月8日。
③ 《河曲县生产工作总结》（1944年），山西省档案馆，A137—2—10—1。
④ 岚县讯：《岚县两个模范村干部组织全村参加变工》，《抗战日报》1944年5月16日。
⑤ 《岚县春耕工作报告》（1944年），山西省档案馆，A139—1—6—1。
⑥ 《岚县生产材料》（1945年），山西省档案馆，A139—1—6—3。

可见，并不断被强化。这在一定程度上体现为对"共产"的心理畏惧。保德县西山头村高开小见劳动英雄从边区开会回来，就对村里群众说："劳动英雄是公家欺骗他们，专叫往死受，打下粮食还不是公家的？村里有劳动英雄，多出几石公粮。"① 偏关二区群众最初认为变工就是"共产"，在集体开荒时觉得变工还不错；及至夏锄时，普遍相信变工能提高效率，不过心中仍有疑虑；等到夏收之后，粮食还是收回各自家里，这时才真正相信变工不是"共产"。②

然而，农民理性心理的存在并不意味着他们会为理性而牺牲一切。正因如此，农民怕冒尖的心理也是比较突出的。一般而言，"在受地主压迫和革命所带来的高风险之间，农民比较和算计参与革命所付出的代价和带来的收益。他们的选择是基于其当下的生存境遇作出的。在这一过程中，农民的道德价值观念必然影响革命进程"。③ 部分地主和富农因在减租中被斗争，不仅使他们在内心深处产生恐惧心理而不敢大胆生产，还使得一般中农和那些从贫农上升为中农的翻身户也存有这种心理，"怕上升成富农就变了质"④。如岢岚县二区王现庄村抗联主任王登山家里本来需要雇人，但是不敢雇人，怕增资是小事，主要是怕人说他有钱。⑤ 贫富差异促使贫困农民对富有者既心存敬畏，又有均财意识，因之富者则倾向于自贬，以掩盖家财实情，生怕由此而带来横祸。⑥ 这一无法超越传统道德底线的畏惧心理在无形之中影响了生产的正常开展和互助合作

---

① 《保德县四区孙家里典型自然村生产变工材料》（1945年），山西省档案馆，A137—1—10—2。
② 偏关县县委：《偏关县夏锄工作总结》（1944年），偏关县档案馆，1—1—27—14。
③ 王奇生：《革命与反革命：社会文化视野下的民国政治》，社会科学文献出版社2010年版，第194页。
④ 晋绥边区财政经济史编写组、山西省档案馆编：《晋绥边区财政经济史资料选编》（总论编），山西人民出版社1986年版，第723页。
⑤ 《岢岚春耕工作总结》（1944年），山西省档案馆，A139—1—43—1。
⑥ 李金铮：《土地改革中的农民心态：以1937—1949年的华北乡村为中心》，《近代史研究》2006年第4期。

的巩固与提高。

除道德因素外，农民固有的太平、散漫心理并未因"组织起来"而得以根除。1945年正月，岢岚县梁家会村劳动英雄马侯儿动员民兵进行劳武结合，民兵却普遍认为："张初元住的离敌人太近，他不打仗也不行。咱们是庄稼人，用不着学那个。反正日本人离咱们远着哩！"① 临南县张家塔村自1944年三交镇日军被挤走及1945年春方山县收复后，一般群众滋生太平观念，把清室空野时搬走的东西大部分搬回，晚上脱衣服睡觉，致使劳武结合趋于停滞。结果，在阴历二月二十三日大武镇之敌突然到来时，群众毫无准备，被敌人抢了好多东西，还被拉走牲口十余头。② 在太平心理延续的同时，农民心灵深处的散漫心理亦不同程度地存在着。宁武县张初元村在拔掉敌据点之后，"一连几个月平安无事"，于是群众都说："敌人来不了，劳武结合个甚？地也不怕锄不完，各自家慢慢锄吧。"③ 方山县糜家塔村杨有贤变工组在送粪时，前两天组员们都比较积极，可是到了第三天就有人背地里说："变工和不变工一样，咱给人家送一早起，人家给咱送一早起。各自给自己送的话，愿迟起就迟起，愿早起就早起，叫是变工就非去不行"。④ 这一番话，无形之中流露出农民内在的散漫难以适应组织的约束。

此外，由于对革命缺乏真正的认识，农民对共产党的信心自然不够坚定，当革命形势转为不利时，农民往往发生动摇。⑤ 此时的农民极易产生"变天"心理。神池县1946年春耕组织变工组时，一些特务分子造谣说："八路军走呀，旧军顽固回来呀"，地主乘机煽惑人心说："算了的账到头还得重算一下"。特务坏分子造谣，加之阎军不时出扰以及被清算者的威胁，加剧了民众害怕变天的心理。一部分善良

---

① 《岢岚梁家会生产变工组调查材料》(1945年)，山西省档案馆，A139—1—45—5。
② 《临南五区张家塌半年工作总结》(1945年)，山西省档案馆，A147—1—70—2。
③ 张承武、富闻：《张初元同志怎样发展了劳武结合》，《抗战日报》1945年1月11日。
④ 戈润生：《新解放区组织变工经验》，《抗战日报》1945年5月9日。
⑤ 王奇生：《革命与反革命：社会文化视野下的民国政治》，社会科学文献出版社2010年版，第194页。

的农民在清算回土地后不敢耕种,而是等待形势的变化。① 偏关县北场行政村 1945 年冬减租后,由于干部和群众对时事认识不清一味听信破坏分子"变天"谣言的欺骗,使得 1946 年春耕时大部分群众不安心生产,滥吃滥喝现象普遍存在,甚至有 5 户减租户卖地卖牛。如马旺三十多垧地卖得只剩十来垧,整天东跑西逛,不事生产。另一部分群众则抱着种一年是一年的消极态度,将变工及其他工作束之高阁。② 该县窑子上村地主为破坏春耕而造谣:"边墙上河西顽固活动得可厉害哩,这时候有今儿没有明儿,可不敢!"这些谣言加深了民众的"变天"心理,致使"变工搞不起来,组织起来就垮了"③。兴县五区彰和墕村地主郭富泉则说:"如今的世事就是先甜后辣的时候,你看前一二年叫你们(贫农)欢喜买地,这是先甜;今年把资产米取消了,你们还不是咱村的头头,今年出公粮就数你们多,这是后辣。"④ 守旧地主对中共政策如此恶意攻击,无疑影响农民生产情绪,致使该村"组织起来"处于停滞状态。

上述可见,农民复杂心理的形成是互助组的革命化与革命化的互助组相互作用的结果。"互助组是农民大众们所熟悉的一种合作方式,是对土生土长的传统的一种创造性的利用。"⑤ 但一经制度化,就与小农一直以来的狭隘心理无法一拍即合。"对于人类行动者来说,可能和普遍的情形是,他能够想象在此刻既不现实又不可能的行动方式。"⑥ 面对外来干部的压力,农民们既不敢公开反抗,又不满于制度的约束,因而表面上要因碍于面子而参加互助,实际

---

① 神池县抗联:《神池县春耕生产工作总结报告》(1946 年),山西省档案馆,A138—1—13—3。
② 常佩礼:《去年减租未打通群众思想,今春连变工都停顿了》,《抗战日报》1946 年 6 月 23 日。
③ 张维业、王政:《偏关城关窑子上村干部深入进行教育,十家佃农团结减租》,《晋绥日报》1946 年 7 月 25 日。
④ 《一分区春季生产工作总结》(1946 年),山西省档案馆,A98—1—34—1。
⑤ [美] 马克·赛尔登:《革命中的中国:延安道路》,魏晓明、冯崇义译,社会科学文献出版社 2002 年版,第 237 页。
⑥ [美] 詹姆斯·C. 斯科特:《弱者的武器》,郑广怀等译,译林出版社 2007 年版,第 46 页。

上在打自己的小算盘。诚如著名作家陈学昭对陕甘宁边区农民所描述的那样:"在政治上,他们很快地进步了,但是在文化上,还非常落后。……因为文化低落,虽然政治飞跃地进步,可是在他们性格上或生活习惯及别的方面,还有黑暗的一部分力量,非常自私偏狭排外,关门。"① 这种落后的思想意识根深蒂固,并非一朝一夕所能改变。

三 利益驱动下群体心理的革命化

如前所述,在"组织起来"的实践运作中,无论是基层干部还是普通农民,均对互助合作运动持有一种潜在的抵抗甚至怀疑心理。由此推之,难免会有人质疑"组织起来"的功效。此番推理,貌似合乎逻辑,但实际上难以立足。正如有学者所言:"'无问题'与'成功',或者说'有问题'与'失败'之间并不存在着必然的因果关系。"② 同样地,"有问题"的"组织起来"的确在建构新式基层政权并进而确立中共合法性权威方面取得了"成功"。因为"一个有效的劳动组织的标志就是组织的经济目标与个人的心理需要能够得到较好的结合"③,而作为受益于革命恩赐的贫雇农干部及贫雇农自身,"组织起来"带来的物质利益与其心理需求在某种程度上产生了共鸣。

晋西北革命根据地在互助合作中涌现出一大批家喻户晓、闻名于各个敌后根据地的劳动英雄,如张初元、温象栓、贾宝执、张秋林、白改玉等。他们形成一个特殊的群体,在受益于革命的同时又将自己融入革命之中。温象栓的例子就很具有典型性。据《解放日报》报道:"温象栓过去是一无所有的穷人,一家十几口人,只有八垧地,生活是很难维持的。"然而,"新政权建立后……在政府的帮助下,买了地主杨家七十垧地,温家二十垧地"。在获得生产资料之后,1943年他提议在村内建立9个变工组,从春耕一直坚持到秋收,取得了较大成绩。不仅全村在一年内增加耕地200垧、粮食

---

① 陈学昭:《延安访问记》,香港北极书店1940年版,第307页。
② 齐小林:《当兵:华北根据地农民如何走向战场》,四川人民出版社2015年版,第457页。
③ 李秋洪:《中国农民的心理世界》,中原农民出版社1992年版,第124页。

162 石、劳动力 10.5 个、棉花 182 斤、牛 4 头、羊 30 只、猪 8 口、纺妇 8 名，而且就他自身而言，生活水平得到显著提高，能够"时常吃糕吃肉"。但他并未因此而忘本，他说："咱是从穷人来的，咱知道穷人的苦，咱现在好了，就得帮助穷人也和咱现在一样"。[1] 从中得知，像温象栓这样的劳动英雄不但是农村生产发展的极力倡导者，而且成为中共塑造的新式乡村精英，"他们同时被卷进一个革命的进程里，受恩于一个革命的政党，并顺从于一个新的革命性政体"[2]。正因为如此，他们积极响应中共的号召，组织全村进行变工生产，努力打造模范村、模范乡，将集体思想融入农民的内心深处，从思想上改造了农民、改造了农村社会，进而使中共在乡村社会的合法性权威得以确立。

即便对于贫雇农自身而言，互助合作亦使其受益颇多，详见表 3-4、表 3-5。

表 3-4　　　　岚县阴寨村 1943 年各阶层生产统计

各阶层	地主	富农	中农	贫农	商人	雇工	其他	合计
户数	1	1	12	16	3	3	9	50
种地	25	4.5	404	209	14	9.5	30.5	696.5
产量	5.5	1.3	152.6	67.13	4.07	2.25	6.125	238.975

表 3-5　　　　岚县阴寨村 1944 年各阶层生产统计

各阶层	地主	富农	中农	贫农	商人	雇工	其他	合计
户数	1	1	12	16	3	3	9	50
种地	13	25	439.5	283.5	28.5	21.5	77	888
产量	6.5	12.5	220.05	133.95	14.25	9.9	36.7	433.85

注：其他是指移难民、二流子、退伍军人等；土地单位为垧、粮食单位为大石（相当于 2 小石）。

资料来源：《岚县春耕工作报告》（1944 年），山西省档案馆，A139—1—6—1。

---

[1] 新华社晋西北 25 日电：《晋西北劳动英雄温象栓》，《解放日报》1944 年 3 月 29 日。

[2] 周锡瑞：《关于中国革命的十个议题》，载董玥编《走出区域研究：西方中国近代史论集粹》，社会科学文献出版社 2013 年版，第 187 页。

第三章 互助合作的动员机制 / 163

通过对比表3－4、表3－5，在全村各阶层户数不变的前提下，较之1943年，1944年各阶层除地主外，耕种土地均有所增加，其中富农、中农、贫农、商人、雇工及其他增加数额分别为20.5垧、35.5垧、74.5垧、14.5垧、12垧、46.5垧。很明显，贫雇农及移难民、二流子、退伍军人增地较多。从产量方面来看，地主、富农、中农、贫农、商人、雇工及其他增加数额分别为1大石、11.2大石、67.45大石、66.82大石、10.18大石、7.65大石、30.575大石。同样地，贫雇农及移难民、二流子、退伍军人增产幅度较大。由于这些新翻身者从互助合作中获得直接利益，其心理变化日渐趋向于中共革命意图。因减租而翻身的岚县毛窝村劳动英雄张庆圪丁高兴地说："现在生产，组织起来，我们穷人结成一个团体……毛主席叫咱生产，组织起来给咱们想办法，不怕那些灰鬼（指富人们）。要知道人家富人也是一个团体，他们说的好，实际不干，咱们穷人说干就干……现在的天下是合理公平，对大家都好，有吃有穿，公公道道……我看这个社会（指根据地）是再好没有了，毛主席的生产办法，像今年这样布置卜去，冉布置三二年，大家都是拍手笑。那些富农死脑筋，今年不开，明年后年总要开，一定要找我们团结（参加变工）。"[①] 革命场景下的典型话语虽然有时难免言过其实，但因利益刺激而被动员起来的积极分子已经无法控制自己的情绪。因为"当革命从中产阶级蔓延到社会下层时，理性对本能的支配也就相应地终结了，转而变成了本能支配理性"[②]。从张氏自身来讲，其"本能"的体现就是对旧社会不平等现象的愤恨。一旦这种愤恨得以宣泄，他就极易被卷入革命之中，并且义无反顾地忠于革命。

以上分析表明："随着农民被组织化的程度提高，农民集体化

---

① 《岚县春耕工作报告》（1944年），山西省档案馆，A139—1—6—1。
② ［法］古斯塔夫·勒庞（Gustave Le Bon）：《革命心理学》，佟德志、刘训练译，吉林人民出版社2011年版，第37页。

的倾向逐渐显著,已然引起若干心理上的变革"①,此即"群众从集体劳动中,日渐提高了团结互助、互相照顾的集体观念"②。神府县一区王家峁村变工队队长讲到他的变工队情形时说"我们的队员都感到有兴趣、'红火',我们可以团结合作到底";邱家塌村变工队队长对记者说:"咱们村内变工队没问题,小队的困难尽力帮助解决了,地亩不一样,可采取工变工的办法;吃饭稠稀,大家也很能互相照顾,团结得很好。"③ 临县五区窑头村刘成仁变工组在耕种完毕后,全组9人8.5个劳动力集体去附近的海子头村开荒。大家争先恐后地劳动,地块平的用牛耕,其余的用镢头掏;自带小米、炒面,集体吃饭,其中,贫农刘宝元的炒面质量最差——黑豆多、未炒熟,大家便把他的炒面与其他人的搅和在一起吃。④ 这些互助与集体行为不仅提高了农民的生产情趣,而且部分地改变了其固有的自私观念,集体意识得到提高。

概言之,晋西北革命根据地互助合作运动的开展体现了革命者与被革命者之间的反复博弈。不同群体在互助合作实际运作中所表现的心理都有所不同。革命并非面面俱到,也不可能将各类群体完全囊括在已设制度之中。为此,中共一方面以"运动"的手段自上而下地组织农民,将政党或政权行政权力由上层垂直嵌入下层,亦即将基层社会纳入其预设的权力网络之中。正如有学者所指:"合作化运动值得注意,因为这是共产党第一次在乡村基层积极地介入生产活动这一农民生存的核心地带。"⑤ 另一方面"政党下乡"之后,将"阶级"这个具有强烈政治色彩的概念植入基层社会不同群

---

① 张孝芳:《革命与动员:建构"共意"的视角》,社会科学文献出版社2011年版,第135页。
② 甄章、白日璋:《刘地旦和杨家坪合作社———一个模范小型合作社的介绍》,《抗战日报》1944年10月29日。
③ 神府讯:《神府一区夏锄变工普遍开展》,《抗战日报》1943年7月10日。
④ 晋绥分局调查研究室:《窑头组织变工的过程及其经验》,《抗战日报》1944年5月16日。
⑤ [美]西达·斯考切波(Theda Skocpol):《国家与社会革命:对法国、俄国和中国的比较研究》,何俊志、王学东译,上海人民出版社2007年版,第312页。

体之中，采用"一拉一打"的办法①，即在打击以地主、富农为代表的剥削阶级的同时，扶植以贫雇农为主体的被剥削阶级，藉此将以血缘、宗族、地缘为纽带的传统乡村社会渐次改造为界线分明、阶级差异明显的革命化乡村。正因如此，基层社会群体心理一方面折射出对预设制度的不满，另一方面则表明各种群体试图在制度与利益之间寻求平衡点，并最终实现利益的最大化。随着革命的演进，贫雇农在物质利益的诱致之下，逐渐倾向于革命，并最终成为中共控制基层的依靠力量。

第四节 个案分析：偏关县、岢岚县、兴县

在对互助合作的动员机制进行一般性的描述之后，有必要通过个案分析以窥典型县份的具体运作情况，进而揭示革命动员的复杂景象。之所以选取偏关县、岢岚县和兴县作为样本，主要出于以下几点的考虑。首先，从地理位置来看，三县均位于山区，国民党势力薄弱，便于中共发展党政势力，亦有利于社会经济政策的实施。其次，从行政隶属关系来看，偏关县、岢岚县是抗战时期晋西北革命根据地较为完整的两个县份，群众基础较好，政策的推行力度较大；而兴县则为晋西北革命根据地党政机关所在地，其中心地位不言自表。再次，从社会经济发展来看，三县均较为落后，保留了不少传统因素。正因为有着这样非常相似的背景，从中探讨互助合作运动的动员机制显得更具有典型性。

一 偏关县

偏关县，北以长城为界与绥远清水河县接壤，西临黄河与绥远准格尔旗隔河相望，南与河曲、五寨两县相连，东与神池、平鲁两县毗邻。境内山河交错，沟壑纵横，梁峁起伏，堡寨巍巍，主要有

---

① 陈耀煌：《统合与分化：河北地区的共产革命，1921—1949》，台北"中央"研究院近代史研究所2012年版，第339页。

黑家山、青杨岭、堡角山、邓家山、李家山、大庙山6座山；黄河支流关河、南县川河、北县川河、杨家川河4条较大河流；水泉堡、老营堡、贾堡、桦林堡、万家寨等堡寨。① 由于地处晋陕绥交界，西临黄河，北接长城，是"晋绥边区具有重要战略地位的县份之一"②。该县地瘠民贫，关民习以跑口外、经商为生，农业经济较之商业落后。这样一个相对落后的以山地为主的地区，更便于分析中共革命与乡村社会变迁的关系。

1937年7月全面抗战开始后，偏关县"牺盟会"在老牛坡、城关、楼沟、老营等地建立支部，并派干部到农村进行宣传动员工作。10月上旬，中共北方局派胡一新、郑林、王宝珊从绥南赶赴偏关，随之成立晋绥边特委。10月中旬，八路军一二〇师警备六团亦至偏，随后成立偏关县委。中共晋绥边特委和中共偏关县委成立后，"党组织很快发展起来，党的活动在全县迅速开展。抗日救亡运动轰轰烈烈地展开。各群众团体相继建立，有战地动员委员会、工人抗日救国会、农民抗日救国会、妇女抗日救国会、青年抗日先锋队、儿童团等"③。日军曾于1938年2月、6月两次侵占偏关，均为一二〇师击败后弃城而逃。1939年2月21日，日军调动大量兵力第三次侵占了偏关县城并建立伪县政府。1941年12月16日，日军退出偏关。④ 至此，偏关县完全成为晋西北革命根据地的一部分。

1941年10月，偏关县委召开以减租减息为中心的干部会议。会后，全县开展了减租减息运动，但收效甚微，大多农民无动于衷，普遍出现"明减暗不减的现象"。1942年3月，偏关县委召开干部会议总结检查减租减息工作，决定动员农民深入开展"双减"运动。在西沟村，凡公地、庙地都进行了二五减租（即按原租额减

---

① 牛儒仁编：《偏关县志》，山西经济出版社1990年版，第68、133、135页。
② 《忻州地区革命史实》，中共忻州地委党史办公室1987年编印，第141页。
③ 牛儒仁编：《偏关县志》，山西经济出版社1994年版，第432页。
④ 《偏关文史》（第一辑），山西省偏关县文史资料委员会2008年编印，第107—110页。

25%），但私人的地实行二五减租的为数依然很少。① 1943年12月，偏关县委组织减租减息工作团分赴各村继续开展"双减"运动。经过3个多月的工作，全县地主减租、退租粮食1000余石，回赎土地12000余垧，清算出高利贷现洋25000余元、粮食1000余石、免除旧债粮食280余石，佃户买回土地8000余亩。② "双减"运动的实质性开展，改变了不少贫苦农民的生活状况，其生产情绪空前高涨。二区宋家畔中心自然村农民在减租赎地后高兴地说："这一下把穷根子拔去了，共产党、新政权帮助咱们翻身，可要好好劳动哩！"③

"在减租减息提高了农民生产积极性后，组织劳动互助就成为发展农业生产的重要环节。"④ 1943年12月2日县政府在《关于"怎样做生产建设计划"的初步指示》中就指出："生产的中心一环，是如何组织与调剂劳动力。"鉴于全县劳动力的现实情况，即全劳动力占人口总数的1/5、半劳动力占人口总数的1/6强（妇女占大多数），提出组织劳动互助应注意以下几项：（1）人力与牛力的调剂，全县共有牛、驴6400头（不能劳作的幼崽除外），每畜力耕地31垧强，每畜力开荒3.5亩，共开荒7500垧，变工组中牛以2头即可、人以四五人为好；（2）集体锄地，可增加效率1/3—1/2；（3）组织形式，如进行驮炭、砍草、兴修水利、送粪等方面的互助合作，应抓紧春耕、夏锄；（4）组织对象，如中农与贫农、中农与中农、贫农与贫农、部分富农及经营地主参与等，应视具体情况而定；（5）互助时间，以较长时间为好，但贫苦农民缺乏粮食，依靠打短补助，长期互助是困难，因之须与农贷互济密切配合；（6）人工变牛工、牛工变人工、人工换粮食、牛工贴草料以及补助工资等条件，要照顾当地的习惯，使参加互助的人认为公平合理，

---

① 偏关县委：《西沟行政村调查》（1944年），偏关县档案馆，1—1—67—4。
② 牛儒仁编：《偏关县志》，山西经济出版社1994年版，第12页。
③ 刘仲明等：《宋金狗和宋家畔村》，《抗战日报》1944年10月13日。
④ 武力、郑有贵：《解决"三农"问题之路——中国共产党"三农"思想政策史》，中国经济出版社2004年版，第199页。

而不要从理想出发、主观的规定；（7）劳动互助的贯彻，要照顾到农民的散漫习惯，开始时一定要靠领导与及时检查；（8）动员二流子生产，一方面靠深入的说服，另一方面必须加强督促与检查。①到1944年春，偏关县委积极响应毛泽东"组织起来"的号召，掀起了以变工为主要形式的互助合作运动的高潮。这场运动一直延续至1949年。综合其发展的基本历程，互助合作的动员方式主要有以下几种。

第一种是先开群众动员大会，在干部的领导下进行组织。如二区1948年夏锄组织变工组时，首先召开村支部会议，讨论了夏锄工作，号召无款自贷。草垛山、黄龙池、走马墕3村经村干部下乡开会动员后，男女劳动力全部上地锄草，并组织妇女变工小组、男人变工小组。②东尚峪村1949年春耕组织变工组时，村支书郭大观、党员代表李蕃两家无牛户和干部家属贾有富、青年张三两家有牛户及老年人秦二仁格牛，解决了贾有富劳动力不足与秦二仁缺乏畜力之困难。③

第二种是通过积极分子长时间酝酿与说服教育后进行自由结合而组织。如四区花园村1946年春耕组织变工组时，先开会动员，群众认为"仅几犋牛不能到一块儿耕地，不叫变工，省不下多少工"，因之不愿进行变工。后来区干部玉青、劳动英雄刘万才在群众中宣传变工的好处，根据该村农户实际情况提出"拙工变巧工"（技术调剂）、"取长补短"（人畜力调剂）的变工方式，全村9户组织起2个变工组。④

第三种是党员干部带头组织。如四区于家贝村1949年夏锄时组织起4个变工小组后，由党员李兰拴吸收青年团成员李定小具体领

---

① 偏关县政府：《关于"怎样做生产建设计划"的初步指示》（1943年），山西省档案馆，A136—1—17—1。
② 偏关县委：《二区关于农业生产工作总结报告》（1948年），偏关县档案馆，1—1—113—2。
③ 偏关县委：《偏关县春耕生产总结报告》（1949年），偏关县档案馆，1—1—106—27。
④ 偏关县委：《偏关县1946年春季生产总结报告》，偏关县档案馆，1—1—47—6。

导。他们早出晚归，利用节省下的工开荒 32 晌，每户平均为 2 晌。夏收时，他们边驮庄稼边打场，提高了劳动效率。相比之下，村中未参加变工组者 4 户，只开了 2 晌荒地，平均每户仅 0.5 晌。他们说："你们变工都有赶应地做营生了，准备秋收亦参加之。"①

第四种是帮助群众解决问题后组织，干部加以亲自领导。如宋家窑村共 14 户，开始变工锄地的有 11 户、7 个男劳动力，由郭福保支委来领导。妇女未参加，因为 11 个女劳动力中 7 个有小孩，内有两个待哺小孩无人照看。后经郭福保找了两个老大娘变工看孩子，妇女们就参加了变工组。郭福保还与她们民主商讨变工具体事宜。由于领导民主，该组一直维持至秋收。②

第五种是通过解决群众生产困难组织变工组。1944 年夏锄时的组织是在解决物质困难的基础上进行的。如城关市属西沟、磁窑沟两村的扎工队，因为得到贷粮，大家安定了家里人的生活，能到外打短工，前后三批 27 组，组织起 133 人的扎工组织。城关市纺织小组贷粮 1 石，木匠合作社贷粮 7 斗，推动了手工业的发展。在用贷款贷粮来巩固与扩大变工方面，有的村庄采取了集体出贷的形式，如二区有 55 户集体贷款；腰铺村变工组 6 户，集体贷粮 104 斤。此种形式是一种巩固与扩大变工的好办法，较之零星贷或个别贷，具有一定的优越性。③ 1945 年春耕时，一区黄子窊村有 8 户愿意变工，但既无牛又缺地，担心结余人工被浪费。于是，干部帮助他们买了 2 头牛，借粮 5 斗多，同时将三四户贫农被夺之地归还原主。在生产困难解决之后，变工组得以建立。④

第六种是以人力或畜力为中心组织变工组。1944 年春耕，偏关县组织互助合作时，提出"怎样组织，以什么为中心去组织"的问

---

① 偏关县委：《偏关县夏锄工作总结报告》（1949 年），偏关县档案馆，1—1—106—27。
② 同上。
③ 偏关县委：《偏关县夏锄工作总结》（1944 年），偏关县档案馆，1—1—27—14。
④ 偏关县委：《偏关县 1945 年春季变工生产报告》（1945 年），偏关县档案馆，1—1—36—4。

题。这就要求精确计算畜力、人力以及耕地数量,以便合理规划。春耕中以畜力为中心去组织,如送粪以毛驴,耕种以牛犋,计划原耕地,扩大新耕地,主要是不浪费劳动力,以提高生产效率增加生产。如尚峪村以牛主为中心先耕后开荒,曹家村以牛犋为中心实行变工,牛力不算多,但能多耕夏田开荒砍柴;油房头村则在进行深耕细作方面有成绩。如果规划失当,就会产生问题。如下土寨村畜力多地少结果"组织起来"效果甚微。①

第七种是通过处理闲置劳动力组织。1945年春耕时,全县共开荒4700余垧,其中一区5个行政村开荒1557垧、二区23个自然村开荒1800余垧。这些荒地多半是组织闲置劳动力开的。以自然村看,二区宋家畔村开荒34垧,大红沟全村共有劳动力103个,有45个就可将地耕种好,剩余58个劳动力掏硫黄沙子的18个、到煤窑的20个、烧硫黄的5个、出口外做工的8个、兴修水利的10个。② 1946年春耕中,二区草垛山全村34户中17户参加变工组,并抽出5人掏炭、3人出外揽工,均以当地人畜工资折算,这8人的土地由变工组集体耕种。③ 四区大河湾村号召群众澄地,共有19户参加。组员冯狗的牛犋负责耕地,草料集体供给;周根银专门运炭送粪。④ 这样一来,使冯狗得以将过去运炭与送粪的时间用于兴修水利。劳动力的合理调剂,有效地提高了变工组织的合作化程度。此外,组织闲置劳动力兴修水利。1945年春季,全县修建水坝长950丈,使用人工3200多个,耗资330000余元。所修水坝可浇地150—160亩,加上黄牛圪洞、油房头的地,共可浇地200多亩。⑤

---

① 偏关县委:《偏关县1944年春耕生产总结报告》(1944年),偏关县档案馆,1—1—27—4。
② 偏关县委:《偏关县1945年春季变工生产报告》(1945年),偏关县档案馆,1—1—36—4。
③ 偏关县委:《偏关县1946年春季生产总结报告》(1946年),偏关县档案馆,1—1—47—6。
④ 同上。
⑤ 偏关县委:《偏关县1945年春季变工生产报告》(1945年),偏关县档案馆,1—1—36—4。

第八种是通过清算变工账组织变工组。1945年春耕时，在清算1944年变工账并检讨出群众对过去变工不满意的事情后组织变工组。如二区宋家畔村，县上开会时，村干部已经组织成3个组。但群众不变工，说"变工是白受苦"。究其原因，是因为1944年秋没有清算账目。经过算账，劳动英雄宋金狗欠工25个。他到分区、县、区、村开会即占用了半年以上的时间。旧账清算以后，群众一致认为"变工比以前进步"，变工组得以建立。①

第九种是发动妇女参加变工组。1949年夏锄时，五区芦子沟村干部范某首先动员妻子上地劳动，然后又着手组织了妇女变工组。一区楼沟村在妇女干部吕巧云、钟青的积极领导下，全村60个妇女劳动力全部上地，共组织起4个变工组。二区关河口村地少风俗多，往年妇女几乎不参加劳动，1948年仅有12个妇女上地。经积极分子动员妇女进行锄田、捡沙子、纺织等生产活动后，1949年夏锄有31个妇女参加变工组。②

从上述九种动员方式中不难发现，动员组织互助之方式并非千篇一律。由于各区、各村乃至各户的具体情况不同，组织方式亦因地制宜、灵活多变。

二　岢岚县

岢岚县，地处晋西北黄土高原中部、管涔山西北麓。东邻宁武县，西接兴县、保德县，南靠静乐县、岚县，北依五寨县、河曲县。县域呈不规则椭圆形，东西长58公里，南北宽51公里，总面积1980平方公里。③ 境内山脉纵横，林木参天，丘陵起伏，牧坡广阔。因之，除畜牧业外，农业不甚发达，社会经济发展相对落后。该地属中温带大陆性季风气候，境内寒冷干燥，温差较大，春季干燥多风，夏无酷暑，秋季短暂，冬季漫长。年平均气温6℃，年平均无霜期为120天，年平均降水量为456毫米，多集中于7月、8

---

① 同上。
② 偏关县委：《偏关县1946年春季生产总结报告》（1946年），偏关县档案馆，1—1—47—6。
③ 岢岚县志修订编纂委员会编：《岢岚县志》，山西古籍出版社1999年版，第99页。

月、9月三个月内。①农作物以莜麦、山药、小麦、谷子、糜黍和豆类为主，经济作物以胡麻为主。

1937年10月1日，一二〇师政治部和教导团在政委关向应率领下到达岢岚县，并组成工作团分赴静乐、五寨、保德、兴、岚等县开展工作，岢岚县成为开创晋西北抗日根据地的中心。在一个月之内，先后成立中共山西临时省委（年底改为中共晋西北区党委，驻县城内公裕粮店）、中共岢岚县委，并筹建"牺盟会"岢岚中心区与岢岚县"动委会"。1938年1、2月间，"牺盟会""战动总会"先后在岢岚县开展抗日救亡运动，并相继成立县农救会、县青救会与县妇救会。3月3日，日军千田联队2000人占领县城，但在八路军的围困之下，于10日弃城北撤。1939年12月，阎锡山挑起"晋西事变"后，晋西北区党委在岢岚县召开会议，布置反顽应变工作。1940年1月1日，新军开始自卫反击，先后将顽固分子捕获。②1月中旬，岢岚县抗日民主政府建立。民主政府建立后，于3月在全县进行村选，建立村级政权，并开展"四项动员"运动。4月下旬，岢岚县按照晋西北行署颁布的《减租减息条例》在全县开展了减租减息运动，实行"四六分粮"和"二五减租"。③6月，日军开始疯狂的夏季"大扫荡"，并于17日再次占领县城。1941年11月29日，一二〇师再次攻克岢岚县城，12月7日县境全部解放。

1942年春，在中共中央"发展生产，克服困难"的号召下，全县广泛开展军民大生产运动。在春耕生产组的领导下，采取集体开荒、个人耕种、互助互利等形式，扩大耕地面积，恢复了经济，并提高了人民的生活水平。④是年冬，县委、县政府召开扩干会议，讨论和布置具体减租减息工作，主要内容为：回赎土地，清理租

---

① 岢岚县志修订编纂委员会编：《岢岚县志》，山西古籍出版社1999年版，第145—148页。

② 同上书，第10—14页。

③ 潘明堂编：《中国共产党岢岚县历史纪事（1930—2005）》，山西人民出版社2007年版，第69页。

④ 同上书，第90页。

债；退租抽换约定，稳定租佃关系；反对地方非法转租、出卖、争夺，保障农民耕地所有权；反对地主的剥削压迫行为。① 1943 年 12 月，县委、县政府发动县、区、村各级农会，按照规定最高租率水地 30%、平地 15%、山地 9% 的标准，不到一个月，就顺利完成 13 个行政村的减租工作。在减租的同时，巩固发展了群众组织，并开展公粮"自报公议"运动。据统计，在这次"双减"运动中，全县 5 个区地主分给农民土地 8493 垧，农民买地 9411 垧，减租粮 1699.4 石，退租粮 317.58 石、农币 356.8 元，清理旧债粮 129.5 石、农币 427 元。②"双减"工作的普遍开展与完成，为进一步开展互助合作运动准备了物质条件。

1944 年春耕，岢岚县互助合作动员经过如下。

2 月底在县区村干部会议上着重讨论了 4 个问题：（1）对生产观念、劳动观念、群众观念的解释与教育；（2）介绍吴满有组织变工组与按户计划、张初元劳武结合以及温象栓改造二流子的办法，研究生产运动中的主要问题；（3）讨论全县生产计划，确定岢岚县生产的中心内容为扩大耕地面积、开荒、安置移民、组织变工组，并帮助各区制订初步计划；（4）解决各种生产困难。这次会议对干部思想进行初步教育，揭示岢岚县生产方向，对生产中的问题作了初步探讨。但干部思想还未搞通，对生产工作怎样在下面着手、要搞哪些具体工作等问题并无明确的既定方案。

会后的工作，一直继续到 3 月底。这个时期最大的问题是没有把群众斗争和生产工作的关系搞清楚。好多干部怀着先解决困难再搞生产、搞斗争打破局面的思想下去工作。因之，二区、四区都是以群众斗争为中心。二区由于突出移民工作，即把本地群众的生产放在次要地位，有的村子基本未搞，生产工作中出了毛病，亦未迅速纠正。在与地主、富农的斗争中分到土地、粮食、牛和农具解决

---

① 潘明堂编：《中国共产党岢岚县历史纪事（1930—2005）》，山西人民出版社 2007 年版，第 97 页。

② 同上书，第 108 页。

群众困难后，就认为工作任务已经完成，并未抓紧刺激群众生产情绪以制订扩大生产的计划与组织变工组。四区对生产动员做的很不深入，斗争的果实未能被用于解决生产困难与组织变工组。因之，全区群众生产情绪并未被真正激发。一区生产在部分村庄开始搞起来了，但并不普遍。有些村庄也是主要搞群众运动。工作做得较好的是三区。一开始就抓紧搞生产，部分村子的生产动员做得相当深入。组织变工组抓得紧，搞得数量多，而且也有些像样的（如后岭、大义井等村）。但三区在这个时期，对解决群众生产困难做得较差。整体来讲，这一时期对生产工作进行了初步动员，抓得比较紧，解决困难不少。但干部思想未搞通，群众生产情绪未被普遍激发，在群众斗争方面发生的问题很多。县、区未及时纠正，对整个春耕准备工作做得不充分。

3月底4月初县委召集区干部会，检讨3月份的春耕工作，着重讨论与布置以后的工作。（1）解决困难，关于群众斗争中的偏向在主要干部中进行检讨与纠正，但检讨不深入、纠正不彻底；（2）解释"组织起来"的思想，确定组织变工组为生产工作的中心；（3）按户计划；（4）移民工作，虽作了较为具体的布置，但贷粮无法完全移民的口粮问题。

会后工作进行了一个月，全县进一步做了生产动员。区村将生产工作放在首要地位，开荒普遍热烈进行。变工组在全县普遍推行，但问题很多，形式主义严重。组织形式上，以单纯开荒为主，劳武结合式的互助合作组织并未真正推行。对移民进一步安置与动员生产，由于缺乏口粮及其他原因，死亡现象严重。从各区分别来说，二区生产账目未及时更换，县上指示未贯彻，工作混乱，变工组未认真搞，移民死亡最多；四区在会后半个月全区突击，搞按户计划，把变工互助、组织开荒放在次要地位，按户计划是形式，完全失败，后半个月才转到以组织变工组为主的；一区工作发展很平常；三区工作一直向前进展，互助合作搞得较好，各村普遍搞了群众斗争，同样发生严重的偏向，但与生产结合较密切，在某些村庄刺激了群众的生产情绪，推动了生产的发展。

4月底党委召集政民负责人回县开会，检讨群众运动及生产工作，对群众运动及干部思想上的偏向，作了较深入的检讨，并对善后工作及今后群众工作问题作了明确的决定。由于当时县上对这些问题意见不一致，影响县委决定的贯彻，关于生产工作初步指出干部思想上的偏向，而主要的讨论了组织变工组的问题，决定变工范围要扩大，不能限于开荒，这是不巩固的。开荒组要和牛犋变工结合，提倡集体开荒，按工分粮的形式，不能限于农时的变工，要和纺织及其他方面结合，不能限于男人，要组织妇女变工。同时要充实内容，特别要加强政治活动，认真把劳力与武力结合起来。当时配合准备反扫荡，决定了劳武结合起来的具体内容，在工作尚未开展的村庄，还要进一步发展。其次关于移民工作，决定保证真正从事生产，有足够的食粮以减少死亡，同时注意，将对移民的政治教育与本地生产相结合。

从5月开始，各区工作方向基本上兑现了集中力量突击生产、互助合作有开展、大队开荒组与牛犋变工结合、变工开荒多变为集体开荒。变工组中的问题解决很多，内容较为充实。劳武结合开始得到注意。焦王寨村民兵开始活跃。对读报及其他政治活动开始注意。移民基本上安定下来，认真搞生产。整体上来看，县上决定尚未被认真贯彻，变工组的政治活动较少，干部思想没有完全转变过来。从各区来看，二区进行抢耕抢种开荒，帮助移民突击开荒种地工作有了很大的转变；四区亦开始转变；三区工作要进一步深入；一区进步不大。[①]

这一过程再现了动员机制运行的艰难性与复杂性。干部思想的转变、群众运动的开展乃至对各地区基本情况的掌握等因素，无不影响着动员机制的正常运行。

三 兴县

兴县，地处黄河中游、吕梁山脉北部、晋西北黄土高原西侧，介于北纬37°05′40″—38°43′50″、东经110°33′00″—111°28′55″之

[①] 《岢岚三十三年春耕总结》（1944年7月21日），山西省档案馆，A139—1—43—4。

间，东依石楼山、石埃山与岢岚县、岚县接壤；南傍大度山、二青山和临县毗连，北跨岚漪河同保德县为邻，西隔黄河与根据地代管县神府县相望。① 境内大小山丘3300多座，沟壑3900余条，河流74条。主要有8座山：黑茶山、大坪头山、二青山、大度山、石楼山、双双山、石埃山、浩旻山；6条河：黄河、蔚汾河、岚漪河、南川河、交楼河、湫水河；3道川：县川、南川、西川（实为北川，县人自古称之为西川）。山河交错，沟壑纵横，山川层叠，沉隆起伏，构成东北宽而西南窄的蘑菇状形态。因地势东北高西南低，至东向西倾斜，故地貌分区特征明显：东部为剥蚀溶蚀构造地形的土石山区，面积为1240000亩，占全县总面积的26%；西部为侵蚀堆积地形的丘陵河谷区，面积为2988000亩，占63%，其中河川宽谷面积为155000亩，仅占全县总面积的3.4%。② 山河相间的地形地貌使兴县形成了暖温带大陆性季风气候，冬季漫长寒冷少雪，夏季短暂炎热多雨，春旱风大升温较大，秋季凉爽天气晴朗。③ 如此独特的战略位置，因易守难攻而适于建立革命根据地。然而这种典型的山区地形及大陆性季风气候使农业的发展受到了很大的限制。

尽管如此，作为边区首府，兴县是中共在晋西北各项政策实施的试验地，互助合作运动的开展也不例外。"考虑到传统农村社会中集体行动的可行性，对一个典型的村子进行系统的阐述将是很有用的。"④ 兹以二区石岭村为例，概述其动员历程。

1945年农历二月，李善人等3人就和驻地机关某部商议互助合作事宜。随后，他们组织起一个包括2犋牛和4户中农、2户贫农、1"户"军队共7户的变工组。接着就进行变工送粪。因各户土地远近不同，规定集体评议某块地需送粪几趟及每趟需记几分。此办法提高了组员的劳动兴趣，甚至有些人还利用饭前饭后的空闲时间

---

① 贾维桢等编：《兴县志》，中国大百科全书出版社1993年版，第1页。
② 同上书，第29页。
③ 同上书，第32页。
④ ［美］李丹（Daniel Little）：《理解农民中国：社会科学哲学的案例研究》，张天虹等译，江苏人民出版社2009年版，第42页。

主动给别人送粪一两趟。村里其他群众看到后，都羡慕地说："人家变得真不赖，咱也变吧！"李善人领导的变工组极大地激励了大家互助合作的情绪。

春耕正式开始时，全村召开群众大会动员互助合作。会前，村干部以1944年的变工组为单位，召开小组会议进行检查、批评与清理旧账，同时部分地说出群众在变工组内得到的好处。在检查变工组织的会议上，由于村中领导干部的提倡，同时也由于群众的自觉，他们把李善人的变工组当成检讨自己变工组的标准。许多人都这样说："看人家，去年变得好，又公道，又互助；今年人家早已变起来，闹得可上劲啦！"经过检查，大多数群众说："短的工，短的钱，只要说在明处，不给也可以嘛。"又说："这个会可开好啦，变工能公道啦，齐变吧！"群众生产情绪因之高涨，不久即组织起4个变工组。

在组织过程中，中心组起了关键的作用。群众会议上，李善人做了报告，介绍他们组的计划和规约，并且再三保证："我们一定要变到底，谁也不能三心二意！"会后这个中心组就更有计划的担负了推动全村互助合作的责任：其他变工组开会时，李善人的组总要派人去参加并且介绍自己的办法，以推动其进一步巩固。还有许多人在1944年参加过变工组，但因旧的组长不负责或其他方面的顾虑而不愿再次参与。干部们就提议以旧组为单位开会研究对策，中心组也派人去介绍经验，鼓励他们重新加入变工组。此外，还利用群众聚会的地方随时加以宣传。凡是中心组宣传过的地方，群众一致的意见是"人家变得好，办法好"。这样一来，在群众逐渐觉悟的基础上，全村已组织起包括59户、18头牛的11个组，分别占全村总户数、总牛数的71%、82%。①

夏锄中组织起44户5个变工组，包括3户的小组有2个，系春耕就有的；5户的小组1个，系在春耕基础上新近加入1户；11户与22户的小组各1个，系从原有7户与6户的基础上得以发展。

---

① 一庸：《石岭村变工互助的发展——石岭村变工互助材料介绍之一》，《抗战日报》1945年5月20日。

从数目上看，较之春耕，夏锄时有6个小组垮台。这些小组最初均因牛力需要而临时结合，从春耕转入夏锄后，随着牛力问题的暂时解决，它们便散伙。那两个既未垮台也未发展的小组之所以维持原状，原因在于存在亲戚关系或土地、劳动力相差无几，而干部未及时加以提高。另外两个组的情况则与之不同。以李善人组为例，春耕时有7户，组员都勤劳生产，曾是上一年的模范变工组员，又有李善人这样被公认的团结友爱、公正无私的领导人，再加上驻军的帮助，一开始送粪即采取了评工记工的办法，发挥了较高的劳动效率，因而大家都真正体验到这种办法的好处。这一小组始终生气勃勃，春耕一结束，领导上又抓紧清算工账，转而讨论夏锄。他们在新的认识上检讨了上一年的夏锄变工，认为死板的轮流锄作容易荒地，只有打乱锄，才最有利、更合理。同时继承了春季折工与记工的办法，并使之更加完备。驻军虽然不能参加，但他们6人也积极劳动，不到10天，便有十多人参加进来，进而成为拥有22户29个劳动力的大组。他们每一个人都是组织变工组的积极分子，一方面不断地争选模范，另一方面用实际成绩来说服他人。如有1垧棉花地，一家父子俩锄了一整天，折算起来合17分工，而紧挨着的同样1垧，变工组仅花了8分工便锄完了。这个眼见的事实，深深的把那家人打动了，当天他们便主动的请求加入。另一个大组有17个劳动力，积极分子虽较差，工作也较差，但情形大体与李善人组相仿。此组直接受李善人组的影响和帮助。①

从春耕到夏锄，石岭村动员互助合作体现出如下特点。第一，顺利完成从春耕到夏锄的转换。这一转换是巩固变工组的关键，因为在春耕结束夏锄开始后，变工组可以不受耕作的限制而扩大规模，但又因没有牛力进行维系，垮台的可能性也更大。问题的核心在于领导上要做充分准备和组织工作。第二，坚持自愿与说服相结合。各个变工小组的情况是复杂的，各有其不同特点与不同的巩固程度。只要是自愿结合，对生产能起一定作用的小组，在领导上加

---

① 一平：《关于石岭村的夏锄变工》，《抗战日报》1945年8月14日。

以注意，耐心地从发展生产上不断进行说服教育，培养出积极分子，适时地采取更积极的、能增加实际利益的办法。第三，打造模范变工组。夏锄时，石岭村有两个变工组得到了很好的发展。其中一个具有较好变工基础与足够的积极分子，又有具体的领导。具备了这些条件后，最好实行大组打乱耕作，以便使组织更加巩固。即使某些组条件稍差一些，在模范大组的直接影响和帮助下，也有可能发展起来。但是模范大组不应将其做法直接移植到一般小组中，而要从一般小组的实际情况出发实行相应的举措。

四 小结

通过对三县互助合作动员机制的梳理，可以得出以下结论。

第一，动员方式各异。偏关县通过召开群众动员大会、积极分子说服、干部带头、利益获得、算账、处理闲置劳动力、发动妇女等多种途径动员民众参与互助合作。岢岚县则主要以县委为中心，从政策方面进行动员，缺乏对具体工作的认真指导。兴县石岭村则在动员过程中将互助合作逐步制度化、规范化，不仅制定相关纪律条规，而且逐渐将旧式互助转变为新式互助。

第二，动员成效在很大程度上取决于互助合作组织的领导者。在偏关县互助合作组织的9种动员方式中，除第六、第七两种方式外，均系以党为中心的政府、干部、积极分子构成互助合作组织的领导力量。岢岚县的实例进一步说明行政力量在动员机制中不可或缺的作用。在兴县石岭村的互助合作实践中，"领导"之类的字样频繁出现。这些情况可以从侧面说明一个问题：尽管互助合作在农民看来并不陌生，但是真正使之成为一场运动则在很大程度上来自中共的行政力量。也就是说，政府或政党的意志在革命场景中扮演了关键的角色。

第三，革命动员与乡村社会经济状况并不必然呈现正相关态势。如前所述，偏关县、岢岚县、兴县在社会经济方面并无根本差异。但是，在互助合作的实践过程中，兴县石岭村的案例更能体现出当时中共塑造的互助合作典型。如果说偏关县、岢岚县的动员与中共意图有所差距的话，兴县石岭村则更能体现中共动员与民众参与之间的互动关系。从这一点上来看,距离政治中心的远近也在一定程度上影响了互助合作的效果。因为越是靠近中心地带,得到政府或国家的恩赐或关注就会越多,行政性干涉也就增多,也就更接近于官方的表达性现实。官方建构的表达性现实一旦形成,就为政党取得合法性权威赢得了舆论基础,进而获取革命成功的话语权。

第四章 互助合作的组织模式

第一节 互助合作的组织原则

晋西北抗日根据地建立后，民主政府号召各地农民进行互助合作。虽然传统的互助合作模式可以利用，但必须加以提高，同时又不能使用农民难以接受的方式去组织。为此，组织变工组必须坚持三个原则，即自愿结合、等价交换、合乎农民的习惯。

第一，自愿结合。所谓自愿，并非无组织的"自由"，亦非无领导的"自流"，而是建立在有组织、有领导基础之上的自愿结合。在组织领导上，不仅要尽量避免行政干预，而且也要考虑群众自身的利益，将群众自愿结合与干部有力领导相结合。正如毛泽东所言："劳动互助的组织，必须建立在群众自愿的基础上，防止以任何形式出现的强迫命令，或'抄名单'的形式主义。我们如果硬要把某些没有明白互助好处的人，勉强组织在一个'变工'或'扎工'队里，或者造了名单，以为'万事大吉'，那么生产效率和劳动情绪不但不会提高，而且反会降低。"① "要善于运用旧有的亲属与友好的关系，居住的邻近，并按照生产领导的需要，加以适当的提高与改造。勉强结合关系不好，是变不下去或至少变不好的。"② 兴县温象栓村是遵循自愿原则组织变工组的典例。该村 1944 年在组

---

① 《把劳动力组织起来》（社论），《解放日报》1943 年 1 月 25 日。
② 晋绥分局调查研究室：《温家寨的劳动互助》，《抗战日报》1944 年 3 月 11 日。

织变工组时，干部先做深入的宣传教育工作，并且事先在农会组织里面进行动员教育，讨论怎样组织，然后有计划地把积极分子分配到群众中进行教育与帮助。在群众中酝酿成熟后，就召开群众大会号召群众自愿结合起来，把全村50多个劳动力编成4个大组。由于这种方式是领导与自愿有机的结合，所以变工组较为巩固。①

第二，等价交换。它是自愿原则的基础。只有互惠互利，给予农民实际的好处，解决了农民的生产困难问题，才能调动其生产积极性。"在互助团体内部，资源的供给和需求以平等和制衡为准则，其目的是为了维护团体的认同和内聚力。"② 建立个体小农经济基础上的互助合作组织，其合作成果是私有的，合作对象是属于个人所有的土地，因此进行互助劳动，就必须分别计算清楚个人利益所得。若一个互助合作组织难以确保各成员的物质利益，则其持久存在绝非易事。尤其是随着组织规模的不断扩大，参加互助合作组织的成员愈加复杂，传统的亲缘关系则会更多地让位于物质利益关系。在这种情况下，互助合作组织内部的等价互利原则就显得越来越重要。因此要提高劳动积极性，照顾大家的利益，遵循互利与等价原则是关键。曾亲眼目睹兴县某村变工生产情形的高鲁亦认为："不能简单地埋怨农民狭隘，如果劳动力的质量和数量不能等值便不能换工，互助也要在劳动力等值的条件下实现。"③ 尤其是涉及诸如记工、还工、折工、吃饭、农具及牲畜使用、草料、饲养等具体问题时，必须依照两利等价原则，缜密解决。如岢岚县富家湾村变工组规定牛耕1垧地顶0.7个工，耕1.5垧顶1个整工；穷人欠下1个牛工还3个人工，但在牛主家吃饭。④ 这样兼顾了牛主与无牛户双方的利益，是一种值得提倡的办法。当然，也有些地区因交换不等价而发生问题。如静宁县磨管峪村雇工与富农变工时，虽然富农

---

① 高丽生：《创造模范村的温象栓》，《抗战日报》1945年1月11日。
② 王铭铭：《村落视野中的文化与权力：闽台三村五论》，生活·读书·新知三联书店1997年版，第171页。
③ 理红、理京整理：《高鲁日记》，内蒙古大学出版社2004年版，第511页。
④ 《岢岚县变工互助材料》（1945年），山西省档案馆，A139—1—45—2。

牲口给雇工耕地，但雇工工资赚得少，一个雇工捎种 3 垧地，一年只赚莜麦 6 斗，结果严重影响了雇工的生产情绪而不愿与富农变工。①

第三，合乎农民的习惯。固存于农民内心深处的习惯不易在短时间内得到改变，亦即农民对新观念、新事物的接受需要时间的考验。1941 年春耕时，有些地方干部无视习惯，限制一头牛只能耕 80 亩地。在组织劳动互助时，不叫"互助组"或"变工组"，而叫"互助团"，致使农民因搞不清什么是"互助团"而感到难以适应。② 这就在无形中影响了互助合作的发展。尽管后来民主政府极力强调"集体劳动的组织，应根据各地方的社会习惯"③，但实际并非如此。尤其是 1944 年开展互助合作时，不少干部强迫农民进行全村大变工，形式上是"组织起来"了，实际上却自流了。如偏关县二区舍身崖村干部在群众大会上要求进行全村大变工，但结果还是各做各的；郝家山村开群众大会斗争不参加变工者，影响了群众的生产情绪。④ 因此，在变工初期一定要结合农民旧有的习惯，否则会遭到农民的抵制。如临县下白塔村 1945 年春耕时，干部一概摒弃旧式"朋牛"形式，片面认为"朋牛"剥削太重，认为只有集体买牛才能真正进行互助合作。而在群众看来，"朋牛赚草料，走一步打一鞭，赚两颗粮食，是苦里熬苦里赚"，剥削不算太重，因而对集体买牛兴趣不高。后来干部组织群众集体买牛 11 头，但发生吵架、卖牛等问题，使变工组流于形式。⑤ 此例说明，"弱者的武器"在对抗行政力量的非常规行为时起到了不可估量的作用。

---

① 《静宁县春耕生产材料》（1945 年），山西省档案馆，A140—1—29—1。
② 樊润德、路敦荣：《晋绥根据地资料选编》（第 5 集），中共吕梁地委党史资料征集办公室 1984 年编印，第 63 页。
③ 樊润德、路敦荣：《晋绥根据地资料选编》（第 1 集），中共吕梁地委党史资料征集办公室 1983 年编印，第 152 页。
④ 偏关县委：《偏关县 1944 年夏锄工作总结》（1944 年），偏关县档案馆，1—1—27—4。
⑤ 白贵温、郭俊英：《解决了变工中的问题，临县下白塔突击夏锄》，《抗战日报》1945 年 7 月 30 日。

从上述分析可以发现，自愿原则、等价交换原则以及遵循传统原则是组织互助合作必须严格遵守的原则。三者之间相互依赖，关系密切，缺失其中任何一个，都会导致互助合作组织趋于涣散或自流。

第二节　传统互助合作模式的传承与演变

革命在很大程度上意味着"革故鼎新"，亦即以现代国家机器替换传统统治机构。然而在革命的实践中，中共革命的对象是受传统力量支配程度最深的乡村社会，简单的否定传统在现实中无法行得通。因之，"强调传统力量与新的动力具有同等重要性是必要的，因为中国经济生活变迁的真正过程，既不是从西方社会制度直接转渡的过程，也不是传统的平衡受到了干扰而已"[1]。也就是说，"革命不必是与整个现存的社会结构决裂"[2]，传统互助合作模式在革命场景之下并未彻底被否决。正如法国社会学家 H. 孟德拉斯所言："各种农业组织（联合会、合作社、信用社、互助会）都有一段影响很深的政治经历，农民对它们总是半信半疑。当然，一般来说，人们承认'需要这些组织'，如果可能的话，人们不会错过利用这些组织的机会。"[3] 作为一个试图在各种政治势力犬牙交错的复杂形势之中赢得政治资源的政党，中共不失时机地抓住了这个"机会"。在晋西北抗日民主政权建立初期的1940—1943年，政府就积极鼓励发展农业生产，提倡发展民间延续的劳动互助。1944—1945年在毛泽东"组织起来"的伟大号召下，晋西北互助合作运动空前发展，不仅在范围上突破了传统的互助合作模式，而且在内容上突破了农

---

[1] 费孝通：《江村经济——中国农民的生活》，商务印书馆2001年版，第20页。
[2] 陈德军：《乡村社会中的革命——以赣东北根据地为研究中心（1924—1934）》，上海大学出版社2004年版，第71页。
[3] [法] H. 孟德拉斯（Henri Mendras）：《农民的终结》，李培林译，社会科学文献出版社2010年版，第153页。

业生产，使农业与副业、运输、消费、教育等行业有机结合。

第一，由朋牛组发展为合伙买牛组。根据地时期的朋牛组较之传统形式不仅在规模上有所扩大，而且摒弃传统形式中以牛主为中心的不合理成分，代之以牛为中心进行组织。组织成立后，民主推选组长与讨论耕作次序，各成员之间均发生关系。这种形式接近农民习惯，容易为农民所接受。如偏关县1944年春耕，一区、三区、四区每个变工组以两犋牛为中心进行耕地最为普遍，不仅可以节省人力、畜力，做到按时耕种，而且能多开荒。[1] 但是这种形式在耕作任务结束之后就宣告解散，持续时间不会太久。合伙买牛是指变工组内各成员集体出资买牛，按地摊股或按资摊股。这种形式既集中余资增加了耕牛，又因伙买牛、伙用牛增强了相互之间的感情和提高了互助合作的程度，进而较之朋牛具有较强的稳定性。临南县1945年春耕时，五区劳动英雄刘善道在他村扩大会上发动群众合伙买牛，并在群众中到处宣传，形成朋伙买牛运动。全区朋伙买牛43头，解决了耕牛问题。[2] 据统计，该年全县合伙买牛组占全县变工组总数的65%，不仅节约了草料，而且调动了掌犁人的积极性。三区白家里村张德美组在过节的时候，大家送掌犁人3斤猪肉、2斤土豆粉，后者高兴地说："一辈子伺候人，没有像今年做营生痛快，熬死人也是高兴的。"[3] 从传统互助合作模式中以地主、富农为主体的朋牛组到以掌犁人为主导的新式合伙买牛组，表明在革命较为成功的地区，中共逐渐摒弃乡村传统权威进而建立新式合法性权威。

第二，由普通变工小组发展为大变工。前述朋牛变工或伙买牛变工主要适合于春耕时期，而夏锄、秋收时则因劳动力需求量大而相应地出现"普通变工小组""大变工"等规模较大的形式。普通变工小组一般在10人以内，组里虽有一定数量的耕牛，但不是以牛为中心。组长由民主选举产生，组内事务亦由各组员民主讨论决

---

[1] 晋绥边区行政公署：《1945年一年来变工互助工作总结》，山西省档案馆，A90—5—19—1。

[2] 同上。

[3] 《临南1945年春耕生产总结》（1945年），山西省档案馆，A147—1—70—8。

定。而大变工则是比普通变工小组更能广泛吸纳劳动力的一种互助合作形式，全村所有男女老少均参加，用精密的记工办法，按每人实际劳动效率分别评工计算，劳动效率比普通变工小组要高，且适宜于突击劳作，如突击锄草与收割以及战时抢耕抢收等。如偏关县城关、二区的夏锄变工组以小组为单位，而四区八柳树村则进行为期 5 天的大变工，结果是后者较不变工省工 43.5 个、较小组变工省工 22.5 个。① 从中可以看出，全村大变工在夏锄时更为普遍，适用于地块大的土地，是传统变工的改进与提高，但毕竟是少数，在山区难以推广。保德县郝家里村 1944 年夏锄时，许多人都不愿再成立大组。如李双合说："去年的大变工我们出上一百多斤米的工资还没锄好地。"又说："今年的庄稼种的迟，长的小，要向去年那样人多一齐冲死了。"白鹤泉说："我们家从来不雇人，今年还出了工资，咱们宁愿迟完两天，也不愿大互助早锄完出工资。"还说："我今年拿上工资雇上人可比互助组锄的好。"甚至故意歪曲事实说："白三丑人家没牛种的谷子都捉苗了，咱们有牛还没捉苗，还互助甚哩。"同时因 1943 年全村大变工锄草不能解决草大草小、路远路近的问题，因而一些人占了便宜，一些人吃了亏，有的一垧地要用两个多工才能锄完，但摊工时还是以一垧算。因此，这时有人说："大变工是受死罪，死也再不参加了。今年不需大变工和不可能实行大变工了。"如李竹林、李根林说："今年天旱没草，小变工也不够锄，还用的着大变工？"李在小说："按地摊工谁家有草大费工的庄稼，谁家便宜，大家吃亏。人人有私心，锄地快的不管好坏齐瞎锄，锄地细致的人家认为是偷懒，结果只有胡混。"白引罗说："人多手脚，苗子非让踩死不可。一天倒 8 道梁，老汉们跟不上。"夏锄开始重新组织，群众不愿意用大变工，自由结合了 5 个小组。② 大变工推广之难度，由此可见。当然，在个别地区，大变工形式的

---

① 偏关讯：《偏关西庄子生产模范村全村劳动力都参加变工》，《抗战日报》1944 年 4 月 18 日。

② 《郝家里变工组总结材料》（1945 年），山西省档案馆，A147—1—70—6。

互助合作发展得不错，如保德县胡家庄村。

　　胡家庄村是保德县二区的一个偏僻小村。全村30户，分住在相隔里许的三个地方。在减租增资运动中群众获得梁地131垧，占全村梁地总数的70.4%，有11户贫农上升为中农、2户中农上升为富农。1944年春耕时干部胡水同、劳动英雄胡智小等6户组织大变工。经大家商议，人、牛、地均评定分数。每季按地均工，余工补工钱。组里经常能抽出一个人到45里远的东关买油、盐等日用品，除供给组内人用外，还分给不入组的人，比小商贩的东西既便宜，又避免误工。群众看到这种方式不错，到了夏季就有4户主动参加。变工组还经常抽出胡水同、王珍等3人外出做小生意，有一次买了17只羊，赚下3只，尚余2000元。秋收时，变工组早已收割完毕，可是有1户未入组的富农谷子还在地内长着，被麻雀糟蹋得厉害。组内七八个人主动给他割了一天，还不赚工钱，他很感激，第二年便加入变工组。冬季虽然劳动力已分散，但还坚持变工驮炭、送公粮、合伙放羊，抽出人来专门服抗勤。①

　　1945年春耕时，全村30户14头牛72个劳动力都参加大变工。群众民主选举胡智小为生产大队队长，同时又选出4个小组长。各组自愿结合，统一使用劳动力，集体订出生产计划。为了使互助合作有效开展，变工组还制定了一些制度。（1）记工、折工、算工资方面，人、牛、地评定分数均工，组长制作表格进行划点记误工；1个牛工折5个人工；人工资为上午1升米，下午0.5升米。（2）会议方面，5天开一次小组长会，10天开一次全体组员大会。（3）精耕细作方面，翻地时犁深5寸、宽4寸，棉花、山药、莜麦耕2犁；锄草时谷子、山药锄3遍，棉花锄6遍，其余庄稼都锄2遍。秋收算账，每垧地比1943年平均增产3.8升，共增粮31.7多石，加上开荒收入32.8石，共计64.5石。不仅如此，变工组还有效使用了劳动力，主要体现在：春耕时利用闲置劳动力开荒77垧，夏锄时抽出劳动力扣伏荒42垧，并抽出人工修建油坊1座。从春耕到秋收，

---

① 《保德县胡家庄大变工的三年经验》（1946年），山西省档案馆，A137—1—10—8。

开荒用人工800多个，油坊用人工573个，共计1400多个。冬季抽出8头牛、4个人送公粮、驮炭，3个人放羊，3个人上山编箩头，余下的人打了一孔石窑准备建立学校。①

1946年春耕时，全村群众自愿组成5个变工小组，仍选胡智小为生产大队队长，并将1945年制定的制度加以改进。（1）折工方面，1头牛工折合2.5个人工。（2）会议方面，以多解决问题少开会为原则。截至春耕结束，一切生产工作进行得都很顺利，发生的问题不多，在山上已种几十垧胡麻，准备冬季榨油。②胡家庄村的大变工，充分将劳动力组织起来，达到了增加生产的目的，应该加以提倡。

第三，从变工组发展为扎工队。在春、夏之交，不少地区在组织变工组的同时也组织扎工队。从变工组发展为扎工队有两种方式。第一种是从变工组中抽调部分劳动力组成单一的扎工队。岢岚县1944年夏锄时，部分村子从变工队内抽出劳动力组成扎工队到邻村锄草，出去扎工者的地由变工队代锄，挣回钱来归全队使用。也有因出外扎工者系变工队内地少生活困难者挣钱解决自需，变工队给他锄地则需补工或预支工。③第二种办法是变工队转变为扎工队。岢岚县部分地区的变工队在锄完本队各成员的地之后，在本村附近揽地包锄，挣钱平分。④这两种方式不但可以调剂劳动力，避免土地因劳动力不足而荒芜，而且可以解决一部分贫苦农民在青黄不接时的生活困难，并提高工资防止剥削。如岢岚县二区扎工队挣回小米2915斤、农币28574元，给70户贫农提供了83件夏衣，给132户贫农解决了部分口粮问题。在提高工资上，一般工资是不吃饭小米5.5斤，吃饭3.5斤。⑤生活困难的解决与工资的提高使扎工队逐渐为下层民众所认可。岢岚县王现庄等村的贫农说："没有变工

---

① 《保德县胡家庄大变工的三年经验》（1946年），山西省档案馆，A137—1—10—8。
② 同上。
③ 《岢岚县生产总结》（1944年），山西省档案馆，A139—1—43—5。
④ 同上。
⑤ 同上。

队就不能出外扎工挣大工钱""没有变工组出去扎工，也得被人剥削"。① 所以，扎工队把全村闲置劳动力"组织起来"支持了变工组，成为巩固变工组的重要力量。

第四，由单一农业发展到农副业相结合的互助合作。岢岚县过去劳动力缺乏，每年农忙要从河曲、保德两县雇人，1944 年由于组织了变工组，并普遍吸收半劳动力参加劳动，劳动效率提高，不仅劳动力够用，而且挤出很多闲置劳动力。春季闲置劳动力完全用于开荒，夏季主要用于翻伏荒及与水灾作斗争，部分用于发展副业。夏末秋初，副业变工与合作作坊飞跃发展。情形如下。（1）合作油坊 41 座，6 座已开始榨油。合作油坊大部均以实物入股，主要是胡麻股，其次人工、牛工、草料、柴炭均以等价折合入股，少数是钱股。庐子河村合作油房全部出具房屋，都是变工队集股买的。（2）合作粉坊 8 座，全部是实物入股，人顶身股，主要是制扁豆与山药粉，附带养猪，粉面少部分自用，大部分出口。（3）合作采药者 909 人，小部分组成固定的采药组，大部分利用耕作余暇采药。变工办法：全变工队抽出人力，人数多少不等，集体采药，所得归全变工队。还有是贫苦农民和移民参加变工队，衣服不能解决，组成采药组，专门采药，地由变工队队员负责耕种，日后还工。药材大部分由河曲、保德输出，县内大众中西药店亦销售一部分，现正积极找出路。（4）合作木匠铺与农具合作社 5 个，多开设在森林附近，木材与各种原料及木工均以等价顶股。庐子河村变工队集资购买树木 5000 余棵，赶制农具和用具，向外销售。此外，各地木匠与农民变工还很多。（5）合作卖柴烧炭，变工队变工砍柴，还组织有少数卖柴与烧炭组。王家梁村 5 人砍柴组，从春至秋未停，除耕地外，以卖柴解决了 5 人的衣服。最近二区大搞烧炭，仅李家条村变工队，即烧成木炭约 2 万斤。（6）合作豆腐坊 19 座，酱醋坊 3 座，多开设在城镇及大道旁，变工队筹资帮助贫苦组员组成，所得归贫苦者，地由变工队代耕，日后还工与还资，变工队买物予以优待。

---

① 《岢岚县生产总结》（1944 年），山西省档案馆，A139—1—43—5。

亦有变工队抽人组织，人顶身股，获利归全变工队的。（7）合作骡马店6个，附设军人招待所。甘钦村骡马店并与农具运输合作结合，店中人员全由变工队抽出，多为劳动力差的贫苦农民，变工队代其耕地，亦有顶身股的，经理为变工队队长或农会秘书。（8）合作运输队20个，毛驴由变工队变工而来，或集资伙买。脚夫由变工队选派，业务从运销开始，购买盐碱农具等必需品，贱价供给变工队。还有队员购买物只算成本加运费的，一般卖价亦较市场低廉。大涧村运输队并开始无代价代本变工队成员运销土产品。此外，许多变工队临时组织变工运输，运销必需品，且部分开始和抗勤变工。（9）零星手工业、副业的合作，如庐子河村合作社采色叶100000余斤，卖回120000元，换购标准布80余匹，解决衣服512件。水峪贯下属草坦坪等4个村割马兰草6000斤，约卖出60000元，一区、三区个别村组织合作打猎组，舍科、坪后沟两村打猎组打下獾子6只，卖出60000元。（10）综合性合作社6个，是在运输、手工业、副业合作发展的基础上建立起来的，兼办运输及作坊，多半由数村变工队合作组织。①

静乐县峰岭底村1945年有磁窑3座，5盘轮，磁工20人。因为人少事多，磁工顾了捏磁，顾不了挖泥，经常得雇20头驴拉轮，家里地还得雇人捎种，窑主剥削又重，一磁窑得抽8轴子，场房坏了窑主也不修，一下雨就不能做营生，误工不少。一年才烧了7窑（每窑80轴子，一轴子卖小米3斗，共24石米），除本每窑仅赚米12石，每个工人一年辛苦才收入4.2石米。1946年27个磁工和农民变工办窑，大家都愿意，农民三两家一起集股买驴，共伙买驴36头，农民把磁工的地捎种上，有空就驮泥，磁工专门做磁；耕地、驮泥按10分顶1个工，做多少算多少，技术工人最多顶工12分，烧出后按工分磁，这样两家都有利。过去农民养上一头驴，种上几垧地，耕完就不从事生产了；组织变工组后，剩余的人力畜力都用来办窑，又新增加磁窑一座，两盘轮。因为分工好，劳动力不浪

---

① 赵希愚：《变工合作生产在岢岚》，《抗战日报》1944年10月10日。

费，每盘轮只用3头驴，比从前节省1头。全年可烧14窑磁，生产量比上一年增加一倍。①

临县高家山村煤窑工人过去要种地就得误工，如李文华1945年捎种11垧地，就误了煤工35个，少赚工资7斗多小米；李光荣有8垧地，春耕时雇人耕种就花费现洋12元。面对这种情况，区工会主席冯茂祥于1946年5月间召集3个煤窑的工人干部开会，决定发动工人变工生产。具体办法是：每个变工组每天轮流抽出一人种自己的地，其余人做出他的一份工，如轮到自己不需要上地时，可让别人去，本人顶双工。刚开始时工人们不愿变，说："咱们连正班还顾不上呢。"因此，干部决定先从积极分子带头做起。以实际事实教育了他们之后，有五十几个人参加了变工，编为6个组。李文化自参加变工组后，煤窑上连一班也没误过，种的12垧地又打下8.5石粗粮、7斗麦子；陈亦德父子得到70个双工，多赚21万元农币；二流子李三赖过去上一班休息一天，爱串门、吃零食，参加变工后辛勤劳动，做了51个双工，多赚15.3万元农币，买了1石麦子、3垧地。② 依此来看，高家山村农业与煤工之间的变工收到了良好的效果。

第五，单一的副业互助合作形式。在传统的乡村社会，"男耕女织"是社会经济的基本结构。农业互助合作模式习以惯之，但副业互助合作并非常见。在相对封闭的村落里，妇女之间的交往甚少，基本无法谈及副业生产上的互助合作。然而，随着革命在社会生活领域的渐次展开，妇女开始摆脱传统的束缚而被纳入生产体系之中。交城县贺家沟村李秀莲领导的纺织变工组就是一个很好的典例。1946年春，李秀莲与该村3个妇女用1945年妇女集体生产所得800斤山药换回织布机、棉花准备开展纺织生产。刚开始，她的家人很是不满意。为此，她耐心地织了一块布，卖了换成棉花后，

---

① 冯爱魁、冯静卿：《峰岭底工农变工，磁窑产量可提高一倍》，《抗战日报》1946年5月21日。
② 云生：《高家山煤工闹变工，挖煤种地两不误》，《晋绥日报》1946年11月30日。

净赚两丈布。村中妇女看到李秀莲的纺织赚利多，竞相参与。随即吸收 20 多个妇女正式组成纺织变工组，实行互纺互织、记工分红。在变工中有 6 个妇女学会了织布，共织出 200 多丈布，按工分红，除本外，每人赚得 4 丈布。大家看到这种情形后，一致认为"纺织顶事"，连她的家人都说"男耕女织，全家幸福"。在她的带动下，邻村冯家沟、南沟也相继组织起纺织变工组，实现了穿衣自给。①这种以纺织为中心的变工组，在耕织结合的社会基础上突破传统的互助合作模式，很好地迎合了革命场景的需要。

第三节　新式互助合作模式的发展

革命是一种使传统社会现代化的手段。在中共革命的进程中，互助合作组织作为一种摧毁以血缘关系为纽带的村落共同体而建立新民主主义经济体制的重要经济手段，其组织形式本身也经历了革命性的变革。主要体现在耕作方式的转变、劳武结合的创造、变工合作社的发展以及部分县份合作农场的尝试 4 个方面。

一　耕作方式的转变

经过 1944 年大生产运动的发展，晋西北变工组在实践中呈现出两种完全不同的耕作方式。第一种是轮流耕作。每组 3—7 人，轮流耕作。耕作次序有：按天轮，即"给你做一天，给我做一天"；按地轮，即"给你种一垧，给我种一垧"；照顾抗属与贫农，即"先抗属后一般，先贫后富"；依庄稼生产需要，即"先阴后阳，先草大后草小"。变工的办法是工顶工或简单记工账。这种形式接近农民习惯，比较容易组织，较为适合于春耕时期。其好处是便于畜力、农具乃至技术的调剂。临县窑头村刘成仁变工组在 1944 年部分成员的土地用朋牛方式耕过一次，尚余一部分一次也未耕；1945 年

---

①　程腾云、李秀莲、李叶则：《交城四区李秀莲领导纺织变工三村穿衣自给》，《晋绥日报》1946 年 8 月 7 日。

由于采用轮流耕作的变工办法，牛力得到调剂，大麦、麻地耕了 3 犁，糜、谷也耕了 2 犁。①当然轮流耕作也有不少缺点，领导不好会形成死板轮流，轮在后面的吃亏；地块零散经常倒地容易误工；限制更多人参加，节省不出完整的人力与牛力。1944 年河曲县五花城村全村实行大变工，结果"屁股大一片地窝下几犋牛，转也转不过来"，"二三亩地四五十个人锄，一人下不了几锄就完了，功夫都费在路上"②。1945 年兴县祁贺家梁村夏锄变工采用每日轮锄的办法，结果是：先锄的占了便宜，后锄的吃了亏；地多的锄不过来，地少的不够锄，甚至有的地还锄不上。同时，因每个人的地不集中，来往倒地浪费劳动力。在给组员田凤锄地时，一天倒地 4 次，走了 5 里路，致使 12 个人误了 2 个工。③这类现象的发生，往往会引起组员的不满，进而形成变工组组织涣散甚至走向自流。

　　第二种是打乱耕作。随着变工组规模的扩大，一些地区采取不按户而依土地位置一道梁一道沟耕作的方式。兴县高家村变工组将全组的山、平地统一起来，由 2 头牛共同耕种，同一时间上下工，耕种垧数相同。耕种时不以人轮流，而以下种节令为标准，先耕麦地、豌豆，再翻棉花地，然后耕黑豆、翻谷地，如"谷雨"下了雨，则停止翻谷地，集中耕棉地。④五寨县一区 10 个村的变工组采取与之相似但分工更为具体、细致的办法：耕牛、种子、土地、肥料仍属原主，而把自愿参加变工组的人分编为若干组，再将这个组分成牛、驴、人三种不同类型的小组。牛用于耕地，一犋牛需几个人，即跟几个人；驴用于送粪，亦以牲口跟人；除与牲口相配套的人之外，其余都参与开荒；服抗勤及其他杂事者均记工，将来按土

---

　　①　晋绥边区行政公署：《晋绥边区关于变工互助的几个问题》，冀南书店 1946 年版，第 2—3 页。
　　②　雷行：《五花城变工自流问题》，《抗战日报》1946 年 6 月 7 日。
　　③　刘怀珠：《祁贺家梁克服轮锄缺点：打乱锄地实行折工，剩余劳力加紧扣荒》，《晋绥日报》1946 年 7 月 30 日。
　　④　兴县讯：《兴县高家村行政村检查春耕准备工作》，《抗战日报》1946 年 3 月 22 日。

地垧数、出工数量计算。① 从这两个例子可以看出，与轮流耕作相比，打乱耕作的优点有灵活与合理规划劳动力、畜力，农作分工明确，且可做到不违农时。但其缺点是在运作过程中难以记工。如岢岚县梁家会村1945年秋收时，全村组成一个变工队，分为男、女两个组，在一个地段上集体收割。虽然劳作的集体性较强，但因随时评工很费事且记工相当零碎而引起算账困难。比如一个劳动力在一天内能给两三户劳动，很难做到及时记工，而事后算账就更难。因之，部分成员感觉吃亏而主动退出变工队。② 也就是说，打乱耕作需要在变工有基础、干部有经验、群众有认识自愿要求的情况下才能采用，一般适用于春耕、夏锄等需要集中劳动力劳作的季节。从轮流耕作到打乱耕作，开创了敌后根据地的首例。这种转变，在互助合作运动史上亦是一个创举。

在实践中，轮流耕作和打乱耕作这两种耕作方式并存，但各自在变工组中所占比重不同（见表4-1）。

从表4-1可以看出，岢岚县1945年春耕时，使用全村轮流耕作的共有9村30组442人；使用全村打乱耕作的则有16村45组700人。也就是说，随着革命的深入开展，具有革命色彩的打乱耕作方式更多用于变工组中。同样地，使用小组轮流耕作的有210村451组4509人；使用小组打乱耕作的则有38村78组1175人。这种情况更加说明，较之传统的耕作方式，打乱耕作方式在一定程度上打破了传统互助合作模式在规模方面的限制，更多表现为行政力量干预的结果，是革命过程中激进行为在互助合作运动中的显现。在行政力量逐渐从互助合作运动中消退的1946年，打乱耕作的方式似乎被轮流耕作所悄悄取代。如兴县二区247个双牛变工组中，打乱耕作的只有23个组。③ 静乐县上静游村变工队亦使用轮流耕作的方式，除耕地所需劳动力和畜力外，其余劳动力和畜力用于跑运输

---

① 《五寨县春耕总结报告》（1945年），山西省档案馆，A138—1—40—1。
② 《岢岚梁家会夏、秋季变工互助典型材料》（1945年），山西省档案馆，A139—1—45—8。
③ 《一分区春季生产工作总结》（1946年），山西省档案馆，A98—1—34—1。

或开荒。① 这说明革命者越是否定传统，传统越是挥之不去，传统的固存并非革命者行政力量所能改变。

表 4-1　　　　岢岚县 1945 年春耕变工组耕作方式统计

			一区	二区	三区	四区	合计
轮流耕作	全村轮流	村数	—	4	3	2	9
		组数	—	17	8	5	30
		人数	—	221	120	101	442
	小组轮流	村数	66	76	18	50	210
		组数	109	164	43	135	451
		人数	1110	1675	454	1270	4509
打乱耕作	全村打乱	村数	—	2	5	9	16
		组数	—	6	15	24	45
		人数	—	84	260	356	700
	小组打乱	村数	15	8	9	6	38
		组数	30	14	27	7	78
		人数	434	114	564	63	1175

资料来源：《岢岚县变工互助材料》（1945 年），山西省档案馆，A139—1—45—2。

二　劳力与武力结合

1941 年以来，由于日军"扫荡"区域的扩大、国民党反共浪潮的高涨以及自然灾害的侵袭，在夹缝中求生的敌后根据地面临着空前严重的困难。这对原本地瘠民贫的晋西北地区来说，更是一次同天灾人祸进行的生死搏斗。劳武结合形式的互助合作模式在此种境况下应运而生。它是一种战时生产方式，将生产与战斗充分结合起来，在抗击日军的同时保障了生产。

1. 劳力与武力结合的创造与发展

1942 年秋季日军在宁武县新屯堡村附近建立据点，经常扰乱秋收，全村曾被抢走 58 石粮食。得此教训后，村民深知组织民兵以保

---

① 《五区上静游村变工队材料》（1946 年），山西省档案馆，A140—1—5—3。

卫生产成为迫切之举。1943年2月下旬，农会秘书兼民兵分队队长张初元整顿原有民兵，并召开村民大会，全村建立13个变工组。每组各选一个小组长，将不脱产的自然村村干部、民兵花编在各组。民兵战时打仗，平时参加生产。这种在战争场景下将劳动力与武装力量相结合的互助合作模式，被赋予"劳武结合"的革命性符号。

劳武结合主要围绕如下几项活动而展开。第一，开展爆炸运动。1943年村中只有十几个民兵，民兵提出"不让敌人抢去一条牛"的口号，变工组则"保证不荒民兵的一垧地"。民兵外出警戒或开展爆炸演练时，变工组就帮其耕作；民兵回来后，仍在组里耕作。第二，布置联防封锁线。1944年春耕期间，各据点日军不断出扰，民兵就从各方面保卫耕牛和食粮。张初元将他村与邻村统一民兵和武器，并加强与另外两个行政村的联防，布置联防封锁线。第三，发动200余名群众利用3天时间对每条路均设置障碍，逐日埋上地雷。第四，经常进行空舍清野。牛羊每日出村隐蔽，家里的铺盖亦在每早起床后用绳子捆好隐藏。这种做法取得了较大成绩：打死日伪军3人，夺回耕牛22头，掩护群众从敌占区买回耕牛19头，主动袭击日军6次。①

张初元劳武结合的突出成绩，引起中共中央的高度重视。在中共中央"劳力与武力结合""战斗与生产结合"的号召下，各地展开了广泛的劳武结合。尤其是1944年，劳武结合得到了进一步的发展。全边区51000名民兵和510000名自卫队队员参与劳武结合。②在规模扩大的同时，劳武结合在形式上和内容上也发生了很大的变化。尤其是在接敌区创造了联防区（联防哨）的形式，不按行政区而是根据情况、地形和战争的需要，若干自然村实行联防，统一指挥，坚持战争，掩护生产；各地的区村各级指挥部，担负指导生产、准备战斗的任务。劳武结合这种最初单纯保卫生产的互助合作方式，已经发展成为广大的群众运动。具体表现在以下几个方面。

---

① 佚名：《怎样使劳力与武力结合》，《解放日报》1944年10月18日；
② 张国祥：《山西抗日战争史》（下），山西人民出版社1992年版，第479页。

第一，民兵自卫队与变工组的统一。每个变工组兼有民兵自卫队的成员，民兵进行自卫活动，变工组则维持正常生产。每个变工组有担架、地雷，设正副组长，正组长管理生产，副组长管理抗战勤务，领导埋地雷。这种形式充分体现了互助合作的战时特征。如五寨县在1944年大生产运动中，全县共有民兵946个，参加变工组473个，占民兵总数的50%。① 偏关县1944年秋收时，各中心村民兵都参加秋收变工队，成为抢收抢打的先锋。教官咀村规定民兵活动，白天误一工顶一工、黑夜误一工顶半工。辛庄子村组织两个民兵巡查队，保卫秋田。韩家畔村民兵事先举行战时演习，帮助群众空室清野，大家都说："敌人来了，给他碰一鼻子灰！"各村所收的庄稼，都在地里晒干，够驮就驮，够打就打，大家夜以继日地进行抢收。② 这种民兵自卫队与变工队的组织结合，不仅在形式上结合，而且在思想上亦逐渐使劳力与武力结合，形成了一个内部联系紧密的生产战斗组织。

第二，变工与爆炸相结合。1944年晋绥边区第三届群英会过后，张初元在领导群众保卫与发展生产的斗争中，逐渐感到单纯依靠民兵打击日军来保卫生产是不够的。他认为要更好的保卫生产，就需要更多的人拿起武器参加战斗，于是采用变工与爆炸结合起来的方式。全村有28个人学会了造爆破管，58个人学会了埋地雷。13个变工组中不仅有埋地雷者，而且都有造爆破管者。除变工组外，他还激发全村妇女儿童学爆炸，组织起一个妇女爆炸组与一个儿童爆炸组。并把民兵和变工组埋地雷的地区和时间，作了一定的规定和分工。平时民兵在日军可能来的路上每晚埋地雷，第二天早晨起地雷，变工组不埋。战时或情况紧张时，民兵就到村外大路上埋地雷，变工组则在村内、院内、大门口埋地雷。③ 临南杨家山村

---

① 《五寨生产总结》（1944年），山西省档案馆，A138—1—40—10。
② 偏关讯：《偏关各中心自然村组织大变工日夜抢收》，《抗战日报》1944年10月12日。
③ 史敬棠等编：《中国农业合作化运动史料》（上册），生活·读书·新知三联书店1957年版，第628—629页。

刘生树变工组在生产中进行练兵学武，学习埋地雷，把地雷背到地里，耕地休息时就练埋雷法。① 位于临、离石两县交界处的某村为了抢耕，组织了6个变工组，内有6头牛、50多个全劳动力和半劳动力及全村400多垧地。民兵和地雷被分配到各变工组内，生产与爆炸设2人负责领导，以民兵为中心教会组内成员都会埋地雷。当遇到日军侵扰时，藏牛、寄家具、埋雷等各项工作在组内有序进行，由指挥部统一指挥。平时以小组为单位练习埋地雷，老弱者担任白天岗哨，各变工组的人均有盘查行人之责，晚上由各组轮流警戒。这种办法的实行，使全村春耕较往年提前10天完成。② 在变工组内开展爆炸，加强了群众对敌斗争的武装力量，更能有效地打击日军与保卫自己，提高了群众对敌斗争胜利的信心。

第三，村与村之间进行互助合作，抢耕抢种。如临南县接敌区×村与根据地村庄实行村与村互助合作的例子。×村原有45户，经日军烧杀抢掠之后，仅留20户。全村有1000余垧地，除700余垧地种棉花外，尚有300余垧地成为弃荒地；7头耕牛被日军抢走4头。经区干部动员，从属于根据地的邻村调剂35头牛帮助该村耕种，将来1个牛工还1个人工或支付工资。同时，由民兵游击队进行掩护，在5天之内就将村内土地全部耕种完毕。夏收中，该村与邻村组织抢收队，3天内把400余亩麦子全部收完。该县×家塲村也是与5个自然村实行变工办法，调剂牛43头；3个村民兵共计15人帮助掩护，进行了抢耕。③ 这种村与村变工互助的合作形式，有利于稳定群众和促进生产的发展。

第四，开展联防运动。这主要体现为建立连环封锁线、开展联防爆炸运动与组织"联防战斗网"。建立封锁线，由区骨干民兵担

---

① 《临南四区杨家山村刘生树领导的变工队材料》（1945年），山西省档案馆，A147—1—70—7。
② 瞿映国、刘枫、纯一：《石门塲周围的变工爆炸》，《抗战日报》1945年6月27日。
③ 薛益、鲁石：《抢耕抢收的几种组织形式——临南一区关于劳力武力结合的经验》，《抗战日报》1944年10月31日。

任,由大队长及中队长指挥。在村周围布置连环哨,每一哨位由村干部和中队长带领民兵轮流换班。除日夜监视日军活动外,民兵还开展"联防爆炸运动"。五寨县民兵英雄路玉小每天带领各村民兵分队小队长,侦察日军来往道路和附近几个敌据点的内部情形并布置地雷,不仅夺回了日军抢去的耕牛,而且使日军不敢轻易接近民兵防备区。为了加强自身战斗力,村与村之间还建立"联防战斗网"。宁武县邢四娃村联合附近几个行政村的民兵建立"联防战斗网",给宁化村敌伪以重大打击。① 为了保证联防战斗的有效进行,该县民兵还制定出联防纪律。其一,执行联防不力者,分别给予批评、开除或送区上处分。其二,作战中民兵必须听从指挥,不能乱跑乱打,破坏联合作战;截获日军所抢的财物,统交中队长归还群众,不能私自拿走;保守联防秘密,联防会议半月召开一次,检查工作,解决问题,布置任务。② 民兵联防因之由自发走向自觉,更趋于系统化、组织化。

第五,进行防奸保卫生产。如兴县六区民兵王佐清村地痞王玉国参加变工组后,在组内进行破坏活动,对别人说:"公家给老百姓解决困难是骗人的""纺织合作社就是为了剥削农民",想搞垮王佐清领导的变工组,并对被改造的二流子王玉池进行煽动。一次,王玉国将毒药给王玉池,要他毒死全村群众,王佐清当即带领民兵将其扣获,转送到区公所。经过7天的宽大教育后,王玉国承认错误,将其释放。经此防奸运动,六区干部、群众深刻认识到破坏分子的丑恶罪行,更加提高了警觉性,并以极大的热情进行夏锄变工。③ 这种变工生产与防奸运动结合的互助合作形式,在保卫生产、巩固变工组的同时也增强了各阶层内部的凝聚力。

第六,成立村战时指挥部。宁武县四区各村在1944年夏收时建立夏收突击指挥部。该指挥部以民兵分队队长任总指挥,负责劳武

---

① 佚名:《怎样使劳力与武力结合》,《解放日报》1944年10月19日。
② 宁武县史志办公室:《光辉的历程》,山西人民出版社2011年版,第205页。
③ 佚名:《怎样使劳力与武力结合》,《解放日报》1944年10月19日。

结合、侦察敌情、指挥民兵战斗、配备警戒、埋设地雷等；农会干事任副总指挥，领导变工队、突击组，组织和分配劳动力进行抢收；另设书记1人，负责统计地亩、记工、算账等。① 该年秋收时兴县杨家坡行政村建立以劳动英雄温象栓为首的战时指挥部。具体办法是：（1）因为民兵大部分担任变工组长，就另选一副组长来领导生产，以便战时对战斗、生产能兼顾；（2）民兵在反"扫荡"时配合部队作战与开展爆炸，保证群众不受不应有的损失，群众也保证不损失民兵庄稼，民兵战斗活动，白天顶一工、晚上顶半工；（3）变工队与担架队统一起来，以便随时集中使用；（4）战时集中抢收，挑选两个强壮的妇女集体做饭，山上村子不太忙时，每组抽出两个强壮劳动力组成大抢秋队，帮助大川村子抢收，各村民兵放联防哨，一有敌情即通知群众转移；（5）各组中的妇女和儿童，由选出干练可靠的人带领转移，变工组给他们收割；（6）二流子及平时行动不规的人分编在变工组里，以便教育监视；（7）如有外村群众因敌情转移到本村，有组织转移来的，由其组织保证，其无组织的由指挥部组织他们驮运庄稼、打场等，以后还工或给工资。这些办法决定之后，全村立即行动起来，糜子、豆子等开始收割，春天在东山上开的75垧义田已经全部收完。全村群众空室清野工作已经完成，笨重东西、食粮已埋藏完毕。全村哨岗密布，日夜严格盘查，白天自卫队和儿童放哨，晚上民兵查哨巡夜。民兵正加紧进行战斗训练，准备给进犯的日军以迎头痛击。② 战时指挥部的建立，将劳力与武力在组织上、领导上、工作上统一起来，加强了行动的协同性、一致性。

第七，民兵参与生产。其一，岗哨生产。临南县樊志仁村民兵在围困三交的哨位附近租种地18亩、开荒13亩，共收获糜子12石、谷子1.5石、黑豆2石多，全部归民兵所有。其二，集体生产。

---

① 《劳力武力结合的新发展》（社论），《抗战日报》1944年10月3日。
② 白日璋、甄章：《温象栓同志领导全村备战秋收》，《抗战日报》1944年9月30日。

民兵英雄段兴玉领导民兵种18垧地，收粮8石，以供给民兵吃用与补充武器之用。另外还收下拥军菜23000多斤，以供给招待过往军人吃用。其三，帮助合作社生产。张初元村民兵在出去放哨时，代合作社卖货，后者给予一定报酬。其四，成立打山合作社。段兴玉为了保卫群众的生产，组织民兵与变工队成立打山合作社，打下山猪由变工队伙分，打山民兵则在变工队内记工。[①] 民兵利用各种活动空隙进行生产或集体开地，不仅更加密切与群众的关系，而且可以解决民兵活动时的吃粮问题，以便开展更大的民兵活动。

第八，军火自给。其一，组织群众生产军火。（1）熬硝。第一种办法是创办熬硝合作社，如兴县李有年的熬硝合作社，发动群众扫硝土，组织固定的民兵熬硝，所得利益，由扫硝土群众分红10%，熬硝民兵分红30%，其余归合作社。熬硝民兵的土地，则出工资由变工队耕种。第二种办法是规定扫硝土的价钱，群众送土支付工钱，民兵熬硝供自己使用。还有一种办法是为了临时需要，发动全村群众扫土，民兵熬硝，谁也没有报酬，熬下硝全村使用。（2）造雷壳。制造雷壳最主要的办法是兴县李有年的造雷铸铧合作社。该合作社遵循"民办公助、公私两利"的办社方针，在原有铁匠炉的基础上"组织起来"。第二种办法是河曲县张五十六的完全民办的军火合作社，按各人技术顶股，每股出1000元作资本。第三种办法是刘清荣的合作厂，规模大，生产量也大。还有一种办法，就是大量利用留在民间的铜铁茶壶作地雷，动员出价收买都可以。瓷雷和快火手榴弹的制造，可以同样用第一、第三两种办法，与瓷窑合股办理，各个分区瓷窑都很多，可以大量制造瓷雷。至于造石雷，民兵英雄韩凤珠曾组织石匠试造成功，能将500斤重的石头炸碎。（3）制造各种武器。民兵英雄张五十六团结铁匠、铜匠、木匠组成合作社，修理子弹600发、步枪25支、手榴弹15个。其二，自筹军火经费。一种办法是开垦"军火田"。宁武县民兵英雄邢四

---

① 史敬棠等编：《中国农业合作化运动史料》（上册），生活·读书·新知三联书店1957年版，第640—641页。

娃在"土中取财"的思想下,组织民兵和群众中的积极分子影响变工队开垦"军火田"。他首先从本村做起,进而推及联防的5个行政村,不仅使"军火田"普及全县,而且使边区大部分县份都学会他开军火田的办法。另一种办法是集资。邢四娃利用群众庄稼被野猪糟蹋的情形,发动民兵及群众买火药打野猪,再由群众发动集资。他更用算账教育,鼓动富有者踊跃集资,对集资最多的人,在大会上表扬、鼓励,形成各阶层集资买地雷的热潮。还有一种办法就是破击。五寨县民兵谷云爱带领全村民兵通过破坏日军物资和交通线,解决了制造军火的经费和原料问题。破击后,采取严格的分红办法,保证参加的民兵及群众得到一定的利益。其三,组织军火合作社、扩大军火资本。邢四娃把集下的钱组织成军火合作社。在合作社里进行榨油、运输、纺织、出卖日用品等业务,成为以供给军火为主的综合性合作社,每月可供给联防区30颗地雷。①

随着劳武结合的普遍推广,兴县四区在认真学习张初元劳力与武力结合的基础上,具体规定了民兵与群众变工的办法。第一,民兵出去执行任务时,全村所有劳动力给民兵种地或锄地,民兵回来后再算工;第二,群众欠下民兵的工按短工时价支付工资,民兵欠下群众的工则在民兵返村后还工;第三,"反扫荡"时民兵与变工组组员统一记工,其中后者入工总数扣除抗战勤务所需工外,余工算到变工组内;第四,过境民兵出外侦察顶全工,平时出差或到敌占区割电线的民兵则算作服抗勤而不顶变工组的工;第五,民兵平时在变工组中顶半工者在战时活动时顶全工,晚上侦察或放哨之民兵则一律顶全工。另外,还提出干部要有计划地调配民兵,并教育群众爱护民兵。假若民兵出去不负责任,使群众受到不应有的损失时,要受到纪律的处分。个别民兵出去故意拖延时间以便让群众给他帮工时,返村后除民兵组织予以批评外,变工组不给他顶工,群

---

① 史敬棠等编:《中国农业合作化运动史料》(上册),生活·读书·新知三联书店1957年版,第642—646页。

众给他种地的工要补还。① 这一办法将劳武结合的互助合作模式具体化，不仅规定了各种情况下民兵与群众互助合作的细则，而且将民兵置于政党意志的规训范围之内。以纪律规训民兵，表面上是为了巩固互助合作组织，实则是将其驯化为革命之卫士，并忠诚地服务于革命。

2. 武力与劳力结合

在劳武结合的同时，还发展了武劳结合。部队一方面积极对敌作战，获得了辉煌的战绩，另一方面于战争间隙中，在内地区大规模的进行生产，并在对敌斗争与游击活动中，采取各种方法，一边斗争，一边生产，实行了武劳结合的方针。

第一，部队的生产运动。在陕甘宁边区第一届劳动英雄代表大会闭幕后，《解放日报》发表社论指出："我们部队生产，更是世界上的奇迹，他们把打仗与生产结合，表示出他们真正是人民和革命的军队。……他们又是打仗的军队，又是劳动的军队，这样的军队，在中国历史上是从来不曾有过的。"② 由此可见，中共领导下的新式军队参与生产已成为其自救的重要方式。据相关资料显示：晋绥军区部队1944年全年共开荒166000亩，获取细粮20000多石；菜蔬除极少数部队外，基本做到全部自给。除此之外，各部队全年各季进行多种副业生产。仅军区直属队、直属兵团在春耕时就取得了如下成绩：砍柴730000多斤，捻毛线200斤，纺线200斤，做纺车433辆，养羊1400多只、猪670头，熬硝600斤，并生产了大量农具、日用品以及药材等。③ 自给生产不仅解决了部队自身生活的部分需要，而且还节省了一笔很大的军用开支。

第二，游击生产。边区部队不仅在根据地开展大规模的生产运

---

① 兴县讯：《兴县四区规定民兵群众变工记工办法》，《抗战日报》1944年4月20日。

② 《边区劳动英雄大会给我们指出了什么？》（社论），《解放日报》1943年12月26日。

③ 史敬棠等编：《中国农业合作化运动史料》（上册），生活·读书·新知三联书店1957年版，第647页。

动，而且在游击区、接敌区亦进行游击生产。围困交西县青沿村的武工队在附近活动时，每到一个地方都要开荒种地。从西沿、东西门家山到鲁沿、水峪贯等村，都有他们耕种的地。这些村子离敌据点最近只有2.5里，最远也不过13里。他们所耕种68垧土地均分散在这些村子里。每到一个村庄，他们就向村民临时借回农具，并与村民变工换取肥料。他们在地里耕作时一边干活一边警戒，日军来了就打，日军走了就生产。他们走到哪里，就生产到哪里。如1944年5月11日武工队在西门家山村开荒时发现敌情后，当即占领附近高地及大水村的山梁，把来犯日军挤到水峪贯村。结果，日军两名士兵被打伤后逃离。武工队当天回到大水村继续生产，第二天又转到东门家山村开荒。在如此频繁的游击活动中，武工队竟然耕种土地158垧，不仅完成而且超过了大部队所指定的耕种80垧土地的任务。① 游击生产在部分解决部队经济困难、保卫游击区生产的同时，还增强了军民关系，并在某种程度上冲击了植根于底层民众思想深处的那种"兵匪"观念，进而达到激发民众认同与参与中共革命的政治目的。

第三，军民互助合作。岢岚县四区井儿上村军民变工队无论在规模上还是形式上都具有典型性。这个变工队分男女两组，共52人，军队方面27人、群众方面30人，从春到秋一直坚持互助合作。军民互助委员会是变工队的民主领导机关，由部队及群众各出2人组成。王成厚任群众队队长，部队方面一人任副队长。在这个变工队内，所有的军民同样过着像部队似的紧张而有纪律的生活。早晨军队吹第一次号全队起床，吹第二次号全队吃饭。饭后群众方面打钟集合，变工队点名后分别排队上地。在休息时读报，晚上队长记工，吹熄灯号后，民兵检查催睡，以便第二天早起。3天一次小组会，7天一次大会检讨工作，20天一次大算工。军民关系很亲密，

---

① 史敬棠等编：《中国农业合作化运动史料》（上册），生活·读书·新知三联书店1957年版，第649页。

没有发生过什么问题。① 由于军民的互助合作，在军队方面解决了作战时的生产问题，在群众方面则得到军队在劳动力方面的帮助，有利于突击农作。

第四，军民破击分红。军队、民兵、群众向日军的铁道、电线进行破击，到敌据点夺回粮食。一方面给日军很大的损失和威胁，另一方面解决了群众、民兵和部队的一些问题。这也是破击日军、建设自己的好办法，是一个新的创造。五寨县二区1944年，民兵自卫队破坏铁轨19850斤、电线5763斤，其中民兵英雄谷云爱坏机9000斤、电线4000余斤。② 是年9月22日，在游击队掩护下，宁三区民兵分队队长张万财带领民兵和群众，破击宁东（宁武县城至东寨）铁路。部分民兵在铁路两侧警戒，余则分为如下几组：破路组6人，专管破路；运输组8人，专门运送铁轨、驮畜以及与群众布置在距铁路半里的安全带，把铁轨运回后方。该次破击，共运回铁轨850斤，另有零散群众主动参战截走铁轨180余斤。次日，民兵8人为防止日军再去李家山驻扎，就烧毁敌碉堡，并破获铁丝网120余斤。10月9日，民兵与群众为解决武器困难，又破坏铁轨1300余斤。铁轨运到后方，解决了群众的油、盐等生活费用困难。③ 静宁县民兵、群众有组织地开展破击运动。在1944年11月至1945年3月间，共破坏铁轨70000余斤。其中某村民兵杜成云两次破击所得买了1头大犍牛，邱计小5次破击除买了1头大犍牛外，还买了2匹布及解决了全年的食盐。④ 这种以破击助生产的互助合作形式在边沿区或游击区是可以推广的。它具有一定的战争色彩，对于稳定群众生产、提高民兵斗志是有益的。

三 合作农场

合作农场是根据地互助合作的一种新形式，其组织方式是将所

---

① 《岢岚县生产总结》（1944年），山西省档案馆，A139—1—43—5。
② 《五寨生产总结》（1944年），山西省档案馆，A138—1—40—10。
③ 宁武县史志办公室：《光辉的历程》，山西人民出版社2011年版，第95页。
④ 刘恒：《静宁各村组织变工，贯彻劳武结合保卫春耕》，《抗战日报》1945年4月15日。

有成员的生产资料，包括土地、牲畜、劳动力都集中起来进行集体耕作，依生产资料数量折成股份，按股分粮。它与一般变工组的区别在于各个成员的土地、牲畜、劳动力不再保持私有性质，而成为共有财产。这种合作形式最初出现在离石县。该县1941年组织青年农场8个、妇女农场2个，共有54人参加，集体种地31亩，每场平均5—6人，人均种地3亩。[①] 1944年，合作农场在二分区得到了发展。其中保德县最多，共有11个，而河曲县、岢岚县分别有3个，神池县有1个。[②] 保德县杨家沟村张侯小创办的合作农场可以被视为典型。

1944年，贫农出身的杨家沟村主任张侯小和村里另外2户农民组织变工组。后来，由于组织扩大至18户，于是组员们共同商议决定组织一个"以农业为主，兼营他业"的合作社，并取名为"合作农场"。合作农场成立后，在制度、经营范围乃至纪律等诸多方面均作了相关规定。首先，在制度方面规定：（1）土地、劳动力作厘股，农产品除过开支，按股平分，其他收入只按劳力股均分；（2）土地统一使用，但承认土地私有权；（3）种子、饲料按地摊纳，贫户暂拿不出可由其他户给垫上，产下新粮后扣除；（4）吃饭自备，缺粮互借，保证解决困难户的口粮；（5）牲畜作价入社，秋收后还钱；（6）劳动力按技术统一分配，各尽所能，分工负责，不记工。"如系劳动者因病一年未参加劳动也不下工，到秋后分配时，仍以一个整劳力股参加分配"；（7）各户用炭由合作农场派牲口驮，炭钱由合作农场出，公粮由合作农场出；抗战勤务及有关公差人畜力皆由合作农场统一负担；（8）合作农场生产的粮食，按人口平分，1—7岁为半口，8岁以上为一口，不管劳动力与财产多少，皆以够吃为原则，其余作为扩大再生产费用；（9）合作期限暂定为10年，在这10年中给雇农刘拉套买地10垧。10年后"如社会已到共

[①] 王春明：《晋绥边区的农业大生产运动（1940—1949）》，北岳文艺出版社2001年版，第227页。

[②] 晋绥边区行政公署：《晋绥区变工互助工作的总结材料》（1945年），山西省档案馆，A90—5—19—2。

产主义，农场则继续办下去，否则到时候再决定离合"。其次，确定合作农场的经营范围为：农业分为两个作业组；日用百货；放羊120只；养肉猪10头、小猪30头；粉坊1座；油坊1座；运输驴、马9头；纺织（纺车15架、织机1架，纺织工人21人）；种棉；开店一座。最后，制定纪律条规：（1）保证团结互助，合作到底；（2）服从领导，发扬民主，自愿劳动，有意见当面提出，民主讨论，不许背后乱说，消极怠工；（3）打破私有观念，要忠心、热心、公道，对人互相尊敬；（4）爱惜农具，节省工资；（5）忠实执行生产分工，刻苦完成合作农场给自己的任务；（6）大家利益在先，个人利益在后；（7）忠实厚道，反对奸猾取巧；（8）有错误缺点，大家说服教育，最后不改，批评斗争；（9）早起早睡，遵守时间，必要休息时大家通过，不能自由散漫，生产起居，以钟声为号；（10）执行会议决定，有意见提出讨论，半数以上不同意者可以变更。①

杨家沟村合作农场初办之时，县委和地委非常重视，并一致认为按当时的实际情况还是组织变工组为好。但是，主办人张侯小等人坚持要办农场。结果事与愿违，该农场最终于一年后垮台。

保德县神树梁村大变工也非常类似于合作农场。该村是保德县四区的一个偏僻小村，位于县城正南80里。全村27户，均系高姓，以宗族关系亲疏分为两支，上支18户、下支9户。27户中，共有中农12户、贫农15户。1945年春由下支的9户发起大变工，上支有2户参加，共11户，1户中农、1户贫农。他们把所有的240垧土地都打在一块，男劳动力都作了股，统一分配、统一计划，按各人的能力技术分配职务，按土地的质量与位置计划耕种作物的种类。地以25垧作一股，男壮年劳动力也作一股，3头牛和40余只羊折价作股，牛料按地分摊，种子择各家优良者使用，将来由集体

---

① 陈秉荣：《保德农业合作史》，政协保德县委员会2012年编印，第84—86页；王俊斌：《改造农民：中国农业合作化运动研究——以山西省保德县为中心》，博士学位论文，首都师范大学，2009年，第59—61页。

归还，肥料也是归公，秋后集体归还。每户仅留1垧菜地，从公地中挑选，劳作不记工，收获不归公。各家有什么农具完全拿来使用，记工方法是单计缺工，粮食均分。夏锄、秋收时，妇女都参加，由老汉高振家领导，以鼓励督促的方式与家族长辈的资望来领导。大家劳动积极，情绪很高。秋收在3人配合翻地、1—2人服抗勤的情况下，由妇女们及时完成收割任务。他们男女老少从春到秋一年在一块劳动，都表现了很高的劳动效率与很愉快的情绪。总领导人是主任代表高浪子，掌握农业技术的是高映璧等3人。组内共有两本账，一本工账，一本支垫账由高映璧管理。由高映璧的父亲专门喂牛，他是个跛脚老汉，不便干农活，但牛喂得很好。组里的男人都识几个字，非常关心时事问题，订了一份《抗战日报》，一有空就请教员给大家读报，讲到报上登载他们村的变工情形以后，生产情绪更加高涨。秋收产粮200来石，分为21份，每份分粗粮9石（30斗），每垧平均8石多粗粮，比一般群众的产量都高。秋收时将籽种、牛料从集体中扣除，翻过地七八十垧。冬季抽3人出外弹棉花，赚下工资买一头大犍牛，大家共用。弹棉花的人吃在外边，比在家的人便宜。其余两三个男人送公粮、驮炭也没有闲空。送公粮、驮炭是用公共的牛，不赚工资，给谁家劳动牛吃谁家，人还回自己家中吃饭。炭钱由自己出，公粮负担各出各的，女人们每5天给组里澄粮、喂猪。在农作中最获利的有烟地、辣椒地。同时组里产棉花180余斤，大家分用，所以家家户户都有棉花，大家共同进行纺织。该组的优点是节省劳动力，土地与劳动力各尽所长，耕作精细，增加产量，切实做到将中、贫农经营变成富农经营，每垧地平均产量由过去的四五斗粗粮增至8斗有余。缺点是不能推广到一般村庄，只限于以血缘为纽带的宗亲之间；领导者带有浓厚的家长统治色彩，干部发挥作用小；组内成员虽老中农多，但吸收与扶助贫苦农民很少，对帮助穷人翻身的意义不大。① 因之，该组并未脱离传统模式之窠臼，也未能充分迎合中共组织与发动农民之本意。

---

① 《保德神树梁大变工材料》（1946年），山西省档案馆，A137—1—10—7。

保德县试行合作农场是互助合作从私有性质向集体性质转变的一个尝试，然其最终归于失败。失败之因，主要体现在如下几个方面。第一，物质基础不平衡，生产方式落后。在当时那种带有浓厚封建色彩的经济形态下，物质基础的不平衡以及生产方式的极端落后，使得群众难以摆脱私有观念的束缚。也就是说，当时群众的思想觉悟还未能够提升到集体意识的高度，因之也就不可能使合作农场这种带有集体性质的新型经济形态得以生存与发展。这种尝试实际上违背了毛泽东"组织起来"的思想原则。第二，不能扩大生产抑或提高劳动效率。大部分参加者都是依靠公家，本来能援助贫者但却既无心又无意，劳动积极性趋于消沉，大家懒散，互相等待。如岢岚县斜领背村阎富新未参加合作农场亦跑向农场诉苦说生产没办法，加入之后，借到籽种就吃莜面窝窝。若以同样的物质来帮助其他人的话，生产效率将会大大提高。另外，大家对耕作上无责任心。如岢岚石家会村合作农场种多少地、种什么，都无人知道，采取不关心的态度。有的人参加劳动很少，认为是给别人劳动，这样限制了生产力向前发展。第三，在组织与耕作方式上存在着很大的缺陷，使基本群众吃了很大的亏。如岢岚县刘村10垧地顶一股，按地摊工，按股分益。这样地多的人占了便宜，地少而劳动力多的变成了雇工，促成了剥削的现象。又如岢岚县斜领背村不管地多地少，一律按工分益，而在种子方面没有具体的规定，结果谁也不愿拿出，后来用斗争的办法解决了个别私人出籽种的问题，却酿成了生产中不和睦的现象。[①] 行政力量介入利益争端，违背了农民行为的潜规则，即便在短时间内见效但并非权宜之计。

四　变工合作社

新西兰学者纪保宁在对陕甘宁边区合作化运动的研究中，认为"农业互助合作运动与合作社运动并没有成功地连接起来"[②]。就笔

[①] 《岢岚县变工互助材料》（1945年），山西省档案馆，A139—1—45—2。
[②] ［新］纪保宁（Pauline Keating）：《组织农民：陕甘宁边区的党、政府与乡村组织》，冯崇义、古德曼：《华北抗日根据地与社会生态》，当代中国出版社1998年版，第94页。

者目前掌握的资料而言，这一论断至少在晋西北革命根据地很难立足。1944年在互助合作运动的高潮阶段，互助合作的发展突破了农业的限制，形成一种较为高级的形式，即变工合作社。依其特点可分为三类：变工办合作社；变工组与合作社的统一；合作开荒。

1. 变工办合作社

各地在农忙时，因单纯变工组或合作社难以兼顾各类生产的正常发展。变工办合作社就成为应对农忙的一种普适性互助合作形式。其流程简单，是从农业生产中抽出人力、畜力发展副业，变工组则专门种地。这种形式种类很多，如变工办纺织合作社、变工采矿、变工办运输合作社、变工办养羊合作社、变工办消费合作社、变工办学校等。这些参与其他事业人的地由变工组代种，作为报酬，有的是将来还工，有的是付给工资；有的则把各种工打通计算，做到的事所赚得的钱，归于全组，按工算账。变工与运输相结合，如兴县温象拴组在春耕时，变工组员都有赶集和烧炭的困难，各人分散解决误工很多。温象栓首先拿出自己的牛，从变工组中抽出人工，专门赶集运炭，各家按所需用运输工数，还工种地。放羊合作社也曾采用这种组织形式，如兴县贾挨碰村过去有两三只羊的人家，分散喂养误工太多，捎养在富户大群里既要出工钱，又积不下粪土（粪归富户），春耕时变工合群喂养，就省工很多。① 变工办学校始于保德县柳树沟村。该村共19户，1944年除两户外，已全部参加变工组。他们为了解决小孩上学的问题，从变工组内抽出一个文化水平较高的人担任教员，专门负责教育19个小孩，并在农忙时带领其参加农业劳动。教员所耕种之土地由变工组内其他组员负责锄草、收割，并以全劳动力之标准参与组内收益分红。民办学校成立后，不但解决了小孩接受教育的场所问题，而且由于变工组的推动，其接受教育的时间也得以确保。不少组员高兴地说："变起工来，好处实在多哩！不但能节省劳动力深耕细作，还能使小孩们

---

① 东北行政委员会办公厅：《怎样组织起来——各解放区劳动互助经验介绍》，东北行政委员会办公厅1947年编印，第65页。

读书睁开眼。"继柳树沟后，杨家沟等3村亦增民办小学校3所，学生均有二三十名，教员以变工的形式教学。①

临南县李汝林村的变工合作社是变工办合作社形式的一个范例。李汝林领导的变工合作社，是为了解决群众日用必需品的困难，在变工组基础上集股组织起来的包括农业、消费、染房、运输等各方面的合作，把全村的一切劳动力都组织进合作社里，各尽所能地进行生产。他的办法是把所有劳动力都组织在变工组中统一记工，按时结算，余工在合作社与身股一样分红。在冬季生产中，他又实行按件记工：驮50斤炭、砍两背柴、拾一担粪等都顶一个工，帮助外出者作零碎活（如担水等）也以时间长短具体打分数记工。这种灵活的记工办法就使全村一切全劳动、半劳动，有技术的、没技术的以至零星工都以扁担队、弹花组、砍柴组、拾粪组、运输队等形式组织到合作社来。由于合作的人员与牲口都在变工组中记工，因之他们的伙食费完全自给。合作社本身没有任何开支，而任何人的生产所得（农业除外）都交归合作社，结算时按钱股与人工分红。另外，该村还有妇女组织起来的纺织合作社，由妇女们拿出棉花作股本，妇女纺3两线或织1丈布算作一个工，织布赚下的钱按工分红。为了便于统一领导和集中管理，李汝林使用按件记工的办法，将妇女纺织合作社合并在变工合作社之内。②

这种变工办合作社的形式，在变工合作社初办之时较为普遍地采用。它的好处是运用大量节余劳动力和余资余物，满足了群众的某些共同需求，从而免去误工。其缺点是在农闲时很难给办合作社的人定出适当的工资，难于更灵活的"组织起来"更广泛的劳动力。因此，变工办合作社，特别是当合作社发展到规模较大、业务较多的时候，便要求采用"变工组与合作社统一"的形式。

---

① 晋绥边区行政公署：《晋绥边区的劳动互助》（1944年），山西省档案馆，A90—5—6—1。

② 本报讯：《李汝林贾宝执马在山等畅谈变工合作问题》，《抗战日报》1944年12月23日。

2. 变工组与合作社统一的形式

这种形式是变工合作社发展较完整、成熟的形式。保德县康家滩村康三年领导的变工合作社是变工组与合作社统一的典例。

1944年春耕时，康家滩全村有地的农民都参加了变工组，并抽出节余劳动力开荒、运输、打短工、卖炭与种瓜。在开荒与运输获利后于6月成立合作社，共有资本40000元、社员3个，业务以消费为主。至8月，合作社盈利40000元，于是增加股本40000元。之后，康三年提出：合作社在业务上应转向生产。随之合作社以经营运输、纺织为主，消费次之。运输由3头毛驴负责，其中2头属于变工组，顶作股本；赶毛驴者与合作社以运输赚利之半分红。纺织采用工资办法，纺妇领纺合作社棉花1斤交15两线子，一等折合小米16斤、二等14斤、三等8斤；织工每织1.32匹布，赚9斤米。

1945年，农业、工业、运输等生产全部被组织到合作社内。合作社资本由80000元增至230000元，社员由3人增至7人。（1）农业变工合作。全村73户，土地189垧。参加变工组31户，劳动力45个，牛4头，梁地114垧、水地20亩。变工办法：春季水地是按地摊工，将劳动力按强弱好坏评工，每亩摊4.6个人工；梁地是工变工。耕种一垧地，带人顶2.7个人工。夏、秋两季梁、水地均按地摊工，劳动力随时随地评工，记工使用工票，工资为人工110元、牛工125元。合作社以牛、驴和变工组变工，变工组短下合作社的工予以补工或以实物相抵，变工组相互之间短工可由合作社支付工资，然后再由欠工户逐渐给合作社补工。（2）开荒变工合作。由变工组内抽出12个人组成开荒队上山开荒。产粮按工均分，变工组给开荒人种地，由开荒人补工或给工资，合作社人员参加开荒所分粮全归合作社。（3）运输变工合作。春、夏两季主要是合作社5头毛驴跑运输，秋、冬两季则是帮助群众跑运输。帮助办法有两种：借资本，合作社分红为运输赚1000元（14元以下不分）者分10%，赚1000元以上分20%；赊货，货均按市价赊购。（4）担挑小贩变工合作。春、夏两季由变工组抽出2个人担挑，给变工组补工或支付工资；秋、冬两季发展为 26 人担挑。这些小贩主要靠合作社帮助资本赊货，而合作社本身获利不大。（5）纺织合作。春至秋仍采用工资办法，冬季转向自纺自织，采用变工和朋伙织布两种形式。变工办法是工人织 1.32 匹布顶 3 个工，纺妇纺线一等 2 两、二等 3 两，三等 3.5 两各顶 1 个工；朋伙织布，纺妇欠工时给工人支付工资或补工纺线。（6）烟坊合作社。本县遭水灾后，康三年首先组织 10 个人集资 80000 元（康三年自己集 20000 元）于 9 月初即开始做水烟。做了 10 版水烟获利后，合作社和康三年合伙，每 10000 元顶 1 股，合作社顶 3 股，原料由合作社供给。（7）其他生产。合作社喂猪、磨豆腐未获利，只积了一部分肥；买羊 31 只，除积肥外，主要是鼓励群众养羊。老年妇女不能纺线者，组织在合作社抽烟筋。合作社内的打杂人员，除吃穿外可分红 1 万—2 万元，还帮助其中 2 人娶媳妇。水灾后还派 22 个强劳动力帮助部队秋收。

在分红方面。6 月分红，23 万股本盈利 180000 元，每元股本可分到红利 5 角，但考虑到以后的开支，每元以 0.38 元分红 132240 元。合作社 5 个人顶身股 4.4 股，每股分 7600 元，奖金 20000 元。合作社人员及群众中生产模范、民小模范学生均有奖。①

康家滩变工合作社的发展体现了"民办公助，生产第一"方针的贯彻与执行，其特色在于：第一，通过各种方式灵活地将劳动力最大限度地"组织起来"；第二，合理调配劳动力和物资，便利各种副业的发展；第三，较为合理地解决劳动力与资本分红问题。因此，它不仅在经济上扶助群众逐渐翻身，而且在思想上增强群众的凝聚力。这种互助合作形式，对于城镇及沿河村庄较为合适，当然也适合于一般村庄，是互助合作发展的方向。

3. 合作开荒

合作开荒的组织办法有两种。第一，按工分粮。岢岚县苏六村

---

① 《保德县生产典型材料康家滩变工合作社报告》（1945 年），山西省档案馆，A137—1—10—5。

在变工组中抽出节余的男女劳动力22人，集体开荒280垧，秋收后每个劳动力除耕地所费工外，余工分粮。① 这种办法简单易行，适宜在荒地较多的地区推广使用。第二，一部分粮食按工分，另一部分粮食作为继续经营其他合作业务的资本。兴县横城村合作开荒190亩，人工、牛工都按各季节的工价折合成股，每股300元。秋收后产粮的80%按股均分，其余20%作为其他业务的资金。② 合作开荒通过扩大耕地面积、解决贫苦群众的耕地问题及发展农村防灾济贫事业等途径，推动了互助合作运动的发展。静宁县赵成成村组织贫苦群众外出开荒，变工组给种地，开荒回来给变工组还工，开荒地收粮，全部归开荒的贫苦群众。宁武县温二贵组织26个劳动力和富户合作开荒，富户先垫出1/3的工资和种子，秋收后分给1/3的粮食，参加开荒的劳动力得2/3的粮食，具体办法是按工分粮。他又组织起22个人的扎工队，首先帮助地主开荒，每亩工资莜麦1大斗，10天赚取6.5石莜麦，解决了口粮和籽种问题。之后扎工队又合作开荒84亩，等到收获时按工分粮。③ 这种以集体耕作、按工分粮为特征的合作开荒形式，不仅发扬了集体劳作的精神，而且扩大了互助合作的范围。

解放战争时期，变工合作社逐渐发展为常年的、综合性较强的大型合作社，部分坚持到新中国成立后成为开展农业合作化运动的旗帜。

兴县变工合作社在这一时期得到长足发展。该县罗峪口行政村14个自然村在1946年时共有11个变工合作社，培养出织布工人102名，织布2858丈，纺妇238名。其中，滩头、韩家吉等5个村已做到穿衣全部自给，其他各村都能解决2/3的穿衣问题。④ 早在

---

① 东北行政委员会办公厅：《怎样组织起来——各解放区劳动互助经验介绍》，东北行政委员会办公厅1947年编印，第73—74页。
② 同上书，第74页。
③ 同上。
④ 刘德有：《兴县罗峪口行政村做到穿衣大部自给》，《抗战日报》1946年1月25日。

1944年就成立的白家沟土地运输合作社在解放战争时期得到进一步的发展。1946年春耕时，该合作社共种土地1151.5垧，由35人编为7个生产小组耕种，每组5人并配备大犍牛2头耕种7人的地，节省2个人工从事合作社其他生产。社员生产情绪很高，原计划3000驮粪由7头毛驴运送，但上地生产的35人愿意把7头毛驴节省下来，替贸易局粮店运粮，以增加合作社财富。他们鸡叫就起来担粪，自农历一月十二日开始至二月十日，已掏出2000余驮粪。变工合作社主任贾保执在工作之余磨粉、磨豆腐，社内医生也与其他社员一起挑水。① 此外，该合作社还与邻村伙开一座煤窑以解决本村烧煤问题，并抽出8犋牛到外村开荒400亩，产粮4万斤。1946年全年副业收入加上开荒地产粮，共折合小米306石，每一劳力股分小米4.32石，每一资金股分红利小米3.6石。②

临县郭家塔变工合作社成立于1945年1月，最初有8户，男人组织变工组，妇女进行纺织。1946年1月分红后，又新加入3户，1户入线子5斤，另一户入3斤，还有1户没线子仅入人工。人员增加后，合作社计划织标准布25匹，记工办法为：上等布1匹2个工，中等布1.5个工，下等布1个工，打穗3斤1个工，络纱2斤1个工，纺花1斤4个工。但这次会织的人减少了，新来3人不会织，原有3个纺妇因怀有身孕不能上机，结果只有5个人能织，其余的人纺线，做杂工，于是吸收了2个会织布的男人。但在织布过程中发生了一次风波，原因是有一天组长板着脸不说话，有些妇女忍不住就提出意见说："组长有意见不说出来，我们散伙不织了。"合作社主任郭成永立即召集大家检讨，原来是一场误会，组长说："不是和组里人有意见，那天和家里的人吵了一架，心里不痛快，所以没和大家说话。"真相明了之后，大家又言好如初了。截至4月，共织布60多匹，纺花40多斤。这时又有6户要求加入，郭满口答

---

① 贾维藩：《白家沟变工合作社七人土地五人耕种》，《抗战日报》1946年4月1日。
② 山西农业合作化史编辑委员会编：《山西省农业合作化史综述卷》（总卷第六册），中央文献出版社2002年版，第29页。

应。5月分红时,合作社还拿出部分奖金办了一桌宴席,社员生产积极性得到提高。①

　　概言之,晋西北革命根据地互助合作模式的演变,充分地证明:"最有效的战略毫不奇怪地应是最适合中国传统与现实情况的战略。"② 中共对传统互助合作模式的传承与延续不但迎合了中国农民传统互助合作的习惯,而且在新形势下与现实尤其是战争场景有机结合,因之农民易于接受。而劳武结合式的新形式则更是在战争形势下应对战争的一种最佳策略,不但保证了生产,而且有力地支持了战争。但反过来讲,任何背离传统与现实的模式终将会被摒弃。合作农场的试验与失败,便是很好的例证。由于农民一时难以接受集体化的思想,合作农场这种貌似高级的互助合作模式难以在个体经济之下立足,其结果不是违背群众意愿而浪费民力,就是形成毫无内容的空头组织。进一步讲,"尽管人为的机制(组织和政党)可能有助于革命,但革命过程对这些机制却几乎同样是无情的"。革命只能改变传统中的部分因子,而非将其彻底根除。"粉碎旧的体制,产生新的体制;放弃旧的规矩,形成新的模式;推翻旧的领导;摒弃旧的观念,接受新的观念"③ 这一经典程式,在具体革命场景中并非呈现出简单的直线运动,而是各种因素诸如血缘、地缘网络、个人人际网络乃至区域政治网络之间相互交织的结果。因此,中共在互助合作运动的实践中,虽然曾经在"组织起来"的号召下依靠行政力量推行过一些不切合实际的互助合作模式,但是农民传统互助合作模式并未被彻底涤荡,相反,在一定程度上成功抵制了诸如"大变工""合作农场""土地合作社"等规模大但效益低的互助合作模式。

---

　　① 群一:《郭家塔纺织变工合作社发展经过》,《抗战日报》1946年7月10日。
　　② [美]石约翰:《中国革命的历史透视》,王国良译,中国人民大学出版社2011年版,第173页。
　　③ [美]萧邦奇(Schoppa R. Keith):《血路:革命中国中的沈定一(玄庐)传奇》,周武彪译,江苏人民出版社2010年版,第135页。

第五章　互助合作的运作机制

鉴于传统互助合作模式缺乏必要的纪律条规与一定的运作制度，兴起于20世纪40年代的新式互助合作模式在一定程度上克服了这方面的缺陷。因为变工组等互助合作组织就其本身而言，首先是一个经济组织。既然是经济组织，法规与秩序理应成为其进行经济活动的必要条件。[1] 这些法规与秩序体现在互助合作组织中，不仅是形成会议、纪律等一系列约束与监督制度，而且将民主选举组织领导与记工、折工以及还工制度纳入组织的运行机制之中。

第一节　纪律条规

对于任何一个组织来讲，强调纪律是非常必要的。纪律通过约束人的行为而保障组织的正常运行。有学者非常精辟地指出：纪律是权力强加给人体的各种压力或限制，其目标不是增加人体的技能，而是建立一种使人体顺从于权力的机制。[2] 指出权力对人体或肉体的控制是有意义的，但也不应忽视权力对灵魂或思想的控制。中共在探索与研究农民问题进而实现互助合作模式转型的过程中，一方面通过行政手段使互助合作组织制度化，另一方面则运用规训手段使农民在新式互助合作模式面前就范。

---

[1] [美] 曼瑟尔·奥尔森（Olson, M.）:《集体行动的逻辑》，陈郁等译，格致出版社、上海三联书店、上海人民出版社2011年版，第99页。
[2] [法] 米歇尔·福柯:《规训与惩罚》，刘北成、杨远婴译，生活·读书·新知三联书店2012年版，第155—156页。

会议制度是互助合作模式从传统到新式转型的重要举措。灵活利用空闲时间，开会商讨各种问题，不仅使得一些问题得到顺利的解决，而且有利于农民集体意识的增强。临南县马家岭村春耕开始后，生产委员会3天开一次会讨论问题，小组长联席会议一周开一次，小组会则每天开，多着重于教育及解决实际问题。① 保德县孙家里村以劳动英雄高丕升为骨干的变工组定期召开会议，规定5天开一次小组会，10天开一次全村大会。各小组组长负责管理组内事宜，一经发现问题即开会解决，每做一件事情都在组内民主讨论，力求公正无私。②

制定劳动纪律与条规是改造传统互助合作组织的又一重要举措。农民固有的保守性、散漫性与自私性在很大程度上制约了互助合作规模与范围的扩大。因此，在组织变工组的过程中有必要制定一些纪律条规。纪律条规要由组员共同商讨制定，简单易行即可。保德县一区张家圪坨村制定的变工办法和纪律如下：①"种别人的地要和自己的一样，不许自私"；②"女人劳动力强的也算全工"；③民兵活动时算工；④抗属的地不要还工。③ 五寨县不少村庄变工组制定了这样的制度：①耕地时要耕得好，锄地时不能潦草；②早走晚回；③服从组长、队长的领导，如不服从时，"要批评与斗争处罚"等；④打钟锣、吹号，"以使生产与起居一致"④。岚县南沟村马祖全变工队的劳动纪律是：①全年变到底，完成全组生产任务；②团结互助，好好劳动，"不能偷奸取巧，给人做和给自己做一样"；③服从领导指挥，"不闹个人主义"；④按时作息，早睡早起；⑤保证民兵生产任务完成。⑤

晋绥第二军分区36团安骏连为了保证军民互助合作的有效开

---

① 《临南第三区马家岭村变工互助材料》（1944年），临县档案馆，62—2—28—13—3。
② 《保德县四区孙家里典型自然村生产变工材料》（1945年），山西省档案馆，A137—1—10—2。
③ 保德讯：《保德张家圪坨百分之八十农户参加变工》，《抗战日报》1944年4月8日。
④ 《五寨生产总结》（1944年），山西省档案馆，A138—1—40—10。
⑤ 《岚县春耕工作报告》（1944年），山西省档案馆，A139—1—6—1。

展，成立了军民变工互助委员会，并制订如下互助公约。①职权："委员会统一解决和调剂劳动力；委员会委员有到各小组指导生产之权；军民之间发生问题，由委员会解决，任何方面有人破坏军民团结，均由委员会适当解决教育之。"②保证："军民的庄稼都要种好，共同负责，不能偏在那一方面；变工互助到底；群众及军队人员，均应负责防止坏人偷窃田禾、柴草；为保护治安、田禾，军民共同组织巡查小组，查户口、打山猪；不经互助委员会批准，任何人不得远出，各户有客人来，要报告互助委员会。"①

兴县白家沟贾宝执合作社1947年在土改中受挫后，于1948年全面整顿之时明确制订社纪：①社员请事假、病假一律记误工，干部开会不计误工；②春节放假15天，总结上年生产，安排当年生产；③社员烧炭由社里供给，每股每月300斤，炭价从自己所分红利中抵缴；④实行按季节评分评奖；⑤社员本人吃药，由社内开支，社员家属吃药按九成收费；⑥社员因公外出补助莜面1斤，路远者实支实报；⑦对好人好事随时表扬，并在年终给予物质奖励，发现坏人坏事及时批评。②

此外，还有一些纪律条规带有鲜明的季节性烙印。静乐县二区赤泥泉村春耕变工组规定：①种地，1垧地顶2.5个工；②砍柴，大人3捆顶1个工，儿童5捆顶1个工；③挑水，挑12担水顶1个工；④耕种次序，谁家庄稼要紧，按节令先给谁种；⑤请假，个人有要紧事请假时必须经组长许可；⑥因病或要紧事而不能按时耕种者，集体予以帮助。③岢岚县中寨村吴三娃领导的锄草变工组规定：在地里休息由组长负责任；在地里偷懒锄草有偏向，报告给负责人，送村公所处理或给抗属背柴担水；3天开小组会一次，检讨各

---

① 史敬棠等编：《中国农业合作化运动史料》（上册），生活·读书·新知三联书店1957年版，第651页。
② 山西省农业合作史编辑委员会编：《山西省农业合作史典型调查卷》（总卷第一册），山西人民出版社1989年版，第74页，山西省地方志编纂委员会编．《山西通志·农业志》，中华书局1994年版，第99页。
③ 《静乐二区赤泥泉变工发展》（1946年），山西省档案馆，A140—1—5—5。

组锄草情况。① 岚县一区在夏锄时订立"标准锄草公约",规定:
"留好苗,锄死草,不踏庄稼,服从领导",做到"什么时候锄什么
庄稼",并给贫苦地少的农民先锄。② 这一公约首先强调组员集体观
念与组内领导的重要性,其次则意识到要事先作好锄草计划,切忌
乱套,以免影响变工组的成效。兴县三区孟家坪行政村在 1944 年秋
收时提出劳动公约 10 条:

(1) 收秋变工要扩大,妇女儿童都参加;(2) 快收快打快
埋藏,防备敌人来"扫荡";(3) 劳动时间要遵守,不分你我
齐动手;(4) 加紧站岗来放哨,防止汉奸和偷盗;(5) 大家庄
稼大家收,谁的粮食也不可丢;(6) 秋收变工要实行,民兵农
会来变工;(7) 军民变工结合好,不怕鬼子来骚扰;(8) 假如
敌人来"扫荡",你收秋来我打仗;(9) 秋收变工来得快,节
省劳动力翻秋地;(10) 人人遵守公约,早起迟睡少休息。③

根据笔者查阅的相关档案资料,也不乏对违反纪律进行相应处
罚的案例。岚县南沟村变工队对违反纪律的处分办法如下:第一次
说服教育,第二次批评,第三次斗争,若再犯则罚工;对于个别坏
分子,除了批评斗争外,让其单独补工或包粮、包地,并承诺在规
定期限内完成。④ 河曲县二区部分村互助组规定:牛工变人工的办
法是牛耕地以人工割草还工,若有一次耕不好地,就罚耕 3 次。⑤
岢岚县梁家会村 1944 年组织变工组进行生产时,规定敲锣上地。但
在很多情况下,敲锣后组员们上地时间不尽一致,有的上地了,有
的正在做饭,有的尚未起床。于是,劳动英雄马侯儿召集所有组员

---

① 晋西北行署:《劳动互助材料》(1943 年),山西省档案馆,A88—6—8—3。
② 岚县讯:《统一生产与战斗的组织,岚一区布置夏季工作》,《抗战日报》1944 年
7 月 13 日。
③ 冯得周、成贤德:《兴县孟家坪规定秋收劳动公约》,《抗战日报》1944 年 10 月
8 日。
④ 《岚县春耕工作报告》(1944 年),山西省档案馆,A139—1—6—1。
⑤ 理红、理京整理:《高鲁日记》,内蒙古大学出版社 2004 年版,第 413 页。

开会试图解决问题，但是谁也没有提意见，最后马侯儿说："大家没意见，我给大家提个意见吧！"他就对违规者作了如下规定：若敲锣后仍未起床者，可任由他人上门抓裤子或罚在厕所站岗，如马侯儿曾亲自抓过组员郭二、崔艮柱的裤子；开荒时，只要锣声一响就上地，不吃饭也得去；前述规定若连犯三次，就罚其戴纸帽子游街。此外，还有一种办法是罚"磨脚板"，即由大家将违规者抓住用石头磨其脚板。不仅如此，在一次敲锣后，马侯儿见李三家还未起床做饭，就亲自将其房门打开，自己却走了。这些做法引起了组员们的不满，反映说："你自己的身子，也不由你自己了。"①

这些纪律条规的制定，颇似传统乡村社会业已存在的"乡约"。换言之，它是对富含儒家道德精髓的"乡约"的一种回应。但与"乡约"不同的是，这种劳动纪律条规已经融入了平民主义价值观与生产目标，是中共对传统文化的变通。② 当然，某些过激行为也应该予以纠正，以免影响变工组参与者的生产情绪。

此外，实施奖励、竞赛与规训机制成为中共新式互助合作模式的鲜明特色。在传统互助合作模式中，个体行为主要受情感与道德的约束，并未形成一套严格有效的激励与惩罚机制。随着中共势力在乡村介入程度的加深，在互助合作组织中初步形成了奖励与规训机制，成为组织运行的必要流程之一。因为"只有一种独立的和'选择性'的激励会驱使在集团中的理性个体采取有利于集团的行动"③，所以对于在互助合作运动中表现积极或能起带头作用的小组或个人进行特别奖励是很有必要的。也只有如此，变工组才能真正在满足个人利益之后实现集体利益的最大化。奖励方式一般分为物质奖励与精神鼓励两种。物质方面的奖励以农具、役畜和日用品为主。临县妇女英雄郭俊英将群英会奖励的毛巾奖给村中领导妇女纺织的积极分子以推动地方

---

① 《岢岚梁家会生产变工组调查材料》(1945年)，山西省档案馆，A139—1—45—5。
② Pauline B. Keating, *Two Revolutions: Village Reconstruction and the Cooperative Movement in Northern Shaanxi, 1934—1945*, Stanfand, California: Stanford University Press, 1997, p. 234.
③ [美] 曼瑟尔·奥尔森 (Olson, M.):《集体行动的逻辑》，陈郁等译，格致出版社、上海三联书店、上海人民出版社2011年版，第41页。

组织生产的进一步发展。① 兴县劳动英雄白改玉村为了发扬团结互助精神，在公民大会上经大家讨论同意，奖励模范变工组组长白来明、白治西和模范妇女纺织小组组长任学花每人毛巾 1 条，于是大家都反映说："咱也要好好变工互助。"② 临县县委在全县生产大队队长会议上首先让民兵、妇女、纺织、农业等各行各业英雄模范报告他们领导生产的具体成绩与经验，然后将镰、锄、麻绳、皮绳、地雷、纺车、棉花等 94 件物品奖给 58 位模范人物。在这种物质奖励的激励下，二区冯家会村劳动英雄杨振昌积极组织与领导变工组，下白塔村纺织模范郭俊英在本村组织 3 个纺织小组进行集体纺织，织成布后到合作社换棉花。③ 精神方面的奖励则以开大会或办黑板报、奖励红旗或工分等方式为主。临县桦林村采用大会报告奖励的办法推动群众生产，以群众自己的生产材料教育群众扩大其影响。④ 临县康家塔村变工组在集体打坝时，16 岁的王狗子劳动得好，大家都能看得见，经干部提出，群众同意给他增加 1 分工。李元兴曾替变工组运送公粮 8 次，本来顶 8 个工，但由于责任心强、很积极，经群众决定给他算 10 个工。⑤ 奖励机制在部分模范变工组的运作，给受到奖励的模范小组组长或劳动积极分子"造就成一种感激之情"，并且会激励其在以后的劳动中自觉地履行"同样的敏捷和勤勉的义务"⑥。当这一目标实现之后，不仅基层干部因之受到上级重视，而且模范变工组本身也极有可能成为带动全村向前发展的象征性符号。曾经屡次见诸报端且家喻户晓的兴县杨家坡村温象栓变工组、宁武县新屯堡村张初元"劳武结合"组织以及兴县白家沟村贾宝执"土地运输合作社"等晋西北革命根据地模范互助合作组织不仅为组织本身创造了得以生存的物质资

---

① 临县县政府：《临县生产工作总结》（1944 年），临县档案馆，62—2—22—7—2。
② 本报讯：《男耕女织全村都组织起来，齐心合力争取作模范》，《抗战日报》1944 年 5 月 2 日。
③ 临县县政府：《临县生产工作总结》（1944 年），临县档案馆，62—2—22—7—2。
④ 同上。
⑤ 临县讯：《临县康家塔村变工三年大家发了财》，《抗战日报》1946 年 6 月 11 日。
⑥ ［美］詹姆斯·C. 斯科特：《弱者的武器》，郑广怀等译，译林出版社 2007 年版，第 236—237 页。

本，而且在中共支持下逐渐演变为鼓励晋西北乃至其他革命根据地进行互助合作的精神资本。

当然这些模范互助合作组织并非凭空而就，其成功的背后不仅有着政党行政力量的支撑，更有较为合乎农民心理的竞争机制。在互助合作运动中，中共充分利用群众的从众心理和好胜心理，将过去农民的分散式劳动通过权力所指定的统一竞赛规则而整合为符合其权力意志的规范化劳动竞赛机制。岢岚县大义井村1945年春耕时，各变工组不仅订立生产计划，而且第一组向第二、第三组提出竞赛，条件如下：

（1）保证团结到底，做到互相帮助；（2）完成生产计划；（3）发挥劳动力；（4）庄稼做得好，多打粮；（5）按季节耕作；（6）多开荒多打粮；（7）读报识字经常普遍；（8）人人学爆炸，个个要练兵。①

这8项条件不仅体现了群众的利益要求，如（4）、（6）两项，而且将个体生产纳入权力规则之内，如强调"团结""互助""发挥劳动力""读报识字""学爆炸""练兵"等。这些关键词字里行间表露出劳动竞赛规则体现了政党意志：整合乡村社会资源在为战争服务的同时，建立在乡村的合法性权威。尤其是在秋收季节，由于日军"扫荡"以及个体农户劳动力缺乏等因素，中共不遗余力地动员群众开展秋收竞赛。1943年秋收时，临县各村在农会领导下组织秋收委员会并展开秋收竞赛。各村提出劳动竞赛条件如下：

（1）保证变工收到底，不停一天工；（2）收割要快，收好就藏；（3）发动50%的妇女参加变工，打场上地；（4）建立模范组，模范组要翻秋地30亩，并使本组妇女完全参加变工；

---

① 《岢岚县大义井变工材料》（1945年），山西省档案馆，A139—1—45—10。

(5) 保证全村秋翻地300亩；(6) 创造劳动英雄1名。①

提出劳动竞赛条件后，全县即普遍开展秋收竞赛，各村男女纷纷参加变工队。有两个村子当即表示进行竞赛，并将第一项内容充实为：保证每人每天收平地1.5亩、山地2垧，5天收完谷子、糜子、高粱、山药蛋。如果对方输了，就从每个小组抽出一人帮助获胜村庄秋收。② 这些具体的竞赛条件很容易激起农民的好胜心理，而且无形之中增强了组织的凝聚力。又如临南县某村民兵变工队和农会变工队进行秋收竞赛，条件为："保证天亮即到地里，限5天要把本组大路旁庄稼收完，背回庄稼即交婆姨打藏，上地时带着武器，碰见敌人就打，遇到汉奸就抓，3天演习一次制敌战术，隔一天一次识字课不能停止……"这些条件激起了农会变工队的劳动热情，全村于次日即卷入秋收热潮中，使用18.5个工经过一天半时间即割谷56亩，平均每人收割1.89亩，比一般劳动力效率提高1倍。③ 两种不同形式的互助合作组织将生产与战斗有机结合起来，通过竞赛不仅双方可以相互促进保证完成各自的任务，而且有利于村庄秩序的重组，那些表现积极的民兵队长、农会干部逐渐成为中共在乡村的忠实代表。不仅如此，劳动竞赛还有利于整顿和巩固互助合作组织。1946年春耕初期兴县王家圪台村因干部对"自愿"及"领导生产与干部生产相结合"等原则的认识存在偏差，变工组"自流"现象严重。后来干部动员群众召开全村群众大会，组织起6个双牛变工组和2个单牛变工组。为了切实贯彻"组织起来"的号召，不仅各小组互相提出要进行劳动竞赛，而且全村又和邻村提出劳动竞赛，条件如下：

(1) 干部好好领导不能只顾自己；(2) 变工巩固到底；(3) 精

---

① 临县讯：《临县展开秋收竞赛各村普遍组织变工》，《抗战日报》1943年10月21日。
② 同上。
③ 临南讯：《临南某村农会和民兵组织变工竞赛秋收》，《抗战日报》1943年10月21日。

耕细作：山地保证锄 3 次、平地锄 4 次、棉花锄 7 次；（4）保护庄稼，不让牲口吃青苗；（5）织布机不能停。①

由于劳动竞赛条件的提出，各组都不愿"落后"，组员亦不愿被别人在背后说闲话，变工组在内部团结一致进行互助合作的氛围下很快趋于巩固。

在实行奖励与开展劳动竞赛的同时，适当的规训也是必要的。新式互助合作模式取代传统互助合作模式之后，利益方面的协调逐渐取代了过去的情感因素。由于变工组成员之间血缘关系的弱化，尤其是地主、富农或不事生产的二流子等特殊群体的介入，变工组内部的纠纷不但层出不穷，甚至导致组织机制的瘫痪或运行不力。运作良好的组织往往得益于民主规训方式的运用。互助合作运动中的规训方式大体包括开展批评与自我批评、开会检讨与自我检讨等。这些具体方式成为中共新式互助合作组织机制中解决内部纠纷的特色方式，对组织机制运行起到了重要作用。

组内成员之间的批评与检讨。河曲县贾家塬村 1946 年春耕时，最先由 6 户、2 头牛组成 1 个变工组进行驮炭、送粪、耕作，各户之间互助合作得不错。过去耕作粗糙、爱占便宜的贾有维看见变工组有利可图，表示愿意加入。组员们一致提出："你要参加可以，咱们可准提意见哩。"他自己也感到过去不对，愿意接受批评："你锄地后晌走东畔，前晌走西畔（怕晒），你背谷子，给人家背小捆子，给你背大捆子，最后你还要扣扣卡卡，你说是不是？"他说："是！"大家说："能不能克服？"他说："能！"接受批评之后，他很快成为变工组的一员。② 这种主动承认过错与接受他人批评的方式，当符合各方心理需求时，便可成为民主解决纠纷的有效方式。又如岢岚县梨园坪村 1945 年组织变工组时，村干部高俊成在扩干会

---

① 阎玉、马柏树：《兴县土家圪台克服自流，组成四十个双牛变工组》，《抗战日报》1946 年 5 月 12 日。

② 《河曲县 1946 年春耕生产初步总结》（1946 年），山西省档案馆，A137—2—10—3。

上虚心听取了群众的意见，自己首先严格地进行了自我批评。在他的影响之下，大家都进行互相批评与检讨，并采用民主商讨的办法解决了以往变工组中存在的问题。在此基础上采用努力发展副业同变工组相结合的办法解决了生产中的困难，变工组就开始正常运作了。① 临县康家塔村变工组在集体打坝时，组员杜秋保、樊后卿两人东张西望，不出力。群众都看得见，但并未减少他们的工分，只是给予批评。结果，到第二天他们劳动很积极，并自言自语地说："咱劳动的好了，谁还敢批评咱哩！"② 这种方式不仅加强了组内成员之间的团结，而且提高了群众对互助合作的认识。又如刘成仁小组是临县窑头村变工队的一个模范小组，该组内部团结，经常进行集体劳作。该组的最大优点就在于能够发现问题并解决问题，小组会议成为变工组得以巩固的重要流程。在一次小组会上，讨论了如下3个问题：

第一，检讨变工组中存在的主要缺点是计划性还不够。上午的变工抓得紧，下午有时松懈自流，各家的零星营生互助也不够，使得变工效果还不十分大。针对此问题，决定以后每晚讨论第二天变工计划，各家的担水、打柴、修地埂、赶集、锄草以后的送饭、配瓜都轮流代作，互相信任，保证实行。

第二，讨论变工中的还工办法。中农刘恩奎提出自己地多，别人给自己做工多耽误开荒，如尽还工钱，地少的人便吃了亏。于是，他情愿将自己参加集体开荒中分得的地按工折还给别人，不够时再补工钱，使别人种的地多一些。贫农刘保元、刘能子对这一做法感到很满意，也提出保证给他原有的熟地（水平地）赶时种好并及时锄过大麦。

第三，确实的计算所有成员家里要作的营生。经计算，所有细碎营生需8天才能完成，因此决定8天以后进行第2次集

---

① 《岢岚县变工互助材料》（1945年），山西省档案馆，A139—1—45—2。
② 临县讯：《临县康家塔村变工三年大家发了财》，《抗战日报》1946年6月11日。

体开荒。①

此类问题看似非常细小，实际上正是这些小问题影响到变工组的巩固或垮台。通过开会检讨的方式，不仅解决了互助合作过程中出现的问题，而且使规训手段成为权力得以发挥的推行器。正是由于检讨，使参与互助合作的个体接受了一次规训，即自己的行为被限于理性规划之内，进而服从于新的权威。又如在刘成仁小组会议的最后阶段，各成员作了检讨，问题集中在两个方面。第一，各成员对组内事情不够齐心，关心不够；第二，人多牛少的困难。对于第一个问题，应之以"各人两只手，大家一条心"的口号，而第二个问题则通过伙买牛的办法得以解决。②综观这次会议，通过规训个体以个人检讨表态、会议集体表决的方式，使得驾驭互助合作的权威合法化。正因为这种权威合法化地位的确立，起到了激发个体农民集体意识滋长的效用，进而实现了对互助合作组织的有效控制和保证其正常而规范地运行。

基层干部的自我批评与反省。1946年春耕针对变工组自流现象问题，兴县杨家坡村生产组组长在会议上反省道："过去咱穷的一犁地也没啦，新政权建立以后咱们翻了身，买下20垧地1条牛，群众又选咱当了干部，为的是帮助大家都翻身，如今，只管自己生产，真对不起新政权，对不住老百姓。"接着有许多干部反省说："去年咱们也是怕领导群众变工，尽组织了些干部组，受到报上批评，今年又是照旧，真怪咱们干部不争气，自私自利在作怪。"于是，大家决定解散干部组而去团结群众。杨家坡3个干部组共7个干部，解散后每人组织了一个变工组，并吸收24个全劳动力和3个半劳动力，变工组得以巩固。③相反地，那些未能采取民主批评与自我反省方式的干部，其行为直接影响了变工组的正常运行。岢岚

---

① 临县讯：《临县窑头模范变工组讨论改进变工办法》，《抗战日报》1944年6月8日。
② 同上。
③ 宏流：《从自流到纠正到发展——记兴县杨家坡的春耕变工》，《抗战日报》1946年5月18日。

县大义井村1944年春耕进行互助合作时,农会干事燕振华因不满意自己的小驴送半天粪只能收取少量草料,就在小组会议上提出不能参加变工组的要求。其他组员在他的影响下,也提出要退出变工组。村干部因此感觉变工组无法领导,就收集了燕振华的一些材料,开会斗争,并将其开除出组。但夏锄时又允许他入了组。在锄地过程中,有一次组长王二仁批评组员杜铁小锄的不好,燕振华就说:"快悄悄的吧,小心斗争你着。"王二仁也就不敢说了。后来只要干部一来,组员们就说:"看猫儿来啦,快悄些吧!"村干部与组员之间不但缺少沟通,而且即便有问题也无人敢提。同时由于组长对组内的生产领导多半还是依靠行政村干部,组长很少负责。组长即便发现问题,也是马虎应付。组员赵国成赶上变工组的牛耕地过了晌午才回来,王二仁也不敢批评,不想纠正办法,只是说:"瞅便宜,有这一遭行啦!"① 这样做的后果,不但难以解决组内纠纷,而且无法真正收到互助合作的效果。大义井村的事例从反面印证了互助合作运动中规训方式的重要性。民主与斗争形成规训方式的正反两面,理性成为规训效果的标尺。群众面对现实的理性心理诉求不同程度地将干部尤其是基层干部的行为限制在心理承受范围之内,一旦二者难以在心理上产生共鸣,干部的努力必然会遭到群众潜意识的反抗而最终归于失败。

第二节 领导人选

传统互助合作模式中缺少强有力的领导者,成为组织难以延续的一个重要因素。中共介入乡村社会后,对互助合作组织进行干预的明显表现就在于推选干部、积极分子或党员作为组织的领导者。这是中共新式互助合作模式得以建立的一个重要举措,或者说是一个关键步骤。曾在中共晋绥分局党校亲身体验过互助合作工作的高

---

① 《岢岚县大义井变工材料》(1945年),山西省档案馆,A139—1—45—10。

鲁更强调了互助合作运动中人的因素的重要性。他谈道："从现有经验看，人的因素很重要。干部好变工组就好……要选那些不怕吃苦、愿意互助的人当干部，才能发挥变工的作用。"①

在正常情况下，变工组组长应该具备以下条件：第一，思想好，对变工有信心，不自私自利，能团结群众，能在若干小的利益上让人一步；第二，积极负责，能为群众多费辛苦；第三，努力生产并有相当的生产经验；第四，要对人忠厚，不要过分嘴碎，免得大家讨厌。② 这可以从几个实例中得到证实。临县某村变工组组长牛长锁在工作中积极负责，能起模范作用。1943年秋收变工时，他每天天刚亮就起床，督促全组的人上地。在他的积极领导与推动之下，仅用9天时间就将全组100余垧秋禾收割完毕，并下种雪麦10余垧，劳动效率提高1倍以上。他耕种的地很细致，1亩地要顶1.2—1.3亩；锄地勤，普遍都锄到3遍，地里见不到一根草；粪也比别人多。因此，每亩地要比别人多打4—5升粮食。他这种积极生产的精神，提升了在群众中的威望，并被公选为劳动英雄。③ 离石县张家梁村变工组组长冯大隆对帮助组员冯大义翻身很热心。1944年春耕，他拿自己的牛无偿给冯大义耕地，帮助他解决了耕牛困难的问题。1945年春耕，他又借给冯大义牛料2斗、小米2升、棉花1斤、春麦籽5升、粪3担、馒头1把。他这种大公无私的精神得到所有组员的认可，变工组进一步得到巩固。④ 相反地，那些对变工没有信心、自私自利的组长会使变工组垮台。宁武县燕家村变工组组长冯某，表现自私，好占便宜。当变工队队长给他布置工作，要他给组内怕吃亏的人先送粪，他反而先给自己送。他的毛驴给自己能送10回，给别人只送5—6回，并且驮的很少。耕种时还要先给

---

① 理红、理京整理：《高鲁日记》，内蒙古大学出版社2004年版，第534页。
② 晋绥边区财政经济史编写组、山西省档案馆：《晋绥边区财政经济史资料选编》（农业），山西人民出版社1986年版，第764页。
③ 本报临县讯：《临县五区某村荣获"秋收变工模范村"》，《抗战日报》1943年11月25日。
④ 《离石县第一区张家梁村变工组总结》（1946年），山西省档案馆，A90—5—36—2。

他耕种。因此,大家对变工开始冷淡,最后该组垮台。①

民主选举组长是变工组正常运作的又一必要之举。临县麻塔村1946年春耕时,改变了1945年由上面配备组长的毛病,发动群众选举。群众自己选举出的组长们大部分都是勤劳的、为群众所爱护的村干部与积极分子,只有2个组长劳动不好,但选举后经过教育都转变成好劳动了。由于村里住户分散在上坡、中坡、前坡3个地方。为了加强领导,除全村选出生产大队长外,3个坡各又选出一个大组长帮助传达与督促。②民主与合理地选举组长,一则有利于在变工组内部进行有效调配人力、畜力等资源以及保障记工、折工、还工等纪律条规的有序执行,进而提高其组织效能;二则通过对模范小组长的培养,党顺势将其意识形态渗透到普通民众内心深处。

另外,从变工组组长的出身或成分上更能发现中共阶级意识在乡村社会的渗透。这也是中共改造传统互助合作模式下以地主、富农为主体的领导机制的一个重要举措。以临南县马家岭村变工组为例(见表5-1)。从成分上来看,马家岭村变工组12个组长中,富农仅有1个,占8.3%;富裕中农3个,占25%;中农8个,占66.7%。也就是说,中农构成了互助合作组织的中坚力量。从生产资料的占有来看,这12户占有的土地均在20亩以上,而且都不同程度地拥有劳动力和一定的畜力。从个人素养来看,性情温和、农业经验丰富且具备一定领导能力者共计8人,占66.7%。如李风才是农会会员,性情爽直,粗通农业技术;高守彪是个老实人,农业技术较好;高守信系自卫队分队长、生产委员会公选的委员,为人和气,是全村最精通农业的人,劳动力强。存有私心、不负责任者共计4个,占33.3%,如高仲恩多自私心,领导不负责;高士杰农业技术较差,领导亦不负责;高子英系抗联干部,是赶脚出身,对

---

① 晋绥边区财政经济史编写组、山西省档案馆编:《晋绥边区财政经济史资料选编》(农业编),山西人民出版社1986年版,第764页。

② 《临县十区麻塔村变工材料》(1946年),山西省档案馆,A147—1—71—3。

生产不很积极。但从整体上来看，较为巩固的互助合作组织，组长一般以中农、性格随和、农技好的农民担任，当然也包括党员、干部、积极分子在内。

表 5–1　　临南县马家岭村变工组组长个人情况统计

组名	组长	成分	土地 自有	土地 租种	劳动力	畜力 牛	畜力 驴
第1组	李风才	中农	23	3	1.5		
第2组	高守彪	中农	54		1	1/3	0.5
第3组	高守信	富裕中农	73		1	1/3	
第4组	高光弟	富农	130		3.5	3/5	
第5组	高光耀	中农	60		2	1/2	
第6组	高子英	中农	45	10	1	1/12	1/2
第7组	高光善	富裕中农	62		1.5	1/2	
第8组	高守弟	富裕中农	45		1	1/3	
第9组	高仲恩	中农	52		1	1/6	
第10组	高士杰	中农	42		1	3/10	
第11组	高守孝	中农	35		1	1/4	
第12组	高光珍	中农	34		2	1/4	

备注：1. 土地单位为亩；2. 土地、劳动力、畜力均以户计。

资料来源：《临南第三区马家岭村变工互助材料》（1944年），临县档案馆，62—2—28—13—3。

第三节　记工、折工与还工制度

由于变工组中人力、畜力强弱不同和劳动的轻重巧拙不一，记工、折工制度就显得极为重要，它直接关系到变工组织的公平合理与巩固。记工没做好或折工不合理，就会违反变工组织中的等价交换原则，损害群众切身利益，进而影响群众变工情绪甚至直接导致变工组的垮台。晋西北各地大多是按人畜工的实际情形定工资，但人工折畜工的情况也较为普遍。折工应公道自愿，但畜工要稍便宜些，折的范围广泛些为好，否则夏锄补工贫苦农民将更吃亏。所以，记工、折工与还工问题的解决是否适当，直接影响互助合作的绩效。

关于记工、折工与还工中的农民行为，涉及理性与道义之争的问题。在对东南亚农村的研究中，波普金与斯科特殊途同归。波普金认为农民的行为是理性的，是以利润为选择准则的。由于利益的争执，农民在集体行动中很难避免奥尔森所谓的"搭便车行为"。斯科特则认为农民的行为是道义性的，农民的集体斗争与反抗是为了生存。在农民的思维中，"安全第一"居于首位。这场关于农民行为的经典型论证至今仍未能得到合理的诠释。农民的道义经济学与政治经济学是否适合于中国的农民呢？

在笔者已查阅的诸多档案资料中，不乏农民理性与道义行为的例证。在保德县胡家庄村的大变工中，村抗联主任胡水同说："咱村今年搞的好，能长牛工多，短牛工的都是穷人家，少赚些工资。"胡六十六（小组长）说："我长的人工多，欠工的都不如我，也可以少算些。"组内统一规定一个牛工顶 1.5 个人工。胡水同长下 23 个牛工，应折人工 34.5 个，但以 23 个人工计算。① 从中不难发现，胡水同、胡六十六的这种行为既含有理性的原则又有道义的准则。据此，笔者可以初步推断，在理性前提下的道义行为是农民经济行为的较为折中的选择。首先，胡水同的行为是理性的，他承认记工与折工制度，并且在实际中也遵循了这一原则。其次，他并未严格地按记工、折工的相关制度实行，原因在于"短牛工的都是穷人家""欠工的不如我"。也就是说，即便在当时战争场景下，农民的

---

① 《保德县生产典型材料胡家庄变工队》（1945 年），山西省档案馆，A137—1—10—6。

行为并非完全脱离自私的窠臼，但也未能完全跨越传统道德的准线。资以具体事例详述之。

一 记工

记工是随着互助合作运动的深入开展而逐步推行并进而形成一种制度的。由于互助组规模的扩大以及亲缘、血缘等传统因素的隐退，传统互助合作模式中不记工的做法难以适应现实的需要。作为一种调适与平衡组员劳动量的手段，记工的目的在于在秋收前将变工组账目清算完毕。[①] 但是由于农民对记工较为陌生，最好采用较为简易且不太精确的记工办法。晋西北互助合作运动在1944—1945年掀起高潮后，部分组织较好的变工组率先进行尝试性的记工，以期解决互助合作中出现的各种问题。其中，记工的单位与方法尤为重要。

第一，记工单位。随着互助合作运动的普遍开展，从1944年始，变工组记工单位逐渐形成了三种方式，即人工以时间段记、畜工以垧记和人畜工均按天数记。以时间段记工是将一天的全工或劳动量按10分或按五成、十成计算，然后依时间段分别记工。如交西县何德信村把一天全工按时间划分为早上2分，上午、下午各4分；兴县赵家川口村把每天的劳动量分为五成，早饭前一成，午饭后、晚饭前各二成；离东县冯家沟村和保德县林遮峪村变工组则把一天的劳动量分为十成，早饭前二成、午饭前五成、晚饭前三成。以垧记工，如宁武县张初元村耕1垧地算1个牛工；岢二区燕家村远地耕1.5垧或近地耕2垧算1个牛工；兴县白改玉村耕1垧地算1个牛工，其中3年以下的熟荒以1垧计，3年以上5年以下的荒地以1.5垧计，5年以上7年以下的荒地以2垧计。这种畜力以一定单位按其劳动量记工的办法较为合理，应予以采用。按天数记工，即人工与畜工劳作或耕作一天均记一个工。河曲县旧县村钟桃小变工组的记工办法即是如此。全年四季记工，每一季节总结一次，到秋季

---

① Pauline B. Keating, *Two Revolutions: Village Reconstruction and the Cooperative Movement in Northern Shaanxi, 1934—1945*, Stanfand: Stanford University Press, 1997, p. 220.

后"满除满算",工价高低则按季节决定。① 这三种办法均简便、易行,但也有缺点。以时间段或天数记工明显忽略了劳动力或畜力强弱的问题,势必造成弱者占便宜和强者吃亏的情形发生,不利于变工组的巩固与发展。以垧记工解决了畜力强弱的问题,但没有考虑到土地类型的问题,同样是一垧地,山地、坡地与平地的差异是毋庸置疑的。这一问题处理不当,也会影响到变工组组员的生产情绪。当然,并非存在一种绝对公平与合理的记工单位。只是要想保证变工组正常运作,需要充分考虑到各组员的实际情况,理性记工有时还需要建立在道义基础之上,否则变工组将不会持久运作。

第二,记工方法。开始以记流水账为主,但随着互助合作运动的普遍与深入开展,各地依不同文化条件与习惯逐渐形成多种记工方法。主要有划表记符号、使用工票与记整工、扣误工等办法。划表记符号又有不同形式。保德县林遮峪村李来锁变工组以〇代表全工,×代表半工,△代表1/5工;交西县麻会村变工组记工方法是◎代表全工,〇代表半工;② 神府县苏占清村变工组把组内各成员的名字按一定顺序列成一张表,每天用一格,全工记〇,半工记C,误工记×。此种记工法只记出工,不记入工,适宜于轮流耕作及组织规模较小的变工组。若使用打乱耕作的方式,每天做工的组员难以确定,每个组员既有出工也有入工,该办法就不宜使用。如保德县一区、四区变工组记工时使用表格,把每个变工组组员的名字都写在表格上,每日在人名一栏下的表格内填工,并标明是全工、半工或1/3工。③ 这种办法积极简单又方便,即便不识字的农民也能自己记工或算账。

工票是以木牌或纸牌制成的一种票据。使用工票记工的优点是随时支付、到期结账,避免了随时记账的麻烦。在晋西北互助合作

---

① 晋绥边区行政公署:《晋绥边区的劳动互助》(1944年),山西省档案馆,A90—5—6—1。

② 同上。

③ 保德讯:《保德变工队的创造统一耕种按地均工》,《抗战日报》1944年7月15日。

运动中，曾使用过两种最具有典型意义的工票。第一种是"个人工票"。如交西县李富成村在变工组内，由各人发出自己的工票并自署姓名，每天耕作结束，随时支付工票。一定时期后，按票算账。如甲为乙变工一天，由乙支付给甲工票一张；反之，乙为甲变工一天，甲则还回乙的工票。这样，至结算时，某农户所持有的其他农户工票若干，就是其他农户所欠该农户的工数，其他农户或者还工，或者支付工钱，反之亦然。这种办法适用于轮流耕作的情形，在交东、离东等地采用的很多。第二种是"统一工票"。如静宁县杜贵贵村变工组使用工票记工的办法是：提前发给每户16张总分为100分的工票，其中5分、10分的各6张，1分、2分、3分、4分的各一张，各人自署姓名。每天耕作完毕后，评定劳动分数，结算工票。至工票使用完时即清算一次，届时拿工票领取工资。① 这种使用工票的记工方法，适于打乱耕作的组织形式，可以克服记账算账的麻烦，按劳动力的强弱评分记工可以奖励劳动、避免偷懒。

记整工、扣误工的记工办法依两种情况进行。一种是"按地摊工"。保德县东关、武家沟两村在1944年春耕变工中采用了按地摊工的方法，耕作统一分配劳动力，集体耕种。每户出工随时记账。耕作完毕后，依各户土地多少评定入工数决定还工或补工资。这种办法克服了土地、劳动力分散以及牲口短缺的困难，提高了互助合作的效果。② 另一种是"按地评工"。岢岚县刘家岇村变工组的记工办法是事先将每块土地按地块大小评定人工分数，以每垧1分为基准，垧大者多评分，垧小者则少评分。垧大者如刘丑小之19.5垧地因地块集中，故评为21分；垧小者如贫农刘八之22垧地因地块分散，故评为21分。耕作时只记误工，耕作完毕后个人出工以实际劳动天数计算，土地人工仍以原评定的人工数计算。然后出人工数相

---

① 段晋焰、王斌：《杜贵贵变工组四种计工折工办法》，《抗战日报》1945年5月11日。

② 保德讯：《保德变工队的创造统一耕种按地均工》，《抗战日报》1944年7月15日。

抵，进行最终结算。① 这两种办法的不同点是：前一种办法的摊工是事后评议，以实用工数计算；后一种办法的摊工系预先评定，以预用工数计算。前者会使地多者占便宜，而后者则较为公平。

第三，结账时限。农民最希望看到的就是利益的及时获得，尤其是在宗族血缘关系缺失的情况下，尽早结算工账成为维持互助合作关系的重要砝码。有些地区的变工队5天或7天结算工账一次，大多是半月结算一次。离东县段家坪村变工队各组内留底账，5天结算一次；偏关县曹家村、交西县麻会和冯家沟等村以及交东县劳动英雄武羊换村的变工队均系半月结算一次。② 另外，以签子、符号、工票记账必须在短时期内结清，并按季结算，各队或组均应留底账以便核查。如河曲县紫河村樊双变工组的结账办法是："一天一清理工牌，一季一大算账"，即当日结算当日账，每季清算总账一次。③ 及时结算零星账目与定期清算总账目相结合，既可减少频繁记账的麻烦，又可避免账目不清引发的争端。

由变工组发展而来的变工合作社的记工办法有两种。一种是变工组给办合作社者按股摊工种地，后者除还工种地外，余工从赢利中扣除工资，余利按股分红；另一种是办合作社者在合作社顶身股分红利，他们的地由变工组负责耕种并付给工资。后一种办法的优点是计算简单、容易推行，但它的缺点是若身股分利少，办合作社者种地还得出工钱，就会吃亏。所以不管是种地或办合作社，一般都愿意采取第一种办法，即首先变工种地，然后依合作社人员的长余工数顶股分红。

一般而言，农业方面的收入归各个社员所有，而其他业务上的赢利则按劳动力和资本分红，于是就必须解决工与工之间、资本与

---

① 《岢岚刘家窊自然村变工材料总结报告》（1945年），山西省档案馆，A139—1—45—4。

② 晋绥边区行政公署：《晋绥边区的劳动互助》（1944年），山西省档案馆，A90—5—6—1；李若愚：《交东武羊换变工队即时结账偿还工资》，《抗战日报》1945年5月13日。

③ 雷行：《利用人事劳力关系，河曲紫河村樊双变工组取长补短，由小而大》，《抗战日报》1946年5月17日。

劳动之间的记工分红问题。第一，巧工变拙工。兴县贾宝执合作社规定一般农业工为 1 分，榨油大师傅为 1.1 分，制粉者为 1.1 分。临南县李汝林合作社的弹棉花工扣除吃喝外，顶 1 个农业工。第二，整工变零工。在吸收各种零星劳动力方面，临南李汝林合作社规定拾 1 担粪、砍 2 捆柴各顶 1 个工；在时间上，规定早晨和下午各顶 0.3 个工；岢岚县中寨村将抗战勤务纳入变工合作社内，规定送信往返 70 里顶 1 个工，抬担架往返 60 里顶 1 个工，妇女做军鞋一双顶 4 个工，各社员应负担之各种抗战勤务由全村民主评定，结算时合作社从各户总工数中扣除。在处理常年工与短工问题上，临南县刘文锦村的教员教书一年，变工合作社给种 25 垧地；兴县贾宝执合作社规定医生和全劳动力社员一样，除给代耕 23 垧地外，还顶 10000 元身股。第三，男工变女工。岢岚县中寨村合作社规定妇女纺 4 两线顶 1 个工，做一双鞋顶 4 个工；贾宝执合作社吸收一个寡妇和小孩磨豆腐给顶 0.6 个工，除由合作社代耕地 13 垧外，还顶 6000 元身股。第四，人工变畜工。李汝林合作社社员的牛、驴给合作社运输时，往返一天人畜各计 1 个工，往返两天则人按天记工，牛、驴以运输量计工，每驮 50 斤计 1 个工，社员自带口粮和草料，合作社只开支"火钱"；贾宝执合作社的牛、驴给社员种地或运输，各家用工多少，算作各社员支用的工数，将来分红时扣除。第五，忙工变闲工。因为季节不同，工资标准也不相同，所以变工合作社既要把上述各种互变的工统一折合成农业上的全工，同时又要因季节不同，将这种农业工折合成统一分红的标准工，比如 1945 年夏季工资比春季高三成，则夏季工就应比春季高三成折算，而冬季工就可能比春季少三成或五成折算了，这样便于求得统一分红的标准工数。①

在计股分红方面。变工合作社的红利即经营农业以外的业务所得赢利，根据每个社员的长余工数及资本进行合理分配。各地变工合作社的分红办法多种多样，较为典型的有以下五种。第一，按股

---

① 一知：《变工合作社的计工分红问题》，《抗战日报》1945 年 10 月 29 日。

摊工，赢利按资本分红。临南县樊志仁变工合作社经营业务除农业外，还有制粉、消费、磨面、豆腐坊和运输。该社共有工作人员10个，规定资本10000元为1股，一个变工组或几个组合顶1股，合作社人员不开支工钱和伙食，变工组按股摊工，给他们还工种地。合作社之赢利，按资本股分红。第二，用工资支付长余工数，余利按本分红。岢岚县胡兰义村上地劳作的社员给办合作社者按股摊工种地，种地以外之余工从赢利中付给工资，余利按本分红；保德县袁谦合作社亦规定上地劳作的社员负责代耕办合作社人员的地，办合作社者付给工钱，办合作社者在合作社顶身股分红利。第三，顶身股分红。贾宝执合作社规定资本10000元为1股，1个全劳动力除种地23垧外，全年长余劳动力顶1股。所产粮食仍归原主，其他业务的赢利则按股分红。第四，顶工股分红。岢岚县苏六的变工合作社，先保障变工种每个社员的土地和料理家务，余工则按业务类型在合作社顶工股分红。如资本1200元顶1股，劳动力则分别为赶运输的和经理，除开支伙食外，30个工顶1股；做豆腐的不开支伙食，20个工顶1股；打柴垫圈等零星活，不开支伙食，30个工顶1股等。第五，以1个全工作为1股的标准，资本和劳动力统一计股，按股分红。岢岚县中寨村合作社规定1个农业工为1股，然后依具体情况按时或按件记工。譬如1个巧工或强工可能顶1.1股或1.2股，而拙工或弱工则可能顶0.7股或0.8股。同时为了使资本和劳动力之间统一分红，规定记工标准为投资1000元且满一月者即记1股，两月者为2股，依此类推。当然，因季节不同而导致工资发生变化时记工标准就应随之而变。① 这五种办法各有可取之处，其中第一、第三两种办法分别以资本股和身股分红，不仅将农业与副业有效结合起来，而且省却折算工资的麻烦；第四种办法实际上解决的是农业以外其他各种业务的记工范围；第二、第五两种办法则以直接或间接支付工资的办法刺激社员生产的积极性。不论哪一种办法，都以维护社员的切身利益为基点，一旦忽略这一点，变工合作

---

① 一知：《变工合作社的计工分红问题》，《抗战日报》1945年10月29日。

社就难以正常运转。

二 折工

在传统互助合作模式中，一般不存在折工问题。因为局限于亲朋好友之间的互助合作是建立在情分基础之上的。然而随着传统互助合作模式在革命场景中的演变以及新式互助合作模式的出现，以往那种凝结于其中的宗族血缘关系随之被打破。仅从劳动力方面来考量，"劳动力差一点不要紧，但年长日久，劳动量的差别就大了"①。因之，不折工抑或均工的做法往往会引起部分体力强者或技术熟练者的不满。正如有些学者所指："在具有简单化和平均化特征的体制中，技术和工作强度这些关键性因素被忽视了。木工小组中的熟练木工感到，他应当比没有技术的同事多拿钱。产品不等而报酬相同的计酬办法，严重了影响了熟练工人的劳动积极性。"② 在晋西北互助合作运动的初始阶段，许多变工组的垮台即与这一问题有直接的关联。但是随着互助合作运动的深入发展，各地变工组逐渐摸索出一些相对公平合理的折工办法。根据笔者所能接触到的资料，晋西北革命根据地互助合作运动中涉及的折工问题，主要从以下几种实际情况来具体解决。

人工折人工是最常见的问题，折工办法有两种。第一种是依劳作类型与劳作量来定工。如静宁县杜贵贵村规定开荒一个工以 10 分记全工，变工耕地则以 9 分记全工，即按 9/10 折工③；兴县二区高家村规定 1 个工一天锄 1 垧地，若只锄 1 亩或 0.7 亩，就以 1 亩或 0.7 亩折算。④ 第二种是依体力强弱折工。如保德县香草峁村变工组按每人劳动力强弱分为全工、半工、1/3 工、2/3 工或做 10 天算 8

---

① 理红、理京整理：《高鲁日记》，内蒙古大学出版社 2004 年版，第 536 页。
② [美] 弗里曼（Edward Friedman）、毕克伟（Paul G. Pickowicz）、赛尔登（Mark Selden）：《中国乡村，社会主义国家》，陶鹤山译，社会科学文献出版社 2002 年版，第 107 页。
③ 段晋炤、王斌：《杜贵贵变工组四种计工折工办法》，《抗战日报》1945 年 5 月 11 日。
④ 晋绥边区行政公署：《晋绥边区的劳动互助》（1944 年），山西省档案馆，A90—5—6—1。

天或 9 天；① 交西县何德信村按劳动力强弱分别评定每个人的分数，以全工 10 分为标准，不及 10 分的，评成 9 分、8 分，妇女儿童各按具体条件，算 4 分、5 分，特别强的劳动力折算 11—12 分。②

变工组在运作过程中，必然涉及人工与畜工的折算问题。人工折畜工也有两种具体办法。第一种办法是以耕地垧数为标准进行折算。如保德县西梁村变工队和河曲县钟桃小领导的变工队，牛耕 1 垧地折 2 个人工；兴县孙家崖村和岚县阴寨村的变工队在不吃牛主饭的情况下耕 1 垧地折 2 个人工，若吃牛主饭的则折 3 个人工；③ 静宁县杜贵贵村 1 个人工折 1 个牛工或驴工，1.5 个人工折 1 个骡工。④ 第二种办法是依畜力强弱进行折算。如岚县南沟村马福金领导的变工队把牛按体力强弱分为三等，好牛 1 个工顶人工 2.5 个；中牛 1 个工顶人工 2 个；下牛 1 个工顶人工 1.5 个。⑤ 在人畜折工中，各地方式不一，应注意到双方的利益，不使一方吃亏。若牛工折合过大，使贫苦人还不起工；反之，则会使喂牛户减少。

除上述两种经常发生的情形外，在一些变工组的运作中也涉及畜工折畜工与依农活类型不同而出现的按件折工问题。前者如岚县南沟村马福金领导的变工队 4 个好牛工折 5 个中牛工，4 个中牛工折 5 个下牛工；神府县刘德和村变工队规定 1 个牛工折 1.5 个驴工。⑥ 后者如兴县白芭儿村变工组规定耕熟地 1 垧折 2 个人工，耕熟荒地 1 垧折 3 个人工；⑦ 宁武县燕家村变工组的折工办法是割草

---

① 晋绥边区行政公署：《晋绥边区的劳动互助》（1944 年），山西省档案馆，A90—5—6—1。
② 史敬棠等编：《中国农业合作化运动史料》（上册），生活·读书·新知三联书店 1957 年版，第 578—579 页。
③ 晋绥边区行政公署：《晋绥边区的劳动互助》（1944 年），山西省档案馆，A90—5—6—1。
④ 段晋炤、王斌：《杜贵贵变工组四种计工折工办法》，《抗战日报》1945 年 5 月 11 日。
⑤ 《岚县春耕工作报告》（1944 年），山西省档案馆，A139—1—6—1。
⑥ 晋绥边区行政公署：《晋绥边区的劳动互助》（1944 年），山西省档案馆，A90—5—6—1。
⑦ 同上。

80 斤折 1 个人工，背柴 160 斤折 1 个人工；① 岢岚县梁家会村变工组开生荒 1 垧折 13 个人工，开熟荒 1 垧折 6.5 个人工。②

不论是按劳作类型与劳动量、劳动力强弱，还是按件折工，只要适合当地情形与群众要求而便于吸收各种不同劳动力到变工中去，使各个劳动力能合理发挥其强度，就可以进行尝试。

三 还工

在打破亲缘与血缘关系网基础上建立的互助合作组织，由于道德情感因素的减弱以及农民之间私有观念的固存，面对各户劳动力、畜力差异的现实，相互之间欠工与长工的问题必然会产生。解决这类问题的常规办法是还工或支付工资。从互助合作组织的组织效益来看，关乎组员利益的还工制度自然成为组织管理完善与否的重要标尺。

晋西北互助合作运动在实践中尤其是 1944—1945 年的激进阶段，各种类型的互助合作组织均不同程度地推广了还工制度，只是在具体操作过程中，各地区的还工办法不尽相同。兴县温象拴村变工队还工规定：富人欠下穷人的工应及早还工或付工资，穷人欠下富人的工，应允许推迟还。③ 对富人实行理性还工与对穷人实行道义还工相结合的办法，在承认富人既得利益的同时，又通过维护穷人权益将其纳入政党革命意志范围之内。同样地，岚县南沟马福金变工队还工规定穷人在春耕时所欠工可在锄草、秋收时还，而富人所欠工则须以食粮、钱还给穷人或还以牛工进行开荒；④ 静乐县火神窊村变工组则规定春耕完毕后穷人长下的工要及时付给工资或小

---

① 晋绥边区行政公署：《晋绥边区的劳动互助》(1944 年)，山西省档案馆，A90—5—6—1。
② 《岢岚县变工互助材料》(1945 年)，山西省档案馆，A139—1—45—2。
③ 史敬棠等编：《中国农业合作化运动史料》(上册)，生活·读书·新知三联书店 1957 年版，第 583 页。
④ 晋绥边区行政公署：《晋绥边区的劳动互助》(1944 年)，山西省档案馆，A90—5—6—1。

米，富人长下的工则折算成小米后打一欠条，待夏秋收后清还。①也有些变工组因考虑到穷人生活困难而特别规定还工时的吃饭办法。如离东县冯家沟村变工队还工规定：穷人还工时午饭吃牛主，富人还工吃自己或出粮、出钱。还有些变工组在还工时沿用了传统方式，保德县香草岇村变工组的还工办法即如此。该变工组规定牛工依旧时"贴牛"办法按地亩计算还工，若人工还不完时，就给牛贴草料，不出工钱，在秋收后须交一定的牛租。②

当然也不乏一些新式还工办法的典例。岚县界河口村变工组采用了三种还工办法：①不涉及吃饭而单纯变工时还工均以人工折算，牛主耕地 2 垧、1.5 垧、1 垧分别还人工 5 个、4 个、3 个；②人工还人工，牛草料由无牛户提供，每耕一天给干草 15 斤或莜麦秸 25 斤、草料 3—4 升，牛工则按牛力强弱民主评定分数以算作牛租，秋后支付或贫穷牛主预支部分；③包工耕地，即每耕 1 垧地支付粗粮 1 斗。③ 三种办法中，第①、③种简单方便。但是第一种忽略劳动力强弱的问题，即便同样是一个人工，彼此之间也并非完全没有差异。第③种办法对支付粗粮 1 斗的规定，对于一些贫困户来说并非易事，但倘若不及时支付则可能影响牛主生产情绪。相比较而言，虽然第②种办法有点复杂，但对于有牛户与无牛户双方来说，均较为公平。尤其是采用民主评议牛租的办法在一定程度上有效制止组内纠纷的发生，进而使组织得到正常而有效的发展。

算工资方面。如岚县南沟村马福金变工组，春耕时人工每工现洋 0.6 元，牛工工资以牛的劳动好坏折算，好牛 1.2 元、中牛 0.9 元、下牛 0.6 元。晋绥六分区宋家沟村变工组规定每个人工工资为 2 大升莜麦。偏关县曹家村变工组在送粪、砍柴、驮炭等方面，每

---

① 《静乐县五区火神崟村三年的变工过程》（1946 年），山西省档案馆，A140—1—5—2。
② 晋绥边区行政公署：《晋绥边区的劳动互助》（1944 年），山西省档案馆，A90—5—6—1。
③ 岚县讯：《岚县界河口村干部克服自流努力发展变工》，《抗战日报》1946 年 5 月 3 日。

个人工工资以银洋 0.2 元计。河曲县旧县村钟桃小变工组每个人工每天工资以小米 1.5 大升计,单犋牛每工以 2 大升计,双犋牛以 3 大升计,木匠参加变工组依做工种类计算工资。① 兴县温象栓村变工队按不同季节分别折算工资,由于工资春季贱、夏秋季贵,穷人秋季还工时均按当时工资折算。②

在实际运作中,记工、折工、还工问题处理适当与否对于互助合作组织的巩固至关重要。离敌据点 15 里的交东县某村 1945 年在劳动英雄武羊换的领导下,全村 29 户(共 33 户)参加变工组,规定半月结账一次。在 4 月 21 日结算变工账中,武莱园、武二骡、武成孩等几个短工,都以每个工 2.5 斤米偿还。由于能够及时清算工账,大家争着往地里跑。③ 兴县胡家沟村胡生变工组,各人的出工、入工由组长统一记账,每天上地时核对一次,每隔三五天算一次账,半月或 10 天清理一次账目。届时该还工者还工,该给钱者组长亲自从欠工户家里拿上小米或钱送交余工户,将账目当面勾销。这一做法,组员们都能接受,变工组因之得到巩固。④ 相反地,如果记工、折工、还工处理不当,会直接影响到群众的生产情绪。静乐县火神窊村 1944 年变工组记工时,劳动力不分好坏,去 1 个人就给记 1 个工;牛工是以耕地为标准,耕 1 垧地记 2 个工,不说单牛、双牛,只说耕地多少。如此做法导致从账单上无法辨明给自己做工还是给别人做工。两月以后清算账目时,变工组员李来孩感到记工方法不对,就写信咨询该村所属行政村任家湾村通信员李候孩:"你村的工账如何记法?"看信之后,李候孩也认为这种方法不对。变工队队长高四孩和记工账的王俊得知此事后,就给村公所写信说李来孩和李候孩破坏变工,结果村公所将李候孩捆绑,李来孩则在

---

① 晋绥边区行政公署:《晋绥边区的劳动互助》(1944 年),山西省档案馆,A90—5—6—1。
② 史敬棠等编:《中国农业合作化运动史料》(上册),生活·读书·新知三联书店 1957 年版,第 583 页。
③ 李若愚:《交东武羊换变工队即时结账偿还工资》,《抗战日报》1945 年 5 月 13 日。
④ 一庸:《"生家老汉"变工组搞的好》,《抗战日报》1945 年 4 月 9 日。

村民大会上被点名批评。此事之后，群众生产情绪普遍低落，再也无人敢提意见，变工组有名无实。后来该村变工组在还工时，干部强迫欠工者还工，结果到冬天铡草、掏粪之时仍在还工，但却未曾给有牛户和富有者算过工资。① 与此类似的例子还有很多。如该县杜贵贵村变工组规定1.5个人工折1个牛工，不仅使得无牛户之土地未能及时耕种，而且导致有牛户吃亏，结果双方都不满意，耽误了生产；② 临南县圪地峪村因为规定1个牛工折算草5斤、料0.5斤，喂牛者感到吃亏，结果全村13头牛被卖掉10头；③ 兴县东坡村变工组规定2个人工折1个牛工，但因该村劳动力较多，雇工宁愿用钱买黑豆而不愿还人工，牛主刘专大说："我喂了一个大犍牛，那还不是上级叫变工，一垧地订下一斗料，牛工资还不说，人家四垧并三垧，并且腊月才给我工钱，我就想卖牛，少种上地，买个爬牛够耕就对了"④；五寨县一区三井村则是因为人工折算牛工欠妥导致人工吃亏，从而使无牛户退出变工组。⑤ 随着等价交换被遗弃以及农民自身利益被忽略，"组织起来"响亮口号的背后是弱者表面的顺从与暗地的抵抗。这种抵抗暗示着存在于农民之间的道德行为并非等同于"吃亏""不计较"和"无所谓"等无私观念，当然农民之间的理性行为如互助合作组织中的记工、折工、还工等制度亦不等同于资本家眼中那种以利润为基准的唯利观念。

事实上，中共革命过程中建立起来的互助合作运作机制在强调革命性的同时，吸收了传统因素，进而形成革命与传统相互交织与承接的良性运作机体。在一些模范组织中，记工、折工与还工制度显示出较高的组织效益并得到党和政府的青睐；那些保留较多传统

---

① 《静乐县五区火神窊村三年的变工过程》（1946年），山西省档案馆，A140—1—5—2。
② 段晋炤、王斌：《杜贵贵变工组四种计工折工办法》，《抗战日报》1945年5月11日。
③ 乔华甫：《临南刘家会扩大会上讨论变工生产问题》，《抗战日报》1945年4月2日。
④ 达明：《兴县东坡村卖牛原因及纠正办法》，《抗战日报》1945年4月7日。
⑤ 《五寨县春耕总结报告》（1945年），山西省档案馆，A138—1—40—1。

因素的组织则在政治权力面前黯然失色，依旧在传统理念中存续着。后者的存续实际上冲击了中共的动员与组织能力，也暗示着一条潜规则：客观存在不以主观意志为转移。中共号召所有农民都要"组织起来"与在实际中"一刀切""机械搬用""强迫命令"的执行方式严重脱轨。主观意愿"组织起来"与乡村社会以及农民传统相背离，其结果即便能达到政治上暂时的利益取向，但不会具有持久的生命力。

第六章 互助合作的效果与局限

第一节 互助合作的效果

任何重大事件的发生不可能源自单一因素，其发展不会趋于单向，因其所引起的后果亦有多元发展之势。譬如"在革命中，潮流沿不同途径和方向变迁也具备多种可能性，从而产生极为不同的历史结果"[①]。对于乡村社会变迁而言，互助合作运动的开展在诸多方面产生了不尽相同的效应。有学者从新制度经学角度将互助合作组织的制度绩效归纳为三点：第一，在一定程度上解决了劳动力和农业生产工具特别是耕牛短缺的困难；第二，提高了农业生产效率，保障了根据地政权的物资供给；第三，体现出对农民利益的保护和军民团结的合作关系，有助于建立和巩固广大农民与根据地政权之间的联盟，稳定了后者的群众基础。[②] 笔者则认为互助合作首先在农业生产方面提高了劳动效率，节省了人力畜力、节约了劳动时间，做到了不违农时与精耕细作改良农业生产技术，而且通过组织闲置劳动力集体开荒扩大了耕地面积、发展了农业水利。此外，在政治、军事、社会等方面，互助合作都产生了重要影响。

---

① [美] 萧邦奇（Schoppa R. Keith）：《血路：革命中国中的沈定一（玄庐）传奇》（提要），周武彪译，江苏人民出版社 2010 年版，第 9 页。
② 梅德平：《中国农村微观经济组织变迁研究：1949—1985——以湖北省为中心的个案分析》，中国社会科学出版社 2004 年版，第 45—47 页。

一 经济方面

互助合作组织的经济作用是最直接而显著的。亲眼目睹过陕甘宁边区农民生产的美国记者哈里森·福尔曼指出："变工队制度在增加生产上已经证明了它的价值。"① 这种价值尤其体现在农业方面，因为"从根本上提高农业的生产率是受到封锁的根据地生死存亡的关键"②。通过互助合作，提高生产效率，进而促进了根据地农业生产的恢复与发展。

1. 扩大耕地面积

晋绥边区全区群众在"组织起来"后利用空闲时间大力开荒，仅1944年开荒面积即达750000亩，占1941—1944年开荒总数1400000亩的53.5%。③ 兴县1941—1944年共开荒134497垧，耕地面积由1941年的420000垧增至1944年的562500垧。④ 1945年备荒生产成绩显著，兴、岚、河曲、保德、偏关等9县扩大耕地面积55389亩。⑤ 随着耕地面积的扩大，粮食产量大增。仅1944年晋绥边区增产细粮160000大石，其中二分区人均增产两个月的粮食，三分区增产细粮70000余大石，增产数量大大超过全分区的公粮负担数目。⑥ 其中，临县1944年扩大耕地面积与增产的成绩尤为显著。详见表6-1。

从表6-1来看，1944年临县生产运动中，开生荒、熟荒、坟地与修滩地共计扩大耕地面积28213.07亩，其中仅开荒即占总数的83.7%。"组织起来"进行大规模的开荒，实为增加耕地面积的有效途径。而且从上述4个方面扩大耕地面积增产小米2426.17石来看，"组织起来"在提高农民生活水平方面亦发挥了不小的作用。

---

① ［美］哈里森·福尔曼（Harrison Forman）：《北行漫记》，陶岱译，新华出版社1988年版，第63页。
② ［美］西达·斯考切波：《国家与社会革命——对法国、俄国和中国的比较分析》，何俊志、王学东译，上海人民出版社2007年版，第311页。
③ 刘欣、景占魁：《晋绥边区财政经济史》，山西经济出版社1993年版，第198页。
④ 沈越：《兴县今年的春耕运动》，《抗战日报》1944年8月31日。
⑤ 山西省史志研究院：《山西农业合作化》，山西人民出版社2001年版，第664页。
⑥ 刘欣、景占魁：《晋绥边区财政经济史》，山西经济出版社1993年版，第198页。

这方面的绩效可以说达到了中共动员与组织农民的政治意图，为农民参与革命提供了物质保障。

表6-1　　　　　　　临县1944年扩大耕地面积统计

区别	一区	二区	三区	四区	五区	市府	总计
开生荒	527.5	3318.5	2522	4228.9	2697	30	13334.3
熟荒	367.3	4272	12.6	4213.5	1405.3		10270.7
坟地	511.9	959.6	939.4	539.82	944.5		3895.22
修滩地	328.6	13.9	283.3	2	82.03	3	713.83
合计	1735.3	8564.4	3767.3	8984.2	5128.83	33	28213.07
可增产小米	208.32	261.58	355.1	802.55	769.32	29.3	2426.17
共开水地	51	9.2	27	10	14		111.2
共增产米	10.25	2.25	7	2.25	3.5		25.25
共打坝	7	130.4		125			262.4
共增产米	1.1	32.1		36.5			69.7
总计增产米	219.67	295.93	362.1	841.6	772.82	29.3	2521.42

备注：土地单位为亩；粮食单位为石。

资料来源：临县县政府：《临县生产工作总结》（1944年），临县档案馆，62—2—22—7—2。

2. 提高生产效率

一些运作良好的互助合作组织不同程度地提高了生产效率，其衡量标准是省工。省工是通过有效调剂劳动力、畜力、农具等生产资料而实现的，并且因农作性质不同而互异。

春耕时的省工主要体现在送粪、耕地、开荒三个方面。在送粪方面，如兴县××塌村1944年春耕送粪时，22个人4头牛，一天送了8回，每回15驮，一天就送了120驮，依此计算，一天就能节省20个人工，较之不变工效率提高2/3[①]；临县梁家会村1945年春

[①] 兴县讯：《兴县某村变工送粪，劳动力提高三分之二》，《抗战日报》1944年4月13日。

耕时，16头牛、5头驴组成5个变工组进行送粪，原计划25天送完，实际仅用15天，劳动效率提高了40%。① 在耕地方面，如兴县劳动英雄贾挨碰村1944年春耕时，从3月27日到4月4日共耕夏田135垧，用人工254个、牛工129个。若不变工，用单牛耕地，要用3个人，1人掌犁，1人抓籽，1人打土疙瘩，共需352个人工；变工后，用两牛耕地，只需5个人，节省人工98个。② 保德县郝家里村变工组，由于实行打乱耕作、按地摊工，春耕结账时每垧地只用牛工0.9个、人工1.9个，平均每头牛耕地90垧。而未参加变工组的李双合，一头大牛仅耕70垧。③ 在开荒方面，如兴县苏家营开荒队4天开荒28垧，共用牛工56个、人工148个；若不变工，则需牛工82个、人工324个，变工后开荒效率提高至87%。④

夏锄时的省工主要体现在锄草方面。神府县屹柴嘴村变工队两天内锄地49垧，每人每天平均锄4.3亩，较一般个体强劳动力多锄3/10；水草沟变工队，每人每天锄地达4.5亩，较个体锄草速度提高5/10。⑤ 兴县生产模范村温象栓村，1944年夏季锄草互助组28个劳动力种了596垧，普通锄草3次，有的山地、棉花锄4次，节省人工130个。其中第四组9人共179.5垧地，在20天内，有101.5垧锄草两次，76垧锄过1次，节省人工80个。该组有一天锄黑豆16垧，竟节省了4个人工。⑥ 临县李家塔村1943年锄草多是2次，1944年则都是3次，而个别变工组尚有锄4次的，这还是在增加荒地156亩后的情形。比往年同样亩数每垧可产粗粮1.4石，组员赵兴红耕种的4亩糜子1943年只产1.6石，1944年估计能产3.2—3.3石；赵应元耕种的4亩糜子产1石，谷5垧产2.5石。全

---

① 《临县梁家会变工互助典型报告》（1945年），山西省档案馆，A147—1—70—4。
② 兴县讯：《劳动英雄贾挨碰发动村民集体开义田廿垧》，《抗战日报》1944年4月20日。
③ 《郝家里变工组总结材料》（1945年），山西省档案馆，A147—1—70—6。
④ 偏关县委：《偏关县1944年春耕生产总结报告》，偏关县档案馆，1—1—27—14。
⑤ 神府讯：《变工队蜂起云涌，第五行政村为全乡模范》，《抗战日报》1943年8月14日。
⑥ 新华社晋西北1日电：《兴县的农业生产》，《解放日报》1944年1月12日。

村可生产粗粮计126.3石。窑头村1944年夏锄时，各种谷物比往年都多锄一次，山地3锄、平地4锄，还比往年清闲得多。由变工节省下的工都花费在细作上，每亩可增产小米1.5升。① 岢岚县在夏季"抢锄"运动中，甲等及以上的变工组提高生产效率均在30%—50%之间，特别好的如甘钦村郝二小组竟提高至118%。②

秋收时的省工主要体现在收割方面。岢岚县马在山和马改果领导的后会行政村在1944年秋收时，组织所有劳动力包括妇女、儿童等以小组为单位进行变工收割，劳动效率提高了30%—50%。往年平均1.5个工割一垧地，该年则1个工就可割一垧，每垧地省工0.5个。③ 兴县胡家沟村1945年秋收时，全村分为7个小组进行大变工收割，40多个妇女和三四十个儿童也花编在男人组里。由于劳动力调剂得当，较之1944年省工100多个④。

在其他方面。方山县某村1944年组织78个全劳动力、10个半劳动力进行修渠，只用420个工，与未"组织起来"前比较省工200余个⑤。1946年，离石县穆村二闾变工组从农历二月二十八日起到三月底，32天中节省工195个。其中，在三天的修水壕中，节省86个工。⑥ 所有这些实例都体现出"组织起来"在提高生产效率方面的不可忽视的作用。

3. 促进精耕细作

尽管"组织起来"并未大幅度提高农业生产技术，但有利于促进农业生产由粗放到集约的转变。在一些互助合作成效显著的地区，精耕细作在传统基础上得到了进一步的提高。

增加耕作次数。兴县劳动英雄白改玉村1944年春耕，用镢头掘

---

① 临县县政府：《临县生产工作总结》（1944年），临县档案馆，62—2—22—7—2。
② 《岢岚县生产总结》（1944年），山西省档案馆，A139—1—43—5。
③ 张进才：《马在山马改果行政村精密分工加紧秋收》，《抗战日报》1944年10月7日。
④ 兴县讯：《兴县胡家沟变工搞得好，今年秋收比去年还快》，《抗战日报》1945年10月15日。
⑤ 方山讯：《方山岚三区某村变工修渠省工二百多》，《抗战日报》1944年4月20日。
⑥ 《离石县二区穆村变工组总结报告》（1946年），山西省档案馆，A90—5—36—1。

种的山地为 5 垧，较 1943 年减少 138 垧；耕一犁的山地为 1143 垧，较 1943 年增加 194 垧；耕二犁的山地为 128 垧，较 1943 年增加 50 垧；耕一犁的平地、水地为 105 垧，较 1943 年增加 3 垧；耕二犁的平地、水地为 187 垧，较 1943 年增加 100 垧。耕地垧数与次数的增加，是精耕细作的一个很好的体现。该村仅从精耕细作中，即可增产粮食 130 石。① 临县李家塔村在未组织劳动互助的 1943 年，全村耕 2 犁的共有 2 户，其余都是耕 1 犁；1944 年在积极分子赵应元响应"组织起来"的影响之下，普遍耕 2 犁的占全村耕地 70%；耕 3 犁的占 10%。窑头村糜子、大麦比往年多耕一次（往年耕 2 次），黑豆等都耕过一犁。1943 年全村不耕而种的有 100 亩以上，刘成仁个人即不耕而种 20 亩谷子、高粱，1944 年则全部耕过 2 次。②

进行精锄、细锄。岢岚县梁家会村 1945 年夏季锄地时，谷子地 155 垧，其中 16 垧锄了 3 次，其余锄了 2 次；糜子地 109 垧，6 垧锄了 3 次，其余锄了 2 次；黑豆地 96 垧，5 垧锄了 3 次，其余锄了 2 次；山药 30 垧，16 垧锄了 3 次，其余锄了 2 次；玉米地 15 垧，11 垧锄了 3 次，其余锄了 2 次。此外，莜麦地 178 垧、豌豆地 78 垧、扁豆地 16 垧、麦子地 18.5 垧、胡麻地 76 垧，均锄了 1 次。③

提倡秋翻地。秋翻地的好处是：第一，翻过之后充分吸收阳光，庄禾容易捉苗；第二，地表疏松，冬雪易渗入，耱平整后也易保存湿度；第三，能冻死草根与害虫；第四，增加荒肥，把有生机的草叶和豆叶翻进去可变为肥料；第五，地土可增厚，老百姓说："穷汉没钱要苦啦，地里没粪要土啦"；第六，可以多产粮，麦地秋翻后每斗麦可多产 1 斤面。④ 河曲县 1944 年秋翻地成绩较大，一区、三区变工队秋翻地占耕地面积总数的 1/3⑤；临县秋翻地 13546.2

---

① 沈越：《兴县今年的春耕运动》，《抗战日报》1944 年 8 月 31 日。
② 临县县政府：《临县生产工作总结》（1944 年），临县档案馆，62—2—22—7—2。
③ 《岢岚梁家会夏、秋季变工互助典型材料》（1945 年），山西省档案馆，A139—1—45—8。
④ 临县县政府：《临县生产工作总结》（1944 年），临县档案馆，62—2—22—7—2。
⑤ 《河曲县生产工作总结》（1944 年），山西省档案馆，A137—2—10—1。

亩，其中变工组秋翻地11784.5亩，占总数的87%。①

4. 合理处理闲置劳动力

中共"组织起来"的显著特征之一就在于从某种程度上实现对生产要素的重新整合。有学者指出革命根据地互助合作成功的原因之一是"可以实现生产要素的重新配置，以弥补与和平时期颇为不同的劳力不足问题"。② 对于劳动力的重新配置尤其是闲置劳动力的合理利用，晋西北各地群众尤其是劳动英雄与模范干部在实际生产与劳作过程中摸索出了多种方式。主要有如下几种。

第一，开荒、砍柴。1944年春耕时，临县白家塔村在砍柴时编了两个以牛车为中心的大变工组，第一组由农会秘书领导，第二组由民兵中队队长领导，从2月10日开始，砍了10天，费牛工10个、人工600多个，共砍得100100斤柴，平均每人每天可砍130多斤，比单独砍每人每天能多砍40多斤。③ 该年秋收时，偏关县9个中心村省工1611.5个，开秋荒554.5亩。④ 1945年春耕时，五寨县白草坡村李大变工组开生荒5垧、熟荒31垧，一区用镢头开生荒160.5垧、熟荒144.5垧，一区西岔村、白草坡村均砍柴40000多斤。⑤ 在开荒的同时砍柴，不仅增加了耕地面积，而且解决了烧柴问题，使闲置劳动力得到较大程度的使用。

第二，发展副业。各种类型的副业均得到不同程度的发展。兴、临、河曲、保德4县1944年牲畜数量较之1940年，增加了50%以上；神池、偏关、五寨、岢岚4县1944年比1943年共增役畜2142头。⑥ 汾阳县中庄村的变工组1946年组织男劳动力伐木3616根、

---

① 临县县政府：《临县生产工作总结》（1944年），临县档案馆，62—2—22—7—2。
② 高王凌：《中国农民反行为研究》（1950—1980），香港中文大学出版社2013年版，第19页。
③ 临县讯：《临县某两村群众组织变工开荒打柴》，《抗战日报》1944年4月22日。
④ 偏关县委：《偏关县秋收变工生产总结》（1944年），偏关县档案馆，1—1—27—14。
⑤ 《五寨县春耕总结报告》（1945年），山西省档案馆，A138—1—40—1。
⑥ 刘欣、景占魁：《晋绥边区财政经济史》，山西经济出版社1993年版，第198—199页。

熏柏油600斤，组织妇女纺花200余斤、织布96匹，全村还喂养10头猪、100多只鸡。① 此外，在有煤的地区组织闲置劳动力进行采矿。宁武县辛村、柴水村两个自然村从变工组中抽出30余人与合作社开煤窑进行采煤。他们的地由变工组耕种，开煤窑所赚的粮食亦归变工组所共有，共计划开煤窑4个。第一个已经运营，每天可产煤炭2000余斤，另一个在短期内即可生产。② 副业生产的开展，不仅增加了农户的收入，而且为进一步扩大生产提供了资本准备。

第三，办合作社。偏关县黄家窊村1944年秋收结束后，为了合理利用闲置劳动力，在劳动英雄屈毛的号召下，全村27户中有18户加入合作社，以1000元为1股计，共入资金30股、劳动力18股、驴力4股。合作社主要开展运输、榨油、磨豆腐等业务。其中，由驴4头、2人组成运输队，到河曲、神池、五寨三县用盐、布换回油籽，4个月获利12000元；2个人开小油坊一座，每人获利60元，4个月共获利7200元；2个人开豆腐坊与旅店，4个月获利21200元；1个人办消费合作社，供给群众盐、布等必需品，4个月可获利40000元。四项业务共可获利80400元。不仅使闲置劳动力得到合理使用，而且解决了群众的冬衣问题。在其影响下，刘家沟、王家坪、杨家窑子三村都成立了合作社，入股的共40户、63股。③

第四，兴修水利。临南县吕杜家岭村19个变工组抽出2000多个人工坝河滩地200余亩，每亩仅用工12个，可增加粮食160—200石。④ 离石县穆村二闾变工组将变工中节余的劳动力用于修水壕。组长王玉喜、小队长常应峁和大家民主商量说："咱这几天地里劳动的营生没甚了，咱把杨家坪的壕揽下，还能赚钱。"大家同

---

① 安广礼：《汾阳农业合作史》，山西人民出版社，第20页。
② 晋绥边区行政公署：《晋绥区变工互助工作的总结材料》（1945年），山西省档案馆，A90—5—19—2。
③ 偏关县委：《偏关县秋收变工生产总结》（1944年），偏关县档案馆，1—1—27—14。
④ 乔华甫、刘健：《临南吕杜家岭全村变工合作坝地》，《抗战日报》1945年4月18日。

意以 1.7 石小米的工资包揽。正常情况下,修这条水壕需工 200 个,但他们只用 65 个,节省了 85 个工,每个工赚 2.4 升小米,比一般工多赚 1.1 升。杨家坪村的群众因此而高兴地说:"如做均工,每天赚 1.3 升,以 150 个工算,还得出工资 2.95 石,这样少出了 2.5 斗米的工资。"[1] 随着修建水利事业效率的提高,不仅激励了农民生产的情绪,而且为进一步扩大生产准备了先决条件。

第五,组织扎工队。1944 年夏锄时,偏关县曹家村依据地块大小合理分配劳动力,闲置劳动力则组织扎工队,出外赚米和钱,他们的地由变工组集体锄[2];西沟、磁窑沟两村将种地较少的人组织成 11 个扎工队,共 67 人,其实施办法是扎工队员的地由变工队记工代锄,回来之后按工给变工队支付工资。[3] 这种办法解决了春耕后劳动力普遍涣散的问题,有利于互助合作组织的稳定与发展。

总之,耕地面积的扩大、生产效率的提高、精耕细作的发展以及闲置劳动力的合理处理,使根据地农副产品实现完全自给成为可能,不少地区达到了"耕三余一",进而为自力更生发展经济以支援抗战提供了物质保障。

二 政治方面

经济的发展固然重要,但是"以生产关系的激烈调整,和生产工具的重新分配作为基调的权力改变,同样也为大革命失败后的中国共产党所青睐和接受"[4]。抗战时期的减租减息运动以及解放战争时期的土改运动所体现的这种"基调"在互助合作方面表露得尤为明显。通过改造互助合作组织以使之革命化,中共权力得以延伸至乡村,其势力亦渗透到农村基层组织,在物质上确保了农民的切身利益,在思想上提高了农民的政治觉悟,进而巩固了根据地政权。

---

[1] 《离石县二区穆村变工组总结报告》(1946 年),山西省档案馆,A90—5—36—1。
[2] 偏关县委:《一区中心自然村曹家村材料》(1944 年),偏关县档案馆,1—1—22—9。
[3] 偏关县委:《西沟行政村调查》(1944 年),偏关县档案馆,1—1—67—4。
[4] 黄金麟:《政体与身体:苏维埃的革命与身体,1928—1937》,台北联经出版事业股份有限公司 2005 年版,第 166 页。

尤其是以贫雇农为主体的下层政治地位的提高，已经暗示着互助合作运动表面是一场经济建设运动，实际上是以经济建设为契机，建立中共基层统治基础的政治运动。

1. 提高农民政治思想觉悟

在革命中，"革命者试图与过去决裂，最重要的结果之一就是意识形态的创造发明"①。通过变工组进行经常性政治思想教育，造就了一批"把自己的命运和共产党、八路军、边区政府联系在一起"的新式农民。他们逐渐摒弃原有的自私观念，开始热心于集体事业，带领全村甚至全乡农民进行生产致富，不惜牺牲自己家庭的生产和财产，积极参加保卫边区、抗击日军的斗争。②

宁武县张初元、兴县温象栓与贾宝执、临南县李汝林、保德县刘文锦与袁谦等劳动英雄，不仅是"组织起来"的极力倡导者，而且成为中共塑造的取代传统乡绅的新式乡村精英，"他们同时被卷进一个革命的进程里，受恩于一个革命的政党，并顺从于一个新的革命性政体"③。劳动英雄从生产能手走向乡村权力中枢的这种特殊现象，被一些学者归结为中共重构乡村政权的路径选择。以"张初元模式"为例，贫农出身的张初元在中共势力嵌入乡村后，由煤工上升为乡村领袖。他之所以能够攫取乡村权力，其实是贫农化、英雄化与中共扶持三种因素共同作用产生的效果。换言之，身份认同、宣传与塑造以及政权力量支持构成了"张初元模式"的三大组成要素。④张初元的身份得到中共认同，之后其自身不断被英雄化。待时机成熟之际，在中共极力扶持之下，通过村选进入权力中心。

温象栓变工组政治宣传教育的实例尤其值得注意。在边区第三

---

① [美] 林·亨特（Lynn Hunt）：《法国大革命中的政治、文化和阶级》，汪珍珠译，华东师范大学出版社 2011 年版，第 25 页。

② 徐有礼：《试论抗日根据地的农业互助合作》，《郑州大学学报》（哲学社会科学版），1993 年第 6 期。

③ 周锡瑞：《关于中国革命的十个议题》，载董玥编《走出区域研究：西方中国近代史论集粹》，社会科学文献出版社 2013 年版，第 187 页。

④ 岳谦厚：《边区的革命（1939—1949）——华北及陕甘宁根据地社会史论》，社会科学文献出版社 2014 年版，第 22—25 页。

届劳动英雄大会上,温象栓讲道:"在变工时我们就只有批评和教育,叫大家好好刨闹。咱是穷人来的,是在新政权建立以后翻了身的,我深深认识到大家只有拥护共产党、八路军、新四军及抗日民主政府才有好日子过。今年七月国民党反动派要进攻边区,我们去锄草在路上听到这个消息,我给大家谈国民党顽固分子的罪恶,叫大家注意盘查行人,并动员老百姓起来反对内战。在地里也谈,在村里也谈,宣传大家要帮助八路军,如果国民党反动派真的要打起来,咱们不要怕。"① 由此可见,以劳动英雄为核心的新式乡村政治精英由于积极践行中共"生产组织化"、"生产战斗化"以及"生产政治化"的理念,在领导农民生产的同时提高了其政治思想觉悟。反之,一些对农民生产不关心的村干部则被农民一致决议撤换掉。如临县窑头村在组织变工组后,村长刘喜则对农民利益不关心,不领导农民生产,甚至开会都不去。村民为此很不满意,就重新选举刘恩奎为村长。② 这也说明,在一定程度上,新式乡村政治精英得到来自农民的有效监督。随着新式乡村精英体制的日益健全,乡村传统权力结构瓦解,中共政权则以"组织起来"为跳板趁势进一步渗入乡村并渐趋合法化。

2. 巩固根据地政权

毛泽东一直强调"一切空话都是无用的,必须给人民以看得见的物质福利"③。发动农民组织互助合作,正是中共维护农民利益的集中体现。干部带头领导农民进行互助生产,部分地解决了农民的物质困难,改善了农民的生活水平。在农民生活得到保障的同时,通过变工组宣传中共的政治路线、政治政策,向农民灌输阶级团结思想,建立农村基层政权。

兴县胡家沟村胡生领导的变工组在锄地过程中讨论县选参选,

---

① 佚名:《组织变工互助,把劳力与武力结合起来》,《抗战日报》1944 年 2 月 10 日。
② 《窑头自然村的变工互助》(1944 年),临县档案馆,62—1—20—5—7。
③ 《边区劳动英雄代表大会给我们指出了什么?》(社论),《解放日报》1943 年 12 月 26 日。

刚开始大家认为参选不如村选重要，不大关心，也不知该如何选。经胡生解释，大家得知村选县选都是选替自己办事的人，就认真酝酿，在行政村选举会上推选劳动英雄刘来存、胡生为选民代表。①

温象栓领导的杨家坡行政村，村生产委员会开会检查夏锄时讨论县选参选问题，各委员于前一天天黑时带锄到李家山自然村，当时就讨论好给生产委员李侯油锄地，饭也在他家里吃，将来李侯油给大家还工，并准备好要讨论的几个问题。第二天黎明时分就吃饭上地，9个人一面锄地，一面漫谈各自然村的夏锄变工与县选的问题，并讨论了今后如何干，大家一天锄了9垧多地，研究了工作，还研究了"论联合政府"的若干问题。杨家坡干部、群众对于县选参选的认识不够，关于议员条件、议会职权与组织不了解，干部就把各变工组组长集中到一个组里锄地，采用变工的办法，首先汇报各变工组的工作，然后每人讲自己对县选参选的认识，经过一天的讨论，很多不了解的问题都得到了解答。② 这种经过充分讨论的选举方式，为新型村政权合法性和权威性地位的确立提供了制度层面的保障。

3. 巩固农村抗日民族统一战线

随着中共势力的逐渐渗透，"革命摧毁了旧的社会秩序及其阶级、多元主义和局部忠诚"③。晋西北农村由于发生了以互助合作为中心的经济变革，赤贫减少或基本消灭，贫农升为中农，中农升为富农的现象比较普遍。

据统计，临县窑头村1944年经过变工生产得以翻身的17人中，有16人阶级成分上升，雇农或工人升为贫农9人，贫农升为中农2人，其他5人成分亦在本阶层内有所变动。④ 1945年偏关县陈家营村的调查数据亦显示，从1941年到1945年间，全村由24户增加至

---

① 邵挺军：《兴县胡家沟的夏锄变工》，《抗战日报》1945年8月13日。
② 阎玉：《变工锄地中讨论县参选》，《抗战日报》1945年8月8日。
③ ［美］塞缪尔·P.亨廷顿：《变化社会中的政治秩序》，王冠华、刘为等译，上海人民出版社2008年版，第256页。
④ 《窑头自然村的变工互助》（1944年），临县档案馆，档号62—1—20—5—7。

32户，翻身者8户。除地主3户保持不变外，中农上升为富农1户，贫农升为中农7户。①

农村中下层社会地位的改变以及民主政府保障地主土地所有权、鼓励富农发展资本主义经济政策的实施，使农村各阶层之间的相互关系趋于缓和。因之，变工组"不仅是一个组织广大农村群众发展生产、提高农村生产力的团体，而且也是一个从生产关系上团结农村各社会阶层的适当的组织"②。更进一步讲，"其成员有别于其它时期，不仅吸收广大的劳动人民参加，同时也接纳抗日的富农、地主阶级参加，因而也是一种统一战线的组织形式"③。

吸收富有者参加变工组，主要是用说服教育和实际利益相结合的办法去打动他们。岚县劳动英雄吕换换村富农刘燕生，莜麦地尚未耕完而2垧谷子亟须锄。吕换换为吸收他变工，就对他说你不用雇短工，变工组给你锄地，你可以还工或支付工资。第二天变工组帮刘燕生锄地，刘燕生原来估计要11个工锄完，结果7个工就锄完了，省工1/3，他得到这一好处后便自愿参加了变工组。兴县白芭儿吸收1户地主参加变工组，办法是先给他算账以证明地种得好自己得益多而公家只征收极小部分。提高其生产情绪后，用事实说明变工生产的好处是既省工又多打粮食。这样，该户地主最终参加了变工组，并影响该村2户富农亦加入。④ 临南县刘万山村富农刘文科对民主政权不满，不肯参加变工组。春耕期间他得了重病后，刘万山到县里请医生给他看病并替他买药，变工队则帮他耕种。他病好后参加了变工队，但仍然经常在背后说闲话。刘万山又动员其子侄读书、参加工作以便让后者劝说其更换思想，并发动群众对其进

---

① 偏关县委：《偏关县陈家营调查资料》（1945年），偏关县档案馆，1—1—35—3。
② 史敬棠等编：《中国农业合作化运动史料》（上册），生活·读书·新知三联书店1957年版，第595页。
③ 左志远：《简论华北敌后根据地的互助合作运动》，载南开大学历史系中国近现代史教研室《中外学者论抗日根据地——南开大学第二届中国抗日根据地史国际学术讨论会论文集》，档案出版社1993年版，第383页。
④ 晋绥边区行政公署：《晋绥边区关于变工互助的几个问题》，冀南书店1946年版，第26—27页。

行算账教育。此后，他不仅在思想上进步很快，而且主动帮助组内的经济困难户。① 此外，也有极个别地主自愿参加变工组。如岢岚县梁家会村曾被减过租的地主宋四，尽管年逾六十，但却全年参加变工组生产，且情绪很高，在夏季每日背两大捆柴。由于他的劝导，他儿子在变工组每日辛勤劳动，工分由最初的 6 厘提到后来的 8 厘、10 厘。②

将富有者吸收到变工队内，帮助与争取其好好生产，不但使变工队内各户生产困难易于得到解决，而且能使地主走上生产道路，使富农的生产进一步得到发展，更重要的是加强了农村各阶层的团结。农村抗日民族统一战线的巩固，充分迎合了中共乡村革命的政治意图，不但为全民族争取抗战的最后胜利奠定了群众基础，更为中共在抗战胜利后夺取全国政权赢得了民心。

三 军事方面

晋西北各地劳武结合、武劳结合等新型互助合作模式的创造与大力开展，使变工组成为一个生产建设与武装斗争结合的有机整体。它不仅保障了军粮的及时供给、战勤供应的顺利进行，而且稳定了军心，加强军民关系以及军队内部的团结，增强了军队的战斗力。

1. 运送军粮与服军勤

变工组最大限度地将人力、畜力进行有机调配，组织运输队，及时供给军粮。同时，给予外出服军勤的人员种种优惠政策，如在组员出公差勤务时，他自己的生产由全组帮助完成，不扣工。这样，出勤人员乐于出勤、安心出勤，有效地完成军勤任务。

1945 年秋收时，兴县二区高家村行政村召开各自然村代表与分队长会议，决定采取变工与抗勤统一的办法，即服抗战勤务以变工

---

① 晋绥边区行政公署：《晋绥边区关于变工互助的几个问题》，冀南书店 1946 年版，第 27—28 页；史敬棠等编：《中国农业合作化运动史料》（上册），生活·读书·新知三联书店 1957 年版，第 597—598 页。

② 《岢岚梁家会夏、秋季变工互助典型材料》（1945 年），山西省档案馆，A139—1—45—8。

组为单位，对于服抗勤者本组则保证帮助其收割。具体办法如下：①扩大运输组织，全劳动力负责担架运输，半劳动力则服各种轻勤务；②合作社内弹花、轧花者由其事先雇人或叫村内的牛支差代以服抗勤，他日后支付工资；③服抗勤者按里程折工计算分数，以求公正合理；④尽量使用牲畜支差，全行政村共有驮牛43头，驴26头，但缺少牛鞍25个，要耐心说服群众整理旧鞍子，说明牛支差不吃亏，长下的工，别人替他还工收秋。同时提倡互助借鞍。其余全村尚有不能驮的耕牛66头，则为服抗勤的人变工翻秋地、推碾、磨面。①静乐县八区潘家庄行政村在秋收中纠正了过去抗勤与生产领导不统一的现象，成立统一指挥部，由正副村长、中队长、农会秘书、妇救秘书组成。各自然村分设指挥部由主任代表、自卫队队长、变工队队长、纺织组组长、教员等组成。抗勤以变工队为中心，变工队即抗勤队，规定毛驴支差走4里为1分，人走5里为1分，以所到村庄村公所或主任代表条子向抗勤队队长领取分票，没驴的按分数与有驴支差的还工。这种办法相对公平合理，容易为群众所接受，值得提倡。②临县窑头村在秋收时为了组织所有劳动力进行抢收，经过群众大会讨论，过往人员招待由妇女负责。一方面可节省男劳动力参加秋收，另一方面还可锻炼妇女的能力。③

  这些成功的典例凸显了互助合作运动的"临时性"与"战时性"。尤其是变工与抗勤的统一带有浓厚的战争色彩。也就是说，在战争与革命的现实场景里，在政党因时因地的政治动员之下，互助合作运动这种原本属于经济范畴的革命举措已经深深打上政治的烙印。这一点，既不同于民间的互助合作模式，也有别于中共全面执政以后推行的合作化运动。

  2. 开展拥军优抚与代耕

  拥军方面。岢岚县1944年拥军工作成绩显著，部队机关在生产

---

① 张振、改玉：《兴县高家村行政村秋收抗勤统一变工》，《抗战日报》1945年9月27日。
② 段建武：《静乐潘家庄变工队就是抗勤队》，《抗战日报》1945年10月25日。
③ 《窑头自然村的变工互助》（1944年），临县档案馆，62—1—20—5—7。

中或多或少地得到驻地变工队的帮助。从春季开始帮助修理住处，借家具、农具，带领选择荒地、代租土地11014亩，调剂籽种85.718石。到夏季拥军活动进一步加强，许多部队到前方对敌斗争，变工队便给代锄，秋季帮助收割的也很多。从春到秋变工队帮助军队人工2358.5个、牛工849个，另外调剂牛工189个。主要通过变工队全年慰劳军队蔬菜4561斤，白面1174斤，钱161372.5元。① 兴县六区蔡家会村变工队专种了几亩蔬菜，招待过往军人；白改玉村9个退伍军人分编在变工组中；二区85个退伍军人，有40个参加变工队；一区曾有250个人帮某团锄地；劳动英雄贾挨碰所在的村在清明节时有47户请军队吃饭，全村选出贾挨碰为代表把大批豆芽、豆腐、酱醋、蔬菜等送到驻军总部，贾挨碰还曾把两个过往军人招待到自己家里，叫老婆把准备下过清明的糕做给他们吃。② 神府县王家峁村民众在劳动英雄苏占清的教育下，主动让出200多亩公地给某部耕种。苏占清在外村工作听到某部战士要到他村种地的消息，便连夜赶回村去，帮助村长安排军队住宿，并亲自引领军队查看土地。不等军队到来前，他就发动村民准备好200斤蔬菜。当村里人正在筹备接待军队时，苏占清的老婆已经准备好两大盆豆芽。此外，她除了做地里的营生外，还要抽空磨豆腐，准备慰劳努力生产的八路军。③ 1945年秋收时临县阳坡村变工队抽出171个人，给某部队供给处收割560多垧地，还有20个人给游击二中队收谷子、糜子共计60多垧。此外，张光喜变工组在一天中就将参战民兵刘三保的16.5亩谷子、1亩荞麦和1亩山药收回。④

优抚方面。偏关县1945年秋收时，黄家窊村将全村8户抗属编到4个变工组内优待，组织了一个牛车小组从地里拉运庄稼，拉运

---

① 《岢岚县生产总结》（1944年），山西省档案馆，A139—1—43—5。
② 沈越：《兴县今年的春耕运动》（续），《抗战日报》1944年9月2日；《劳动英雄贾挨碰发动村民集体开义田20垧》，《抗战日报》1944年4月20日。
③ 干洪瀚：《苏占清村的生产与拥军》，《抗战日报》1944年4月25日。
④ 严兆管、杜唤兰：《临县阳坡变工队给部队收庄稼六百垧》，《抗战日报》1945年10月16日。

一车变一犋牛工。① 岢岚全县793户抗属，需优待的抗属约有310户，得到优待的有285户，代租地1346.5亩，贷粮78.2石，贷款149835元，调剂粮24.25石，帮助菜33780斤。全县需代耕抗属共163户，内固定代耕的67户，地1144亩，帮助耕作的抗属262户，帮人工1271个工、畜工496.5个。一般抗属在代耕优抚之下可以保证一般水平生活。② 拥军工作在窑头村做得很好。首先反特务团从离石县打仗回来后，村民送了50斤白面，还有不少的蔬菜。部队在中秋节请不少群众吃过饭，在秋收时还帮助群众300多个工。因此，军民关系很好。③

代耕、代收方面。据统计1941年全晋绥边区给抗属、贫民代耕土地68724亩，1942年12县给抗属代耕土地27000余亩。④ 1945年秋收，兴县二区胡家沟村13位民兵参战，丢下160余垧地，再加上部队在该村种有500余垧庄稼，共600余垧地需代收。该村村主任立即召集干部、积极分子，以及全村男女老少进行商讨，在村民大会上，预备先把参战民兵各家土地的数目、劳动力多少，详细登记，经全村村民评定，并取得民兵家属同意，每家需多少劳动力帮忙，全村共需多少，然后再将劳动力具体分配，固定专人负责。妇女花编在男变工组。学校大儿童，白天一律上地，夜晚学习。这样该村除收割参战民兵的地外，部队的地也可以收割一部分。樊家沟只有11个劳动力，种有420余垧地，部队种有60余垧，该村将男女劳动力组织起来，除将自己的地收完，部队的地也能收完，所余参战民兵60余垧地，由五龙堂、张家圪塔抽出劳动力帮助。胡家沟部队留下的地，由郝家沟、赤家梁等村帮助收割。⑤

3. 推动退伍军人参加生产

住在岢岚县二区5个村庄的26个退伍军人，在县政府、县抗联

---

① 偏关县委：《偏关1945年秋收工作情形》（1945年），偏关县档案馆，1—1—36—4。
② 《岢岚县生产总结》（1944年），山西省档案馆，A139—1—43—5。
③ 《窑头自然村的变工互助》（1944年），临县档案馆，62—1—20—5—7。
④ 《晋绥区农业生产的历史总结》（1944年），山西省档案馆，A90—5—5—1。
⑤ 兴县讯：《兴县二区各村整顿组织变工秋收》，《抗战日报》1945年9月17日。

派人领导下，开会讨论生产计划。在雨天的热烈讨论中，决定用互助变工集体劳动的办法，来完成以农业为主、商业运输为辅的生产计划，达到来年完全自力更生的目的。对于互助合作问题，是根据现住村庄、身体强弱等条件，共编成6个小组选出组长；身体强的作务农业，身体弱的经营商业和运输，做到具体分工、农商合办。他们的生产计划，农业方面：共种地95垧，除每人开荒1.5垧，共开39垧外，其余均由政府农会代租；种子由政府贷给；肥料除现有一部分外，小满前每人再拾粪3500斤，做到每垧地平均上粪1500斤；工具由当地农会负责帮助借用；预计可产莜麦25石、胡麻5石、山药25000斤、菜2500斤。商业运输方面：开豆腐坊两座、小铺3个、挑担11付、养毛驴6头（已有3头），做到经常运输，以解决春、夏两季26个人的一切使用。县政府为彻底帮助他们解决生产困难、提高生产热忱，已贷给他们籽种粮食12大石、贷款115000元，并将县政府年终节约下的3斗小麦、2斗大豆借给他们用作运输与商业资本。严效明代表全体退伍军人对政府的这种关怀与帮助表示衷心的感谢，他说："我们不但自己要努力生产，还要同老百姓互助变工，参加民兵打敌人，并要作执行政府法令的模范，来报答政府的好意。"① 兴县杨家坡退伍军人老刘，不会种地会赶牲口，劳动英雄温象栓就发动组织运输合作社。老刘给合作社赶牲口，变工队给他种15垧地，收粮8.4石，还种了1垧棉花。②

4. 改造民兵组织

临县窑头村民兵刘爱生是二流子，1944年春村里组织变工组后，经常以村公所或村干部的名义向组员要盐、要醋及其他吃的东西，并且私自派差花掉组员刘恩岚、刘银保现洋4元。村干部得知后，先召开民兵会进行斗争，并予以开除。其后，在群众大会上，将其公开斗争。民兵刘来保因搞女人、赌博，被群众捉住，也是先

---

① 宁武讯：《岢二区二十六个退伍军人组织变工集体生产》，《抗战日报》1944年3月21日。

② 兴县讯：《兴县二区贫苦抗属生活大改善，退伍军人建立了家务》，《抗战日报》1944年8月5日。

经民兵会上斗争开除,又提到群众会上斗争,并罚了几个工。这样一来,不仅提高了民兵质量,而且改善了民兵与群众的关系。过去民兵打人、捆人的现象很多,该年没有发生。过去民兵一遇战争出去活动,老感到困难,影响工作。该年他们集体开荒,打下的粮食集体保存,遇有战争,就吃此粮。这是窑头村民兵的创造,后来其他村学习的还不少。[①] 民兵组织的完善,是中共领导农民革命走向成功的一大特色,与阎锡山政府实行"兵农合一"政策形成鲜明对比。

四 社会方面

互助合作运动的广泛开展深刻影响了乡村社会。新西兰学者纪保宁甚至认为变工队是20世纪40年代农业合作化运动的中枢,是最能体现中共在乡村进行社会革命的组织。[②] 这一通过研究陕甘宁边区合作化的运动得出的结论同样适合于晋西北革命根据地。经过中共改造的变工队乃至合作社,其效能不仅局限于经济层面,而且在乡村成为团结民众与改造社会的有力武器。其社会效力体现在:通过改造二流子等农村社会不事生产的不良群体和动员妇女、儿童参加劳动以及从习俗、文化、卫生方面进行的宣传教育,使民众从思想上根除了不少封建迷信因素,促进了乡村社会风俗的变迁。

1. 改造二流子、懒汉

二流子、懒汉等不事生产者的懒惰、赌博、欺骗、说谎、偷窃等顽劣恶习败坏了社会风气,使之"在共产党正在争取的蓬勃有气的社会上没有一点地位"[③]。组织变工组将他们花编在各变工组里,一方面可以对其进行劳动力上的帮助,另一方面又可以进行教育督促,进而提高其社会地位。

1944年春耕,兴县共改造二流子1111人,占二流子总数的

---

① 《窑头自然村的变工互助》(1944年),临县档案馆,62—1—20—5—7。
② Pauline B. Keating, *Two Revolutions: Village Reconstruction and the Cooperative Movement in Northern Shaanxi, 1934—1945*, Stanfand: Stanford University Press, 1997, p. 58.
③ [美]哈里森·福尔曼(Harrison Forman):《北行漫记》,陶岱译,新华出版社1988年版,第72页。

66%，其中五区改造数为总数的94%、城关为87%、一区与二区均为75%。其中六区的208个二流子1943年种地773垧，1944年则种地2287垧，增加了1514垧。① 该年秋收时偏关全县783个二流子中有511个被改造，改造率高达65.3%。其中，改造后转变较好的有273人，占二流子总数的34.9%，转变较差的有238人，占二流子总数的30.4%。也就是说，1/3以上的二流子已经参与到生产中，其中有179人参加了变工组，占转变较好总数的65.6%。② 宁武县生产中心区宁二区、宁三区、岢二区、静四区共有二流子283个，被改造的有133个，改造率为47%。③ 大量二流子转向生产，使闲置劳动力资源得到整合，推动了农村经济的恢复与发展。

　　抗战结束后，二流子继续被改造。1946年春耕五寨县韩岭庄村杨有才变工组吸收两个二流子。其改造办法是首先解决生产困难，杨有才借给他们两个人2石粮食帮助其戒掉抽大烟的坏毛病，并借给其中一人胡麻籽5升；其次解决穿衣困难，杨有才的老婆亲自给一个二流子缝制衣服，而杨有才帮助另外一个二流子将其在合作社砍柴赚下的钱买了一件衣服。在杨有才的热心帮助之下，二人决心转变，村里人也开始重新认识他们。他们激动地说："老杨把我们从烂污泥里救出来了。"④ 宁武县宁化堡全村共有二流子男23个、女49个。为了帮助他们转变，村干部一方面对他们进行说服教育，指出："只有参加劳动才是正当出路"，另一方面将镢头贷给他们，让他们自愿走向生产，种子问题是根据刨地数量借出。二流子邢喜民曾当过伪军，但在干部的动员下也动手种地了。葛沙有的老婆是一个老二流子，过去一贯好吃懒做，自从开过妇女座谈会，她决心

---

① 沈越：《兴县今年的春耕运动》（续），《抗战日报》1944年9月2日。
② 偏关县委：《偏关县1944年秋收变工生产总结》（1944年），偏关县档案馆，1—1—27—14。
③ 宁武县县政府：《宁武县全县生产数字总结报告》（1944年），山西省档案馆，A138—1—26—2。
④ 苗振青：《五寨劳动英雄杨有才热心改造二流子》，《抗战日报》1946年5月17日。

转变，已开下生荒2亩。其他30多个女二流子也陆续转向生产。①

　　此外，有些二流子在改造的过程中，由于生产积极性的提高，逐渐上升为劳动英雄。兴县五区程家塔村贾怀德即是如此。此人过去经常赌博，曾将自己的12垧地典押给外村的一个大赌家，连父亲留下的两眼窑也卖掉。后来开村民大会斗争他，要他改悔。他想："一个好好的人，为什么不务地呢？"于是下决心务地，一股气开了13座坟地，收了13布袋山药，从此就再也不游荡了。1943年春天，村人帮助他租了5垧地，公家又借给他农贷，和另外7个佃农伙买了两头牛。他想："穷人合伙，一搭儿干好。"他就首先提倡闹变工，于是8个人组成两个变工组，每组4个人1头牛。贾怀德和刘补栋各领导一组。春耕时他领导大家变工耕种，自己还开了9垧荒地。大家看到变工组有利，到锄地时，变工组就由两组扩大到4组，由8户增到16户，结果，省了40个人工。因为锄地时没吃的，贾怀德又和大家进行了一次反贪污斗争，斗出5石细米、4石黑豆，解决了大家的困难。秋收时，全村30户都参加了变工，只4天工夫就把大路边上的庄稼全部割完了，日军"扫荡"时便没有受到损失。这一年下来，他自己的9垧荒地和租的5垧熟地，共打了17石粗粮，32布袋山药。冬天他用3石粮买了16垧地，说："买地吧，我要往上翻哩。"不但他自己买了地，最初和他变工的7户佃农也都买了地。贾怀德从二流子转变为模范劳动者的典型事件，不仅得到群众的认同，而且引起区、县干部的高度重视，他自己于该年被选为五区的劳动英雄。在表彰大会上，他开心地说："以前我是个二大流，现在成了劳动英雄，这也都是在共产党、八路军领导下的年月里才有的事；旧年月时那可没人管啦！"②

　　从贾怀德一例中，可以窥见中共领导下互助合作运动对劳动力资源的整合力度，是同时期国民党推行的合作社运动难以望其项

---

　　① 冀明、项愉堂、周英士：《宁武宁化堡、北屯男女二流子参加生产，从轻劳动着手改造较好》，《抗战日报》1946年5月17日。

　　② 景文：《从二大流变成模范劳动者》，《抗战日报》1944年2月26日。

背的。

2. 组织妇女、儿童生产

在革命前的乡村社会,"传统的劳动分工是出于时间的安排,而不是由于非经验的原因。它是经济调节的一个部分。在男子只靠自己劳动,而农田不再扩大的情况下,农业是不需要女劳力的"①。然而,根据地建立后,由于劳动力的匮乏,中共极力号召妇女组织变工队进行生产,改变了妇女在农业生产中的地位。

1942年,岢岚县后会村妇女马改果组织起一个妇女变工队,组织妇女推磨、送粪、砍柴、种地、锄地、秋收。村里的男人赞叹道:"改果的变工队真厉害,一天一人种一垧地,抵上了一个大男人。"② 1943年夏收,临县劳动英雄白全英在农忙之际,召集全村妇女开会,结果40个妇女"组织起来",组织了5个变工组,并推选了组长,规定谁家的麦子先熟就先给谁家割,给谁家割在谁家吃饭,多余的工给工钱。就这样,该村妇女破天荒的上地劳动,仅10工夫,就将全村的小麦收割完毕。这不仅提高了她们的劳动热情,而且使她们认识到男人能干什么,她们也能干什么,思想上进步了。③

1944年春耕,河曲县妇女史桂枝发动24个妇女,编成3组,变工生产。在春耕中有几家没吃的,她又主动拿出谷子3斗、糜子1斗、山药50斤,给积极贫苦的妇女解决了困难。之后,变工组得以巩固,生产成绩突出。3个组共计开荒23垧(内有她开的4.5垧),植树51株(内有她植的14株),种菜2.5亩,锄地76亩,砍柴2904捆(每捆约60斤),另外还积蓄劳军柴20捆。此外,除节省人工160个和炭费8800元外,并抽出7个男劳动力到附近打短工,赚米3.3石。同时使得全村庄稼都锄过3遍,还开伏荒120垧、翻夏田45垧、沤青肥900驮。④

---

① 费孝通:《江村经济——中国农民的生活》,商务印书馆2001年版,第152页。
② 岢岚县志修订编纂委员会编:《岢岚县志》,山西古籍出版社1999年版,第638页。
③ 路(笔名):《妇女特等劳动英雄——白全英》,《抗战日报》1944年2月1日。
④ 刘林:《女变工队长史桂枝》,《抗战日报》1944年10月8日。

1945年，临南县493个自然村共有妇女劳动力30212个，春耕、秋收"组织起来"的劳动力合计12665个，占妇女劳动力总数的41.92%。① 该年夏收、夏锄时，兴县弓家山村模范抗属刘候女发动16个妇女变工夏收，在4天内收割麦子20垧，使得男人有更多的时间用于锄草；静宁县怀道村妇女吕青枝领导的变工组，锄地20余垧，并集体打短赚山药100斤，抽出男人挖窑洞。② 秋收时，岚县张家湾行政村由于许多男人出外服战勤，就决定以自然村为单位，组织全村妇女变工秋收，将全行政村的300余垧豌豆、扁豆收割完毕。妇女们信心很高，阎家湾自然村的张桂花说："为了援助前线，咱们保证秋收不丢在地里一颗粮。"有的妇女们并在大会上纷纷向她们去前方参战的男人去信，告诉他们努力执行朱德总司令的命令，不要挂念家里的庄稼，这样，更加鼓舞了在前方的男人。③

1948年，临县上地参加劳动的妇女占人口总数的70%。在夏锄、夏收方面，四区张家峁全村有劳动力的妇女共计58人，上地收割的有45人；三区妇女劳动英雄李桂花回村后亲自组织了一个妇女变工组，4个人一天之内抢收麦地2亩，能顶2个男劳动力，并推动了40多个妇女参加了夏收，占总数的1/4；阳坡村过去会锄地的妇女只有1个，该年新学会锄地的有4个，并且配合男变工组锄完了6亩地。普遍发动妇女秋收，在广大妇女的积极参与之下，1948年秋收在9月中旬即结束，比往年提前了半个月。妇女不但参加了一般的劳动，而且还在部分地区成为农业生产中的主力军。如五区寨上村的郭喜汝，她男人是个瞎子，不能劳动，家里种40多亩地全靠她一人劳动；九区庙墕村李岗花虽然是个寡妇，却自种22亩地。还有不少军属、干属也积极上地劳动。如四区军属张秀英和她的男人在春耕时掏了6亩地，种了麦子5亩、豌豆2亩，而秋收则完全

---

① 《临南妇女变工统计》（1945年），山西省档案馆，A100—1—6—7。
② 二分区讯：《兴县弓家山、静宁怀道村妇女变工夏收夏锄》，《抗战日报》1945年7月24日。
③ 孙利裕、江有良、石子祥：《岚县张家湾行政村组织妇女变工秋收》，《抗战日报》1945年9月23日。

是她自己收割；三区钟底村干属郭美英过去不上地，完全靠代种，该年除自己上地外，还发动全村妇女上地劳动。①

1949年春耕，偏关县互助合作运动打破了妇女劳动羞耻的传统思想：一区高崞梁王二女自己学会耕地，并影响该村6个妇女提出代替男人耕地②；二区关河口村废除旧风俗，31个妇女参加了生产。③ 妇女积极参与生产，打破了长期以来禁锢妇女的封建陋规，不仅为农业生产补充了劳动力，而且提高了妇女的社会地位，为妇女最终赢得各种平等权利奠定了基础。

即便是弱势群体之一的儿童也被卷入互助合作运动的浪潮中。兴县蔡家崖村儿童变工组将小学校种的半垧棉花锄了6遍，并开了1亩多荒地种上玉米。此外，还和大人们变工替合作社到县城置办日用品，获利10000余元，将所得红利入股合作社。岚县蒲胡村12个儿童组成变工队，20天内砍柴5000余斤、锄地57垧，与大人变工队一起翻过2.5垧地种荞麦，开0.5亩拥军菜地。此外，还揽工锄地5垧，赚得工资800元，买纸自做识字本。宁武县黄土坡村14岁儿童王明才和4个儿童组织变工组，送12垧地的粪，开生荒12垧种莜麦、胡麻，并砍柴170多斤。④ 兴县胡家沟村1945年夏收时，20多个儿童组织变工组给各家收麦27垧，并帮助3户抗属和村长收麦5垧；在夏锄中，他们将大组分编为4个小组，互相竞赛给各家锄地，不到一个月就锄过100垧；秋收时，他们不但把自己的5亩庄稼收完，而且给各家收割庄稼60多垧。⑤

组织妇女与儿童参与互助合作，是以往任何革命运动未曾有过的。从这些弱势群体自身来讲，在积极参与生产的过程中，他们已经被革命赋予一定的价值。正是因为他们自身价值的实现，更进一

---

① 《临县妇女参加生产的初步总结》（1948年），临县档案馆，62—2—115—24—2。
② 偏关县委：《偏关县春耕生产总结报告》（1949年），偏关县档案馆，1—1—106—27。
③ 同上。
④ 二分区讯：《少年儿童变工生产》，《抗战日报》1945年7月21日。
⑤ 冯铭：《胡家沟的少年与儿童》，《抗战日报》1945年5月30日。

步坚定了他们对革命领导者的忠诚，最终成为革命顺利开展的重要推动力量。

3. 推动社会救济事业的发展

发扬集体互助精神救济贫困户。神府县二区王家峁村王兴时是全村最穷的人家，全家大小4口，共有12垧地。1943年春耕，大家都忙于耕作，他却把地交给带着两个小孩的老婆一人耕作，自己东跑西窜贩卖杂货，由于不会经营生意而赔了本。这时家中无粮，老婆因病欠债4000多元，生活实在拮据。刘乡长见此情形，就在群众大会上宣布：政府借给王兴时2斗米，不要利息。劳动英雄苏占清随即主动提出借给他5升米，同时他又劝说别人说："人在困难时，众人应当拉他一把，众人扶一人好扶。"在苏占清的号召下，王喜庆大为感动，也答应借给王兴时5升米。于是你2升，他3升，大家踊跃报名，当下就借给2.2斗食粮。王立也说："他没牲口，我的牛负责给他耕12垧地，秋收后他有光景给我一些草料，没办法时，我也不要。"同时村民一致通过，以前王兴时所欠一切钱粮账债，秋后再还。① 离石县穆村变工组组员贾志何缺乏口粮，经过变工组集体商讨，另一组员薛廷成借给他麦子5升。陈汝福等5人没有大麦种子，薛廷成又借出3.5斗，并承诺秋后归还即可。② 互助合作推动社会救济事业的发展，由此可见一斑。

开展灾前防备和灾后救济运动。岚县县政府1945年在防旱备荒时采取提高贫雇农工资的办法，主张组织贫雇农变工、扎工解决其口粮问题，使其有可能先给自己锄，一方面增加粮食产量，另一方面降低市场上劳动力过剩的现象。在使贫雇农组织化后，逐渐提高其工资。③ 1944年，岢岚县芦子河行政村灾情很严重。在救灾过程中，变工队积极活动，起了显著的作用。首先，通过变工队进行宣传与动员，鼓励群众生产的情绪。其次，解决春麦种子的问题，从

---

① 于洪瀚：《苏占清村的生产与拥军》，《抗战日报》1944年4月25日。
② 《离石县二区穆村变工组总结报告》（1946年），山西省档案馆，A90—5—36—1。
③ 《岚县生产材料》（1945年），山西省档案馆，A139—1—6—3。

保德县弄来 12.6 石，变工队自己调剂 48 石，别村变工队给调剂 22 石。再次，调剂人力、畜力，除在本村变工队内相互调剂外，外村给调剂牛工 214 个、劳动力 16 个。他们来时赶着牛、扛着犁，牛身上驮着种子，使受灾地区的群众非常感动，说："自古以来，谁见过这样的事呢？"最后，组织抢种春麦。一种是集体办法，即不管谁家地，谁家牛，牛不抵工算作帮助，只算人工，按工分粮或使用入股的办法，即使不参加种春麦，也认一定股份，拿锄地的工补偿种春麦的工，按股分粮。一种是用变工的办法，只还工不分粮。①充分发挥集体的力量，不仅减轻了受灾程度，而且发挥了农民之间的互助合作精神。

简言之，通过互助合作救济穷人和受灾民众，推动了革命根据地社会救济的发展，体现了新民主主义农村社会发展的新方向。

4. 安置移民、难民

通过帮助移民、难民进行互助合作发展生产来安置移民、难民，他们留下的土地，可由变工队代耕，将来算工。在移民、难民地区，他们参加变工队，又可得到原住户的帮助。其中，1944 年春夏之交，岢岚县四区安置移民的实例尤为突出。安置在该地的移民共有 395 户，他们大多从河曲、保德两县移来，还有少数从方山、宁武、神府等县及河南省移来。移民一到，干部接应他们到早已准备好的窑洞居住，并把事先备好的家具给他们用。为解决移民生活及生产的困难，政府共贷给他们 197.5 石粮，贷给镢头 250 把，分配了 4000 多垧土地；原住户亦借给镢头 153 把，调剂了 132.5 石仓谷和莜麦种子。二区、四区两区移民在政府与原住户的帮助下，困难已全部解决，积极进行生产。1943 年被选为劳动英雄的河曲移民史双喜，殷勤的关照着他村新来的 13 户移民，给他们讲自己由移民翻身的故事。他从 15 里以外给移民借回镐子，帮助买回镢头，并说服卖主比平常减价一半。他到邻村去参加反贪污斗争，还忙着给移民借回了两把镢头。为安置移民耽误了他很多生产时间，但他一点也

---

① 《岢岚县生产总结》（1944 年），山西省档案馆，A139—1—43—5。

不感到麻烦。他还非常注意到移民与全村人的团结,并以身作则,把土地、农具和各种家具什物让给移民。好几次在中午把他家蒸好的热山药蛋,送给正在集体开荒的移民变工组员,鼓励他们进行生产。西豹峪村农会为了更好地帮助移民解决困难与加强他们与原住户的团结,发动该村22户移民与原住户组织了混合的变工小组;变工组先给移民开荒耕种,并把劳动力较弱的移民也算全工,开荒时难刨的树根也由原住户帮助刨。不少村庄的移民,也都利用春耕前的时间,给原住户砍柴、送粪、打短工,赚下春耕时的吃用和烧柴。如保德县移民康来红打短工就赚下粮食3斗、山药蛋1000多斤;吕不要(人名)也赚了5斗粮食、200斤山药,存下了足够春季烧的柴火。河曲县移民杨三树,砍柴卖钱(每天砍400斤),也解决了开荒的口粮。为此,他们大都组织了变工组,大量开垦荒地。①

据统计,1945年岢岚县二区、四区765户移民中,参加变工组的即达442户,占移民总户数的57.8%,集体开荒1786.5垧,变工开荒2263垧,个体开荒1297垧,共计开荒5346.5垧。② 同年春,从阎锡山统治区逃到汾阳县、离石县解放区的660户难民,政府拨给每户细粮2石,群众互济1石,并调剂土地、房屋、农具以及拨70万元耕牛贷款。汾阳县下新村小学教员把口粮小米捐给难民,自己则吃黑豆炒面。③

组织与帮助移民、难民进行互助生产,使他们的生活有了着落,得以安心生产,进而稳定了乡村社会秩序。

5. 发展教育、文化、卫生事业

革命前晋西北乡村社会在教育、文化、卫生等方面相对落后。抗日民主政府建立以后,通过互助合作逐渐改变了这一局面。具体举措有:与教员变工办学校、组织读报识字组、办黑板报,以变工

---

① 岢岚讯:《政府群众热心帮助下,岢岚千余户移民积极生产》,《抗战日报》1944年5月13日。
② 《岢岚县移民组织变工统计表》,山西省档案馆,A139—1—45—12。
③ 穆欣:《晋绥解放区鸟瞰》,山西人民出版社1984年版,第99页。

组为单位开展清洁卫生运动等。

1994年夏锄，岢岚县泉子沟村变工队组织读报，因儿童听不懂，于是组员们一致提议找教员帮助儿童识字念书。请下教员后，又规定教员每日教书半天，其他组员给他还0.3个工。之后，寺沟会村民办学校根据变工组内组员各自生产条件而具体规定学习时间。劳动英雄魏在有所在村的民办学校在秋忙时则将教室搬到田地。在这些典型村的影响之下，全县该年夏季共创办民办学校16所，有学生489人；秋季发展到38所，学生增至1775人。①

与此同时，不少县份还以变工队或组为单位组织读报识字组。1944年夏锄，岢岚县变工队组织读报识字组384个，2229人参与。读报识字多在地里休息时举行，有的上地时候带上识字牌，该日做什么，牌上就写几个与之有关的字。有些组在锄地、打敌人时将字牌带上。苏六村农民说："地也锄出来了，字也认下了，很高兴。"郝二小村农民读到《大众报》上《怎样编草帽？》时说："《大众报》真是老百姓的报纸，什么也有。"② 正是由于读报组的建立，"民众从读报中识了字，懂得了政治，提高了生产技术"，进而巩固了互助合作组织。如临县五区一个农民称《抗战日报》《大众报》为"劳动英雄报"，而兴县劳动英雄白改玉则说："报纸对于推动我们的生产作用实在大咧！"③ 又如临南瓦窑塔村1945年春耕，实行变工生产与教育相结合的办法。由民办学校指派教员帮助变工组组员识字，每天在识字牌上写两个与生产有关的字，先由教员解释含义，然后让各组员相互学习，并在此基础上组织其读报。同时，变工组内有1人专门负责检查识字与读报情况，并利用黑板报加以表扬与批评，以此激发组员的学习兴趣。④

---

① 《岢岚县生产总结》（1944年），山西省档案馆，A139—1—43—5。
② 同上。
③ 樊润德、路敦荣：《晋绥根据地资料选编》（第2集），中共吕梁地委党史资料征集办公室1983年编印，第220页。
④ 《临南四区瓦窑塔自然村男变工材料》（1945年8月15日），山西省档案馆，A147—1—70—2。

此外，随着"组织起来"高潮的掀起，不少互助合作组织还普遍提倡清洁卫生运动。兴县白家沟合作社发动妇女每日早饭后打扫厕所一次以便防疫与积肥。全村按居住点分小组，每日由组长检查一次卫生。① 兴县温象栓变工队利用农闲时间修建26个厕所，沤青肥500多驮。② 岢岚县变工队在卫生工作上体现在四个方面：①修建厕所，变工队所在之处基本上都修建厕所，或轮流帮助各户修建，或全村修建若干公共厕所进行集中积粪以供变工队使用；②扫街、扫院，用硝土、烂草熨成草灰以制作肥料；③刷房、修路，尤其是大路边沿的村庄，农民将窑洞粉刷一新，而二区、三区许多山路亦被整修为平坦的马路；④提倡个人卫生，如经常洗脸、洗手以及打扫住所，由干部或小学生进行不定期卫生检查。③

互助合作组织在教育、文化、卫生方面的革新，一定程度上改善了农村社会面貌，为农民生产生活提供了新型、和谐的环境，促进了乡村社会的变迁。

五　农民性格的重塑

除前述四个方面的效果之外，互助合作运动还从心理上重塑了农民性格。长久生活在传统乡村社会的农民，文化水平并不高。他们落后、保守、自私、迷信的心理几乎可以说是与生俱来的。但是，在互助合作运动的开展过程中，"根据古老的，被摒弃了的制度建立起来的变工队受到农民的普遍欢迎，一批人组织起轮流耕种每个人的土地，通过联合活动，他们干得比个体劳动更有效、更快"④。正因为农民亲身体验到这种"联合活动"的益处，越来越多的农民被"组织起来"。"随着农民被组织化的程度提高，农民集体

---

① 贾挨多、王步云：《合作英雄贾保执创立白家沟民学》，《抗战日报》1946年5月29日。
② 白日璋、甄章：《温象栓同志领导全村备战秋收》，《抗战日报》1944年9月30日。
③ 《岢岚县生产总结》（1944年），山西省档案馆，A139—1—43—5。
④ [美] 约瑟夫·W. 埃谢里克（Joseph W. Esherick）：《在中国失掉的机会——美国前驻华外交官约翰·S. 谢伟思第二次世界大战时期的报告》，罗清、赵仲强译，国际文化出版公司1989年版，第188页。

化的倾向逐渐显著,已然引起若干心理上的变革。"[1] 在"克服农民的散漫性、狭隘性,借以加强农民的组织性、团结性"的同时,集体观念也随之加强。[2]

神府县一区王家峁村变工队队长讲到他的变工队情形时说:"我们的队员都感到有兴趣、'红火',我们可以团结合作到底。"后王家峁的各变工队队长都说:"变罢锄草变夏收,咱们规定白天割麦子,黑夜运麦子,抽空就集体开荒种糜子、荞麦";邱家塬变工队队长更对记者说:"咱们村内变工队没问题,小队的困难尽力帮助解决了,地亩不一样,可采取工变工的办法;吃饭稠稀,大家也很能互相照顾,团结得很好。"[3] 集体吃饭、集体耕作不仅节省了劳动力,而且使许多农民甚至妇女都建立了集体思想,并且将互助行为发展到生活方面。如临南县三区马家岭村高守太种高粱时没吃的,若到碛口买粮则往返需耽误一天的时间,村主任高守岐就借给他小米 2 升;高守江没老婆做饭,春耕期间分队长高光善将其请到自己家里吃饭,春耕后又由高守太老婆替他做饭;李福林当时没烧的,高守太借给他 10 斤炭;高光晏在变工中没炒面吃,李风芝在送饭时多拿些炒面让他吃。此外,在打坝中更体现了互助精神。过去打坝是因为打短工且费力多,所以对饭的质量要求高,有些想打坝的人因无法提供好饭而不能打坝。自从开展互助合作运动以来,虽然部分人仍没好吃的,但打坝照样进行,而且在打坝过程中高光善、高守岐等已借出了一部分粮食。由于农民有了互助思想,所以在细节问题上都一致行动。马家岭村变工组每天早晨由放哨的自卫队打钟,大家一齐起床耕地,碛口赶集也由组内一人代买东西,节省人力。[4] 这些互助与集体行为不仅提高了农民的生产情趣,而且

---

[1] 张孝芳:《革命与动员:建构"共意"的视角》,社会科学文献出版社 2011 年版,第 135 页。

[2] 偏关县政府:《关于"怎样做生产建设计划"的初步指示》(1943 年 12 月 12 日),山西省档案馆,A136—1—17—1。

[3] 神府讯:《神府一区夏锄变工普遍开展》,《抗战日报》1943 年 7 月 10 日。

[4] 《临南第三区马家岭村变工互助材料》(1944 年),临县档案馆,62—2—28—13—3。

改变了他们过去那种自私的观念，集体意识得到提高。

　　1944年，岢岚县二区、三区变工队在破除迷信方面的作用尤为突出。首先在变工队内进行动员，有的顶大仙干部以身作则或经过变工队里的另一人向他顶神，婆姨进行说服教育。二区有107个神巫把神牌、神案交出来，计共交出神牌108个、神案23个、神鼓50面。三区有4个神巫转变，交出神牌、神案各4件，把大仙庙拆毁盖了哨楼。① 岚县有座白龙庙，每年都有大批信男信女赶着羊群朝拜后，将羊交给司庙者。司庙者将羊卖给奸商，甚至资敌，群众都不敢问讯。1944年合作事业发展后，农救会清理了白龙庙的账目，召开群众大会公布真相，除保护庙产、维持正常宗教活动外，将其余部分资金移作合作社公股，从此百姓送羊少了，积极筹划生产。② 临县下白塔村过去在久旱不雨时有求神唱戏的迷信活动。1945年7月，当村中有人提议唱戏时，村干部通过积极分子说服群众"组织起来"扩大生产。全村73户中，有61户联名报告县政府，反对唱戏，并影响其他村200多户联名抗议唱戏。最后，唱戏活动被取消，一致"清算了变工账，将人力强弱，地亩大小，耕作好坏，牛喂得好坏等，吃亏便宜都弄清楚后，变工组更加团结，男女老少就都加紧备荒生产"③。这也从侧面说明，互助合作得到了农民心理上的认同，让农民认识到了生产的重要性。

　　概言之，互助合作运动的开展是中共第一次在乡村积极地介入生产活动这一农民生存的核心地带。党和政府行政工作向乡村生活的转变不仅为农村的经济发展创造了条件，而且带动了乡村社会经济结构的变革，并在一定程度上推动了土地改革的开展。④ 尤其是在互助合作运动中造就的一批以干部、积极分子为核心的新型精

---

① 《岢岚县生产总结》（1944年），山西省档案馆，A139—1—43—5。
② 南开大学历史系中国现代史研究室：《二十世纪的中国农村社会》，中国档案出版社1996年版，第210页。
③ 常芝兰：《临县下白塔不唱求神戏，整顿变工加紧备荒》，《抗战日报》1945年7月12日。
④ [美] 西达·斯考切波：《国家与社会革命——对法国、俄国和中国的比较分析》，何俊志、王学东译，上海人民出版社2007年版，第312页。

英——民兵英雄、工农业劳动英雄等成为土改中发动群众铲除乡村旧式精英的中坚力量，为中共赢得乡村政权奠定了坚实的阶级基础。

第二节　互助合作的局限

抗日战争和解放战争时期互助合作运动在发挥积极作用的同时，其局限性亦有所暴露。有些学者将其表现归结为以下三点：第一，集体劳动与分散经营的矛盾；第二，利益冲突；第三，个体经营妨碍生产的进一步提高。[1] 这一观点基本上是从互助合作组织规模与管理机制的角度论述的。笔者则在此基础上，试图对互助合作的局限进行较为全面的阐述。首先，就其实践历程而言，行政力量的渗透多于自发、自愿性组织。正如有学者所指："促成抗日解放区互助合作组织取得迅速发展的是毛泽东有关互助合作的一系列重要指示"[2]，亦即行政性指示在推动互助合作运动发展的过程中起了重要作用。此外，互助合作运动见诸报纸、工作报告最多之时恰是1944年和1945年。笔者在查阅山西省档案馆以及各县档案馆相关档案时均发现这一现象。这两年从抗日战争发展阶段来看，是全国抗战的战略反攻阶段；从根据地发展史来看，正是根据地日渐巩固并渐趋扩大之时。这一时期，中共对于互助合作的倡导超过新民主主义革命时期的任何一个阶段。究其原因，巩固根据地以壮大自己的实力以及赢得解放战争的主动权是非常重要的两个因素。因之，互助合作在政治、军事方面的意义在现实中超越了互助合作作为经济组织所应赋予的意义。在农民参与让位于革命动员，农民利益让位于政党意志之时，互助合作组织就基本上成为农民之间的一种松散的联

---

[1] 苏晓云：《毛泽东农民合作组织思想与实践研究——基于"组织起来"的思索与考察》，中央编译出版社2012年版，第114—115页。

[2] 梅德平：《中国农村微观经济组织变迁研究：1949—1985——以湖北省为中心的个案分析》，中国社会科学出版社2004年版，第34页。

合，其效力的低下无法避免。其次，就制度或运动本身而言，传统与革命的脱节导致"路径依赖"困境与"合作社模式"弊端的显现。这正是本节所要阐述的两个主要问题。

一 "路径依赖"面临的困境

依据新制度经济学的解释，在社会制度变迁中，存在着"路径依赖"的问题。这种解释同样可以应用于分析从传统到革命演变所面临的困境。在新制度经济学的倡导者之一诺思的眼中，"人们过去做出的选择决定了其现在可能的选择"。① 对于中共而言，互助合作运动早在土地革命时期就曾在苏区开展过。苏区互助合作运动中的"耕田队"、"劳动互助社"和"犁牛社"其实就是中共对当地农民既有互助合作模式的发展与延续。中共自身的这一传统在抗日战争和解放战争时期同样得到了继承与发展。只不过后者无论在规模上还是在普及力度上均超越了前者。

基于对传统模式依赖的路径选择，中共试图"在既定的生产技术与资源数量下，做更有效的运用与分配"②。但这一努力并非完全实现，"路径依赖"面临着困境。

首先，传统型组织的戏剧性回归导致组织的不经济。虽然"某些既存的政治网络与社会关系虽有助于小范围群众的结成，但终将束缚更大规模革命运动的开展"。③ 中共在利用传统互助合作模式达到短期内动员群众目的的同时，也限制了"组织起来"范围的扩大。随着抗战的胜利，1946年以后互助合作的组织形态趋于传统型而非革命型。这一转变，致使组织的经济效益低下。从当时报纸上的相关报道即可证实这一点。

河曲县曲峪村赵三汉变工组系3户贫农与3户中农于1946年春

---

① [美]道格拉斯·C. 诺思（Douglass C. North）：《经济史中的结构与变迁》（中译本序），陈郁、罗华平等译，上海三联书店、上海人民出版社1994年版，第1页。
② 赖建诚：《近代中国的合作经济运动：1912—1949》，台湾学生书局2011年版，第183页。
③ 陈耀煌：《统合与分化：河北地区的共产革命，1921—1949》，台北"中央"研究院近代史研究所2012年版，第301页。

第六章　互助合作的效果与局限　/　279

耕时自找对象、自愿结合而成。贫农无耕牛余劳动力，中农有耕牛缺劳动力，二者之间因有互助需求而非常自然地结合在一起。①

神池县余庄子村群众主动找对象，组织人牛变工。变工方式是：6 个人工换 1 犋牛工或 1 个月人工换 4.5 犋牛工；牛的草料则由牛主负责或人工与草料互换。②

河曲县七区沙泉行政村所属后红崖自然村 1948 年春耕时，全村以 14 犋牛为中心，按自愿需要进行变工，6 户没有牛的亦用"贴角子"的办法变工种地。③

神池县狮子坪村 1948 年春耕时，采用如下方式进行互助合作。（1）伙喂牛。马元成、王红眼、甄希拴 3 户伙喂牛，耕种 46 垧地。（2）草料换牛工。贫农宫二用草料向中农高四换牛工，每百斤一个牛犋。（3）贴牛腿。贫农张艮保用 400 斤草、4 斗料贴了高付祥 1 条牛腿。（4）人畜变工。孤寡户庚希子种地 20 垧，有牛 1 头，但没有人力；中农侯和，种地 20 多垧，有 2 个劳动力，但没有牛。他们双方同意，一家出牛力，一家出人力，互相变工，5 个人工换 1 犋牛工。这样，双方的土地都能耕种上。④

以上资料凸显了"朋牛""合犋""格牛"等农民之间传统互助合作模式在农业生产中的重要性，并非与中共的动员有必然联系。农民以自己的方式理解"组织起来"的意图，尽管这种方式并非中共所向往。虽然经过了抗日战争中革命的洗礼，农民固有的传统并非为中共的革命所取代。这也说明传统自身并非完全受到行政力量的控制，行政力量也不可能再造传统。⑤ 正如离石县委在《关

---

① 山西省农业合作史编辑委员会编：《山西省农业合作史典型调查卷》（总卷第册），山西人民出版社 1989 年版，第 127 页。
② 张华甫：《神池余庄子组织人牛变工》，《晋绥日报》1947 年 5 月 19 日。
③ 金银拴等：《河曲后红崖农民以牛为中心变工种地》，《晋绥日报》，1948 年 4 月 27 日。
④ 庶民（笔名）：《神池狮子坪农会用五种办法解决耕牛困难》，《晋绥日报》1948 年 4 月 27 日。
⑤ ［德］尤尔根·哈贝马斯（Jürgen Habermas）：《合法化危机》，刘北成、曹卫东译，上海人民出版社 2009 年版，第 54 页。

于生产问题的报告》中所指：1945年以后变工组流于形式，但是"农村中雇工、打短、出租牛等情况，则普遍存在"。缺少土地的农民虽然劳动力有剩余，但"觉得变工不如打短能赚现工资"；占有土地较多的农民则"觉得不如雇工可以随时随意支配劳动力。"因此，在离石县"实际上是雇工打短代替了变工形式"①。甚至连晋西北行政公署在1949年春都不得不承认："自1944年检讨大变工以来，直到现在，变工工作年年检讨年年自流，各级干部一说起变工，都是谈虎色变，认为无法下手，从领导上到群众中，对变工都信心不大，情绪不高，老停留在只说难做而不去下手的阶段上。"②在革命无法彻底摧毁传统的情况下，政党意志在某种程度上只能顺从于传统。1948年4月23日《晋绥日报》发表评论指出："根据一些各地代表会初步检查春耕的消息中，看出不少地方的群众，搞起了各种各样小型的变工，如格牛犋，以牛为中心的人牛变工……这种小型变工，对今年发展农业生产上是起了不小的作用的"，"各地应积极提倡与推广这种变工。"③晋绥边区行政公署于1949年在动员春耕的法令中明确提倡："及早组织群众自愿的朋牛、搭犋、帖牛、雇牛。"④对于传统互助合作模式的再次认可，一方面肯定了其在解决农民生产困难方面的重要，但事实上也默认了其局限性，即未能从根本上提高农业生产的经济效益，更未能给农村经济发展带来质的变化。这一现象从侧面反映出中共在晋西北"组织起来"的程度与范围有限。同时也证实那种认为在人口稀少、主佃关系分化不明显地区更易于动员农民"组织起来"的观点，并非具有普适性。⑤农民认可传统互助合作模式不仅因为固有习惯的存续，更在

---

① 离石县委：《关于生产问题的报告》，《晋绥日报》1948年5月22日。
② 晋西北行政公署：《晋西北农业生产的初步总结》（1949年），山西省档案馆，A93—5—14—1。
③ 《关于变工问题》（小评），《晋绥日报》1948年4月23日。
④ 晋绥边区行政公署：《晋绥边区行政公署发布加紧春耕准备动员令》，《晋绥日报》1949年1月29日。
⑤ Samuel L. Popkin. *The Rational Peasant: The Political Economy of Rural Society in Vietnam.* Berkeley · Los Angeles · London: University of California Press, 1979, p. 256.

于能够满足个体利益的需求。

其次，组织规划失当，资源浪费严重。"路径依赖"使得农民固有的劳动习惯并未发生改变，以致面对干部眼中的"高级"互助合作形式，难以制订出一套合理的组织规划方案，进而造成人力、畜力等资源严重浪费的现象。1946年春耕，兴县桑湾行政村组织起32个双牛变工组，56.5头牛耕种土地3129垧，每头牛平均耕50来垧。该村下属黄家窊村一个变工组3头大犍牛只耕种90垧地，上地劳作时2头牛耕地，剩余1头牛则在地畔歇息。实际上，仅需1头牛就可将3户的地耕完亦有余，结果浪费了2个牛工。高家村白怀多变工组有2头牛6个劳动力，实际只需4个劳动力即可，结果浪费2个劳动力。① 岢岚县三井村全村实行大变工后，由于事先未进行合理规划，上午耕地节余40个劳动力直接导致下午有100个人因无事可干而坐在地头休息。② 更有甚者，河曲县杨家寨村1944—1945年实行大变工锄地时，在全组人未到齐前先吸"按锄烟"，即锄地时先吸口烟。一些奸猾的人连烟袋也不拿，于是一个烟袋每人吸一口，几十个人轮一圈就耗费30多分钟。又不管土地多少，全组人都堆到地里，没锄几下就完毕，然后再越沟翻梁到另一小块地锄。锄前还要吸"倒地烟"，又浪费了不少时间。这种"一哄而上"的"磨洋工"行为不仅造成了劳动力资源的严重浪费，而且导致了劳动效率低下。组员邬老汉说："锄过去像冷雨打了一样，苗子锄断、埋住，脚印踏下一地。"③ 这些现象无异于经济学家们所争论的"搭便车"行为，即"我的生产投入，所得的益处不一定由我享受；别人的努力我也可以分享"④。尤其是在大变工中，不少人怀着投机心理，伺机无偿占有他人劳动成果，结果导致组织经济效益降低，

---

① 《一分区春季生产工作总结》（1946年），山西省档案馆，A98—1—34—1。
② 江声：《岢岚检讨春耕工作缺乏领导浪费了劳力》，《抗战日报》1946年5月19日。
③ 本报讯：《人人劳动、家家节约，杨家寨生产组织得好》，《抗战日报》1946年6月7日。
④ 赖建诚：《近代中国的合作经济运动：1912—1949》，台湾学生书局2011年版，第182页。

从而影响组织的进一步巩固与发展。

再次，缺乏一套严密而有效的组织管理制度。由于对传统模式的依赖，即便是革命性的互助合作组织，其内部并非管理有序，大多较为分散与混乱。临南马家岭村12个变工组中，第4组、第5组从成立起就没有记账，结果引起组员的不满，最终只留下变工形式而无实际内容；第6组系结合所有二流子而组成，加之农会未进行有效领导，中途被迫解散；还有不少组未注意到耕种方面的集体劳作，在耕地完毕后，种瓜、种豆及耕小块地时事先没有完整的计划，耕种时干部也未加以领导，导致组织涣散、人心不齐，未能真正起到互助合作的效果。[1] 有些地区的变工组因未能实行正式的记工、折工制度而趋于涣散。兴县大坪头村1946年夏锄时组织了4个变工组，但只有1个组变工锄完两锄，其他3个组头锄完毕后即告解散。其主要原因在于变工组采用旧式工顶工的方式，没有制定记工、折工制度，许多老汉、儿童未能参与。如干部李怀珠的父亲和孩子因未加入变工组，家中30余垧地只有李怀珠1人和他人变工锄，怎么锄也锄不完。结果，头锄之后，他就放弃领导权而退出变工组。同时，村里许多青壮劳动力亦因没有折工制度而未参与互助合作。[2] 也有些地区的变工组因地主、富农的加入而引起组员的不满。岢岚县大义井村组织互助合作时，具有地主家庭背景的燕根八、燕四八因怕劳动而参加变工组，参加之后经常不劳动，即便劳动时动作也很缓慢，但却一直保留在组内；富裕中农裴喜和、燕三仁自己劳动好，又有牛，因之抱怨组内其他人上地迟、劳动时动作慢，他们自己也就不再积极劳动，而是敷衍应对。[3] 随着消极参与者的介入，互助合作组织内部发生混乱在所难免，组织效益的提高也就无从谈起了。

---

[1] 《临南第三区马家岭村变工互助材料》（1944年），临县档案馆，62—2—28—13—3。

[2] 白振德：《大坪头接受夏锄变工经验，采用折工打乱秋收》，《抗战日报》1946年9月28日。

[3] 《岢岚县大义井变工材料》（1945年），山西省档案馆，A139—1—45—10。

最后，难以从心理上改变农民固有的互助合作观。虽然前文已经论及"组织起来"在一定程度上有利于农民集体观的树立，但这并不意味着所有农民已经从心理上完全接受了中共所宣扬的集体主义或初期的社会主义思想。由于"路径依赖"导致农民难以真正区分中共新式互助合作模式与传统互助合作模式。不少农民面对中共互助合作政策的推行，依旧认为："你们教我们变工互助，我们已经就变也变住了，'合'也'合'住了，反正是刨闹的耕种，谁家也总不叫荒一垧地"，"变工是好，就是弄不在一块。"① 其中"变"在农民眼中就是指劳动力已经集中到一起可以进行相互调剂，而"合"则指各户的耕牛亦可随时进行调剂。由此观之，在农民的视域里，中共提倡"组织起来"与业已存续的"变工""合牛"并无两样。只是过去进行"变工""合牛"是自愿的、与亲朋好友结合的，而今在中共的推动下，随着互助合作范围的扩大以及与之配套的新式条规的实行，使农民无法应对这种突如其来的局势。当然，其潜意识对"组织起来"的抵触，已经表明行政力量下权力的扩张很难收到预期的效果尤其是无法获取真正的经济效益，也无法实现从传统模式到革命模式所呈现的制度变迁。另外，"路径依赖"在某种程度上反而强化了农户之间固有的互助合作关系。因为农户希望通过互助合作来增加其财富并进而提高其在乡村社会的地位，政党力量对农民自身事务的过多干涉只会激起农民的被动反抗。② 这种情形在新中国成立后的农村愈演愈烈，并以中共推行集体经济努力的失败而告终。

二 "合作社模式"的弊端

在晋西北互助合作运动的实践历程中，合作社在运动的后期也即解放战争时期得到了一定程度的发展。前述贾宝执创办的土地运输合作社以及杨家沟变工合作社即是典型的例证。这类型的合作社

---

① 春芳：《宁武的变工互助工作》，《抗战日报》1944年5月18日。

② Dwight H. Perkins. *China's Modern Economy in Historical Perspective*, Stanford: Stanford University Press, 1975, p. 277.

在处理农业与副业发展关系方面取得了一定的成效。这种发展趋势非常类似于学界关于家庭制度研究的"合作社模式"理论。该理论认为:"中国家庭是由完全理性的、明白自己利益之所在的成员所组成的经济单位,其特点包括整个家庭共同的财产与收支计划,所有人的收入都必须统统投入家庭的大锅里,不得单独开小灶。家庭共有财产是制约每个家庭成员的主要途径。中国家庭制度的主要特点,就在于它作为经营单位所具有的能力与弹性,因此得以最大限度地调动家庭的人力物力,并最好地利用外部的机会。按照这一模式的解释,中国家庭结构的不同形式以及变化最终都是由以经济利益为导向的家庭合作社来决定的。"[①] 依此推断,在互助合作运动过程中发展起来的合作社虽然打破了传统的血缘关系,但是作为一个扩大了的"家庭"而言,它本身就是以经济利益为基础的。[②] 所有社员的收入被纳入合作社之中,其财产亦受到严格的制约。这种依赖于规模扩大而产生效益的集体化模式,在其日益发展的过程中逐步牺牲了社员自身的利益。也就是说,随着合作社在公共空间方面的扩展,社员本身的私人空间在逐渐缩小。"合作社模式"在强调集体效益的同时,却一味忽略了个体本身的利益。新中国成立后合作社发展背后隐藏的危机其实早在1949年以前的根据地、解放区就已初露端倪。

  前述保德县杨家沟村合作农场的实践就足以证明,超越传统互助合作模式的合作社、合作农场等高级形式凸显了公共空间对私人空间的严重侵犯。这种组织结构上的缺陷,不可避免地致使新中国成立后集体化运动走上失败之路。杨家沟合作农场的垮台之因,可以归结为以下几个方面。第一,干部急于求成的心理与农民落后思

---

  ① 阎云翔:《私人生活的变革:一个中国村庄里的爱情、家庭与亲密关系1949—1999》,龚小夏译,上海书店出版社2006年版,第5—6页。
  ② 即便是互助组或变工组,其成员的吸纳,也是以户抑或以家庭为单位的。曾领导过互助组、合作社的保德县王喜金老人在被访时,当问及:"入变工组是以个人入还是以家庭入?"他答道:"以家庭入。要入一家就都入了,一家人的土地没法分开啊!"参见梁景和《中国现当代社会文化访谈录》(第一辑),首都师范大学出版社2010年版,第178页。

想难以合拍。以张侯小、张党印、张清贤为代表的党员干部,思想进步,积极响应党的号召,力求把工作做好,把全村人引向共同富裕的道路。但他们的思想脱离实际,难以为农民所接受。第二,在加入合作农场的人中,想法各异无合作诚意,一些中农、富农是为了逃避负担而加入,一些贫农是为了解决临时困难而加入,所以各成员在具体行动上难以齐心协力。第三,虽然口头上承认土地私有权,但在劳动、分配中实际上否定了私有成分,搞"大锅饭",严重挫伤了农民的生产积极性。第四,用行政手段管理生产,制约了生产发展。① 简言之,杨家沟合作农场是集体经济的萌芽,但同时也是"平均主义"的牺牲品。

农业以外的合作社同样存在着种种弊端。这些弊端有些与农业生产互助合作中发生的问题相似,如干部强迫命令、自私自利、放弃领导等。当然,也有些弊端来自合作社本身,如组织不善、发展方向偏离等。

首先,脱离群众、失去群众性。一些合作社因领导不当而与群众严重脱节。交西县合作社在扩大股金时,按照阶级成分强行集股,规定:贫农入5股,富农入10股,结果无人入股。② 临县梁家会村1943年建立的合作社既没有组织群众生产,也没有发动妇女纺织,而是把合作社办成一个营利性商店。尤其在纺织方面亏本后,合作社经理日谋夜算如何赚钱。因此,在供销方面也贱价收粮,贵价卖货,致使群众很少与合作社往来。③ 五寨县富家塬村干部自私自利,不为群众打算,用合作社牲口给自己耕地和做生意。④ 也有不少合作社存在着贪污浪费的现象。临县白文镇杨玉山合作社,主任杨玉山、会计赵明星经常下饭馆、赌博,区干部对此置若罔闻。1946年,赵明星去汾阳买颜料,借口不能走路,买了一匹马代步,仅带了两驮麻到汾阳冀村。住了月余,没有买回颜料,却买回一架

---

① 陈秉荣:《保德农业合作史》,政协保德县委员会2012年编印,第86页。
② 谭秉礼:《交西各合作社主任检讨合作社工作》,《抗战日报》1945年3月13日。
③ 临县县委:《关于合作社工作的指示》(1944年),临县档案馆,62—1—16—1—7。
④ 《五寨县春耕总结报告》(1945年),山西省档案馆,A138—1—40—1。

留声机。年终结账时，合作社亏了群众现洋1500元的股本，还亏下小米9石。对此，区干部不仅不予以追究，还用群众斗争果实填补亏空。① 因之，一个未能保障社员物质利益的合作社是难以存续的。

其次，办社方针的偏离。尽管边区政府一再强调开办合作社要遵循"民办公助"的基本方针，但在实际运作中不少合作社"民办"偏于自流，"公助"则蜕化为"官办"。兴县刘地旦村合作社在干部参加劳动英雄大会离村之后，合作社基本陷于瘫痪。跑运输是相互推诿，负责轧花的人将轧花机借给非社员使用；大量猪粪、驴粪撒在院内无人收拾；账目混乱，许多出入物品未记账。这些问题导致合作社开支大、收入少，生产基本上处于停滞状态，平均每天赔本100多元。② 静乐县部分合作社不发动群众集股，一味依靠贸易局。结果赊下贸易局农币十多万元，数月未还，并借口"还了就不能干了"。交西县合作社亦如此，一遇困难不从群众中寻找解决办法，而是直接找贸易局或区公所。③

再次，背离"生产第一"的宗旨。在当时复杂的革命场景之下，发展生产以安民心是巩固新政权的必要之举。然而，在合作社的发展过程中，不少干部的思想仅停留在做买卖赚钱、供给群众生产必需品的阶段，认为合作社就是做买卖赚钱。同时，有些合作社更是单纯以商业经营为目的。兴县武家崞合作社为地主把持，运营3年都没有培养出一个纺妇。合作社的织布机被地主子弟霸占，不让其他学徒上机学习，并挪用合作社大量资本做投机倒把的生意。聘请的纺织技师则认为："教会徒弟，饿死师傅。"在此种思想误导之下，1944年全年仅织20匹布，发动妇女纺织成为一个空口号。④

正因为如此，到1946年晋西北各地合作社急剧减少，由1944

---

① 晋绥边区行政公署：《边区生产会议关于合作问题的初步总结意见（草案）》(1948年)，山西省档案馆，A90—4—130—1。
② 一知：《在变工的基础上巩固变工合作社——兴县刘地旦村整理变工合作社的经验》，《抗战日报》1945年4月13日。
③ 谭秉礼：《交西各合作社主任检讨合作社工作》，《抗战日报》1945年3月13日。
④ 张志成：《兴县圪塔上等村已做到穿衣自给》，《抗战日报》1945年1月12日。

年年底的 1042 个减至 110 个。在 1948 年 3 月 10 日至 4 月 9 日召开的边区生产会议上,对合作社垮台原因作了如下解释:"一、不按当时当地情况出发";"二、不组织群众生产,偏重经营商业";"三、'民办公助'路线没执行好"。[1] 这些问题无一不表明:在农业生产和副业生产中普遍存在着"合作社模式"本身的弱点。也就是说,不论是单一的农业生产合作社或副业生产合作社还是农副业兼营的综合性合作社,普遍发生公共空间对私人空间的挤对。对于干部而言,有时为了应付上级的"公事",无形之中搁浅了自身的"私事",因此导致"合作社"组织效率的低下或组织规模的不经济。另外,对于社员而言,做多做少一个样,做与不做并不影响"分红"。尤其是当合作社规模扩大时,由于各人实际情况的不一,常常为发生利益方面的分歧,以致合作社失去"合作"的意义。

---

[1] 本报讯:《边区生产会议讨论发展群众性合作事业》,《晋绥日报》1948 年 5 月 13 日。

结　　语

　　"组织起来"是革命时代的典型话语，不仅限于经济层面的宣传与动员，更深入广大群众之中，进而形成一场规模空前的政治运动。时论认为："群众虽然有力量，但如果不把他们组织起来，还不能发挥他们的力量，这在生产方面如此，在其他任何方面都是如此。"① 有学者鲜明地指出："共产党如果不广泛发动广大群众，要进行一场广泛的游击战争是不可能的，更不消说使农村社会结构发生变革了。"② 20世纪40年代中共在晋西北革命根据地开展以"组织起来"为中心的互助合作运动即是广泛动员与组织群众的结果。如何将群众组织起来参与革命呢？美国政治学家J. 米格代尔认为："中国革命者不是组织起自身去制造暴烈的群众起义，而是把群众组织起来，创造出比他们敌人更强大的系统性的体制。"③ 在互助合作这一关乎革命根据地经济建设成败的体制创建中，群众路线尤其是农民意识形态的转变，无疑是一个重要的因子。"对于革命一方来说，其革命规模卷入各阶级、阶层的幅度越大，越有必要使其新的意识形态具有普遍性、客观性和正确性。"④ 在外国入侵场景之下，"最先建立起一种高于家庭的观念的中国人，也许要算共产党

---

　　① 《边区劳动英雄代表大会给我们指出了什么？》（社论），《解放日报》1943年12月26日。

　　② ［瑞典］达格芬·嘉图：《走向革命——华北的战争、社会变革和中国共产党1937—1945》，杨建立等译，中共党史资料出版社1987年版，第153页。

　　③ ［美］J. 米格代尔：《农民、政治与革命——第三世界政治与社会变革的压力》，李玉琪、袁宁译，中央编译出版社1996年版，第215页。

　　④ ［日］中野实：《革命：宏观政治学》，于小薇译，经济日报出版社1991年版，第52页。

人。……这些共产主义者至少已经通过他们的领导人和普通官兵的反应证明,对于一种理想的信奉和追求在中国也可以达到非常执着的程度,足以抵消更为人所熟悉的传统信念"[1]。这种新型意识形态在连接革命与传统的互助合作运动中体现得尤为突出。一方面,通过互助合作,中共向农民灌输了集体主义思想。马克思指出:"这里的问题不仅是通过协作提高了个人生产力,而且是创造了一种生产力,这种生产力本身必然是集体力。"[2] 另一方面,互助合作承袭了传统互助合作模式的基本形式,迎合了农民的自私心理,使之乐于接受中共的政策。因此,从中共整合乡村资源与民众参与革命的视角来阐述二者在互助合作运动中所体现的互动关系就显得尤为重要。

一 中共整合乡村资源视角下的互助合作

互助合作服务于革命,革命推动互助合作的发展。抗日战争时期晋西北互助合作运动在革命场景下得到了一定程度的发展。多数变工组遵循了自愿结合的原则,并且冲击了传统互助合作模式中血缘、亲缘与地缘关系的主导性地位。随着互助合作范围的扩大,道德互助更多地让位于理性合作。这种理性合作形式多样化,既有临时性的、季节性的变工组也有长期性的、常年性的变工组,既有2—3户、3—5户的变工组也有10户以上甚至全村范围的变工组。新型互助合作模式的参与者虽然以中农居多,贫农、雇农次之,但并不排斥地主、富农,因而在政治上有力地迎合了中共建立农村抗日民族统一战线的要求。在经济上,互助合作的内容不只局限于农业生产,而且在家庭经营的基础上组织了副业的合作,如成立油坊、豆腐坊、粉坊、磨坊以及运输队等。部分地区在变工组的基础上发展形成带有社会主义性质的变工合作社,如贾保执的"土地运输合作社"等。此外,一些较好的互助合作组织形成了一套较为完

---

[1] [英] 詹姆斯·贝兰特:《不可征服的人们——一个外国人眼中的中国抗战》,李述一等译,求实出版社1998年版,第297页。
[2] [德] 马克思:《资本论》(第一卷),中共中央马克思恩格斯列宁斯大林著作编译局译,人民出版社2004年版,第362页。

善的管理制度，如民主选举的领导者及各种记工、折工与还工制度等，为新中国成立后农业合作化管理模式的发展提供了经验。

较之抗日战争时期，解放战争时期晋西北互助合作运动得到进一步发展。在组织原则上，一方面反对强迫命令和任其自流的形式主义，反复强调自愿结合的原则，另一方面则特别重视平等互利和等价交换的原则，强调折工合理与及时算账。在组织规模上，注重根据实际情况组织变工组，不再过分强调变工组规模的大与小，更为重视小型的、临时的变工组。从变工组成员看，主要是贫下中农，土改后部分富农、地主亦参加。组织形式也有所变化。首先，变工合作社得到了进一步的发展，如继贾宝执的"土地运输合作社"之后，兴县杨家山村也在1946年成功组织了一个贾保执式的"土地合作社"。这在当时为数极少，但成为新中国成立后初级合作社的雏形。其次，出现了更多的农业以外的农业与其他产业的互助合作，即农副业互助组。它在抗日战争时期已有的基础上更进一步发展，成为新民主主义经济的重要组成部分，即合作社经济。此外，随着解放战争的演进，支前和生产互助合作相结合。特别是在1948年的决战阶段，组织担架队、手推车队、运输队等支前任务繁多。为了使支前和后方生产两不误，不少地区采取了支前与生产互助合作的办法。

这些新型的特点充分证明，"潜在的激进农民运动的组织是否形成，似乎主要取决于它可以得到的资源能否确实缓解其成员的最迫切的需要，取决于政府或外部精英对其宽容甚至帮助的程度"[1]。历经抗日战争和解放战争，中共已经建立起一种新型的适合根据地特殊情形的互助合作模式。"这种新型模式并不实施强制的行政命令，反而加强了传统的劳动协作方式，并转化为由党的干部和农民积极分子领导的协作组织，而不是以前地主与雇农之间的那种关

---

[1] [美]詹姆斯·C. 斯科特：《农民的道义经济学：东南亚的反叛与生存》，程立显等译，译林出版社2001年版，第287页。

系。"① 这种新型的关系使"集体主义和私有权的动力都被尽量利用"②，从而达到整合乡村资源的目的。尤其是在政府政策主导下合作社经济的发展与兴盛，有力地将资本、劳动力、物资、文教等各种资源进行有机整合，不仅成功应对了日本的进攻，而且促进了乡村社会经济的结构性变迁，是一场发生在生产领域的革命，是新中国成立后经济制度变革的序曲。

资本。据晋西北抗联1940年的不完全统计，38个合作社共有股金农币36370元和白银20两，其中临县区23个股金农币24300元；岢岚区10个股金农币8870元、白银20两；静乐区3个股金农币2200元；兴县2个股金农币1000元。截至1941年12月，离石、临县、临南、方山4县有28个合作社，共计有资本农币103586元、法币7000元、粮食7石；保德县11个合作社，除赵家塔合作社新成立未统计外，其余10个合作社计有股金农币10271元、法币670元、省钞400元、小米162斤；兴县杨家坡产销合作社、武明消费合作社、孟家坪消费合作社、蔡家会消费合作社、固贤产销合作5个合作社共计有流动资本农币6657元、法币304元。③ 上述数据因根据地建立初期金融市场的紊乱而难免于疏漏，但仍能大体描绘出合作社对社会资本的吸收与整合。从1940年至1941年，仅一年的时间，临县区4县合作社股金从农币24300元增至农币103586元、法币7000元、粮食7石。这充分说明，政府动员机制在一定程度上对资本进行了有效的整合，其效力已初见端倪。

劳动力。这主要体现在两个方面。首先，从性别构成来看，吸收大量妇女。兴县有一个妇女办的消费合作社里还附设工厂，女工多达40余人；静乐县生产消费合作社则完全由妇救会发起创办，所

---

① ［美］西达·斯考切波：《国家与社会革命——对法国、俄国和中国的比较分析》，何俊志、王学东译，上海世纪出版集团，第312页。
② ［英］斯坦因：《红色中国的挑战》，李凤鸣译，新华出版社1987年版，第73页。
③ 晋西区党委：《经济建设材料汇集Ⅲ——合作事业》，山西省档案馆，D1—921，第4—10页。

售商品多半系妇救会会员手工制造。① 前述兴县 5 个合作社共有社员 991 人，妇女为 213 人，占总数的 21.5%。② 随着根据地经济建设的逐步恢复，尤其是中共对耕织传统的充分利用，越来越多的妇女被吸收到生产组织中。据不完全的统计，1944 年晋绥边区共有纺妇 61470 人、织妇 21031 人，1945 年则增加为纺妇 96090 人、织妇 29642 人。③ 妇女纺织运动的大力开展，不仅是中共对传统手工业的尊崇与延续，而且借此为妇女获得平等地位提供了一个有利的平台，是新民主主义体系下农民式民主在实践中的具体表征。其次，从阶层参与度来看，吸收大量中下阶层。随着政府政策的不断完善以及合作社自身的整顿，从 1941 年始，合作社逐渐摆脱了地主、富农、商人垄断的局面。从前述兴县 5 个合作社社员构成来看，地主 21 人，占总数的 2.1%；富农 92 人，占总数的 9.3%；中农 237 人，占总数的 23.9%；贫农 582 人，占总数的 58.7%；雇工 49 人，占总数的 4.9%，工人 3 人，占总数的 0.3%；商人 8 人，占总数的 0.8%。从职员构成来看，5 个合作社中理事会职员 29 人，其中地主 4 人，占总数的 13.8%；富农 3 人，占总数的 10.3%；中农 8 人，占总数的 27.6%；贫农 14 人，占总数的 48.3%。监事会职员 9 人，无地主；富农 2 人，占总数的 22.2%；中农 2 人，占总数的 22.2%；贫农 5 人，占总数的 55.6%。又如交西县三区惠家庄合作社理事会 7 人中，中农 3 人、下中农 1 人、佃中农 1 人、贫农 2 人，三种类型的中农占总数的 71.4%、贫农占 28.6%，地主、富农已被排除在理事会之外。④ 从中不难发现，以中、贫农为主体的阶层在合作社中已初步形成。不论从社员构成，还是从职员构成来分析，中、贫农已经在劳动力构成上处于压倒性优势。尽管在资本方面地

---

① 山西省妇女联合会编：《晋绥妇女战斗历程》，中共党史出版社 1992 年版，第 120 页。
② 晋西区党委：《经济建设材料汇集Ⅲ——合作事业》，山西省档案馆，D1—921，第 10 页。
③ 穆欣：《晋绥解放区鸟瞰》，山西人民出版社 1984 年版，第 106 页。
④ 杨世源：《西北农民银行史料》，山西人民出版社 2002 年版，第 389 页。

主、富农仍占有一定优势，如武明合作社在股份方面，地主每人平均股数为29.5股、富农为18.6股、中农为2.6股、贫农为2.1股、工人为0.785股，但在总体数量上中、贫农的投资量占有不小比例。① 随着革命的不断演进，中、贫农日渐处于中坚地位的态势更加明了。

物资。供销日常用品，如消费合作社以烟、盐、火柴、纸、棉花、布等为主。提倡与奖励发展土货乃至山货。兴县固贤设马莲场2个，收购马莲11000斤，刺激富农马凤鸣也收购马莲。兴县武明合作社向农民收购枣150斤，烟叶20多斤，刺激了农民生产的积极性。② 兴县四区各村民众利用冬闲时间变工合作搞山货，冯家沟等6个村子成立10个打山组，任家坡等村成立20余个编筛子组，上滩沟等村成立十余个割锅盖组，其他如奥家滩的做柏木、固贤的烧木炭、砍橼子等都在进行。③ 这些过去未能充分利用的资源都成为合作生产加以重整的对象，扩大了合作经济的基础。随着手工业的相继恢复以及政府政策的激励，合作社加大了对原料的需求，这在种棉方面表现得非常突出。据统计，1940年晋西北仅种棉3600亩，产棉花5.2万斤；1941年仅兴县、临县、河曲、保德、离石5县即种棉3.2亩，产棉花45.5万斤；1942年，全区种棉面积则增至5.8万亩，产棉花57.8万斤，达到全边区棉花需求量的1/2。④ 截至1944年，合作社对各种物资整合的力度进一步提升。宁武全县共有9个"群众合作社"，仅1944年上半年就供给民众土布570尺，其他布3匹，盐、碱12200斤，毛巾57打，油1081斤，出售犁铧550个、铁锹150把，拌籽酒1100斤，调剂粮食9000斤，牛料15000斤。⑤ 破击分红，在对敌斗争中解决日用品困难。宁武县三区

---

① 晋西区党委：《经济建设材料汇集Ⅲ——合作事业》，山西省档案馆，D1—921，第10页。
② 同上书，第18页。
③ 兴县讯：《兴县四区各村群众变工合作搞山货》，《抗战日报》1945年12月21日。
④ 山西省老区建设促进会：《山西革命老区》，中央文献出版社2003年版，第275页。
⑤ 吕还元：《宁武农业合作史》，山西人民出版社1991年版，第18页。

某个区级合作社发动民众20余人去铁路上挖铁轨，挖回铁轨换盐，每一斤半铁轨换盐1斤。后又以所挖铁轨集股到后方买毛驴，换回棉花、棉纱、棉布与食盐。第一次挖回铁轨2300余斤，每人即分回盐六七十斤，解决了食盐困难，增加了收入。又如离石县冯不维的合作社发动民众割电线，割回后换给民众以油、盐、碱等日用品，一次即割回640余斤交与民主政府作为电话线使用。①

文教。合作社在动员民众生产的同时，还创办民办小学、开办冬学、组建村剧团，并通过黑板报、秧歌队、戏剧等普通民众易于接受的形式进行文化与教育资源的整合，以推动生产和支援战争。兴县劳动英雄温象栓在生产动员大会上提出组织村民看戏，剧目由他自己选定，以互助合作为题材。在看戏之余，总结春耕、纺织与互助合作工作。② 杨家坡群众剧团在演出《男耕女织》后，各自然村干部和群众将其作为开展互助合作的榜样，并提出向村中大公无私的杨寨多学习，促成1945年杨家坡行政村互助合作的热潮。③ 社会教育主要是以变工队或合作社为单位组织识字小组并与读报小组、通讯小组相结合，由组长按期到学校学习后再教给其他组员或由会计直接教。神府盘塘合作社尤为典型。该社以农币2000元作为民教馆基金，买书订报以供民众阅览，馆内设读报、通讯、娱乐、代笔问事等部门，分别将民兵、水手工人及民众组织起来，每晚轮流到馆内读报或上课，7天娱乐一次。④ 这些文化教育活动的开展不仅丰富了农民原本枯燥乏味的生活，而且在很大程度上涤荡了长期以来植根于农民内心深处的传统文化思想，逐渐将其落后的部分剔除，代之以新民主主义文化。这是对传统文化资源的重新整合，是对农民思想意识的一次潜意识改造，是促使农民建立新型价值观的

---

① 杨德寿：《中国供销合作社史料选编》（第二辑），中国财政经济出版社1990年版，第563页。
② 亚马：《关于戏剧运动的三题》，《抗战日报》1944年10月8日。
③ 胡正：《谈边区群众剧运》，《人民时代》1946年第10期。
④ 杨德寿：《中国供销合作社史料选编》（第二辑），中国财政经济出版社1990年版，第564页。

重要举措。

二 民众参与革命视角下的互助合作

尽管中共在相当程度上整合了乡村社会资源，但是由于时代的局限，互助合作并未瓦解乡村社会个体经济的基础而建立集体经济制度。这一运动也未能在农民心中产生普遍的影响，各阶层的表现不尽一致。"农民之所以在一切新事物面前都犹豫不决，是因为他们已模糊认识到，最小的技术变化也会带来社会影响。"[①] 互助合作在继承传统因素的同时，或多或少也掺杂着农业耕作技术的变化，这是一般农民难以在短时期内接受的。如岢岚县会里村农民武秋生这样描述干部动员农民参加变工组的实际情形：

> 为了响应上级号召，主任王四牛就将全村群众召集起来开大会，随即编了9个组，并说不参加变工组的是坏人，出门不给开路条，叫多支差。有七八个原没参加，后来也参加了。主任那时不让群众送粪、耕种，只是叫群众每天开荒，以便与界河口村竞赛。没受过苦的二流子、老财夹到好劳动力中间，好劳动力逼着二流子、老财，闹的净是吵嘴。民兵拿枪领工，干部不劳动，只是指划。其他村没变工是送粪种地，我们村是开荒开了一季才要送粪耕种，已与别村错下一个节令。[②]

武秋生对互助合作的描述是农民参与互助合作的一个缩影。在农民的内心深处，参与互助合作是"被逼"或"被动员"的结果。在上级号召下达之后，基层干部为了表现"积极"，不经农民同意或不注意与农民沟通，径直按指标办事，导致"大呼隆"局面的出现。单纯以行政力量强制农民参与互助合作的方式，只会导致农民表面上参与，暗中却在消极抵抗。因为在农民看来，参与互助合作

[①] [法] H. 孟德拉斯：《农民的终结》，李培林译，社会科学文献出版社2010年版，第28页。

[②] 《武秋生谈四四年变工队情形》（1944年），山西省档案馆，A139—1—6—2。

主要取决于个人利益而非集体利益。① 一旦个人利益受损，集体利益就无法得到保障，最终会导致互助合作组织效益的低下。对此问题，岢岚县会里村农民武秋生讲道：

> 到快种完时，地也干了，打烂犁、拽断绳，开荒数目还没完成。又开荒，别村已锄苗子，我们还是开荒。老乡不满意，到了地里专把犁闹坏、牛闹的屙血，荒下熟地去开荒。……老乡们说："穷命都难逃，政府往死逼人。"结果开的荒地过了节令，虽然种了一些荞麦、糜子，但收获物还不够籽种成本。全年熟地比1943年少打1/3粮食。②

从农民自身来讲，参与互助合作既有理性的考虑，亦有道义成分掺杂其中。如对保德县陈秉荣老人的采访：

> 当时的互助组是共产党号召的还是人们自愿的＝＝＝这个有个大背景，就是（一九）四四年日本人、国民党对边区围困得很厉害，经济到了崩溃边缘。毛主席提出两个重要口号就是组织起来、发展生产。组织起来有两种形式，一种是互助组，仅限于农业田间劳动；一种是合作社，这个就是带有商业性质……
>
> 是有名无实的吗＝＝＝是实实在在合作的。当时合作是有选择性的，一般是好汉对好汉，不要二流汉，你又没资金、又懒惰、不勤劳，没人跟你互助。都是自找对象，有好汉组，我们村就成立了两个农业社，一个是"好汉组"，十来家组织的一个；另一个是剩下的那几家。③

---

① Samuel L. Popkin. *The Rational Peasant: The Political Economy of Rural Society in Vietnam.* Berkeley · Los Angeles · London: University of California Press, 1979, p. 251.
② 《武秋生谈四四年变工队情形》（1944年），山西省档案馆，A139—1—6—2，部分文字有所改动。
③ 梁景和：《中国现当代社会文化访谈录》（第一辑），首都师范大学出版社2010年版，第10—11页。

从陈氏口中得知，农民参与互助合作，并非完全盲从于"组织起来"这样一个简单的口号。在农民的内心世界里，真正意义上的互助合作不是贪图规模大和红火热闹。其参与互助合作主要基于理性的选择，即进行农具、劳动力、畜力及资金的交换使用。倘若四者无一具备，那么变工组就难以组织或组织后很难得到巩固。当时在晋绥分局党校工作的高鲁在其日记中记载了神府县胡家庄村的实例：

> 润生说很难照顾碰子的变工问题。前晌的问题没解决，后晌又发生了问题。他说是12分，我认为是10分。碰子爱多嘴，甚事也爱来回"屹捣"。吼大呢，做事不麻利，大烟杆子。变工问题很复杂，没吃的就变不成。狗来子妈来谈变工问题，她说："他补贴咱的牛工，还要咱的人工，那咱的牛不就歇下了？"王保说："人活在世上就是为了名。他们要挑战，咱们就响应。咱躺在这里不应战也不行。"①（引文中"碰子""吼大""狗来子妈"均系变工组成员的乳名或绰号）

针对此种情况，可以将农民参与互助合作视为经济行为。在这一行为中，等价原则至关重要。高鲁又记下了一个实例：

> 银开是劳动英雄，但不爱帮助别人，故人称"个人主义劳动英雄"。1944年他未参加过一次变工。锄草时，有人劝他，他说："第一次锄草（称为水拨苗）不用人帮助，第二次锄草（称刮耧）才用些人。"他很会作务庄稼，怕变工后把别人的庄稼也作务好了，怕别人也成了劳动英雄。……银开不开会，派个孩子来。众人说："孩子不顶事。"但有人说："这不是银开家尽捡便宜？别人干5天也只顶他1天，再能干也得1天半顶

---

① 理红、理京整理：《高鲁日记》，内蒙古大学出版社2004年版，第510页。

他1天。"银开来了后说:"我人老实,不敢变工,你们咋还缠我?"①

在此例中,倘若将银开的行为简单视为自私自利而加以驳斥反对并不符合农民的互助合作行为。因为在农民看来,劳动力质量与数量是互助合作理应遵循的基本原则,而不应该被摒弃。当然,农民并非完全是理性主义者,传统伦理道德规范在革命初期的乡村社会仍然发挥着非常重要的作用。如对偏关县贺二毛旦老人的采访:

听说过变工吗===听说过,很熟悉。

你们家跟村里人变工吗===变工。我家和我二爹家从我记事起就变工。

共产党进村后,你家和你二爹家还变工吗===是的。只是到了1944年,区里来了两个干部,在村里观音庙前开了一个大会,号召全村人都参加变工组,按居住远近,将全村分为三个大组,每组20来户。

结果怎样呢===干部来检查时,一个组的人就尽量凑在附近的地里假装变工锄地。干部走后,还是有亲戚关系的和相好的在一块锄,不少人家还是单独锄。

干部没有发现这种情况吗===有一次干部突然来村,发现这种情况后,立即把党员和几个积极分子叫到一块开了个会。后来决定以党员和积极分子为中心,重新编了组。

这以后变工组得到巩固了吗===没有。有人嫌不自由,玉珍他爸是个算命的,不愿上地,就在家装病。别人叫他割谷子,他说浑身没力,起不了床。②

从贺氏口中得知,革命初期农民将亲缘、血缘、地缘等维系传

---

① 理红、理京整理:《高鲁日记》,内蒙古大学出版社2004年版,第511页。
② 据偏关县深塌村老干部贺二毛旦口述而得,采访时间:2013年1月17日19:00。

统伦理道德的因素融入变工组中，中共政治理念中"阶级"的概念无法在乡村社会植根。基于此，中共的号召与动员难以在短期内改变农民传统的互助合作观念这一事实就很容易被证实。尽管被卷入革命，但已然定型的习惯无时无刻影响着农民的行为。

以上实例清晰勾勒了农民参与互助合作的真相。一方面，农民屈从于"组织起来"的号召，认为参与互助合作是上级交给的"任务"，上令下达是惯例，另一方面，农民则在"组织起来"既定的规范内，延续了传统互助合作模式。介于革命与传统之间的新式互助合作模式，无论在农民参与度还是在组织规模方面均受到一定的限制。新中国成立后，此种模式在农业合作化运动初期得以延续，并为中共在乡村进行社会主义革命准备了条件。

三　互助合作对新农村建设的启示

回首反观20世纪40年代中共在晋西北开展互助合作运动的经历，革命仪式与政治符号的演绎甚或超越其本身作为经济组织而产生的"威慑力"。一方面，生产场景的仪式化与"组织起来"的符号化，使农民传统道德理念逐渐发生理性的改变，部分迎合了中共革命需求。尤其是在革命中崛起的新式乡村精英，成为中共借此在乡村社会确立合法性权威的中介力量。另一方面，农民并非完全屈从于革命化的"组织起来"，竭力将理性行为限于道德准则之内。这说明农民并非完全意义上的理性主义者抑或道德主义者，而是二者的结合体。因而在乡村社会变迁中，革命与传统并非始终处于激烈对抗的矛盾态势，其间存在一定的张力。随着张力的凸显，"组织起来"的复杂图景得以再现。

当革命渐渐消失于视线时，是否意味着现实将要告别革命呢？事实上，历史本身的延续性决定了现实与革命之间并非泾渭分明。随着改革开放的深入发展，"三农"问题日益成为城乡关系二元化对立的焦点。改革后的乡村社会由于作为国家与乡村社会中介的工作组或基层干部的缺失，乡村社会直面国家与市场的局面形成。这种局面对于个体农户来说，农业生产的风险系数直线上升，由此导致农村青壮劳动力的流失。进入21世纪的中国，当城市超负荷发展的时候，不少农村却相对凋敝，土地荒芜现象日趋严重。因此，解决农村劳动力流失问题成为新时期全面建设社会主义新农村的关键问题之一。而革命时期各根据地农业互助合作的发展为这一问题的解决提供了新的思路。"组织起来"在发展生产方面有着显著的效果。其中，较为重要的一条就是互助合作运动为农村闲置劳动力提供了出路。不仅闲置劳动力没有被浪费，反而部分地发挥了经济效力。如动员闲置劳动力在春夏季节集体开荒、秋冬季节兴修水利，组织妇女进行纺织，发展油坊、豆腐坊、粉坊、磨坊等副业生产。这些副业生产的发展不仅有效利用了闲置劳动力，而且发展了农村经济，进而稳定了乡村社会秩序。因此，在今天解决农业闲置劳动力尤其是青壮劳动力问题时，也可以从发展农村副业、乡镇企业着手，以农产品专业化与农村工业化为导向，为非农业劳动力提供发展的空间，让农村经济走上综合、持续发展之路，进而有效协调城乡关系。

此外，随着家庭联产承包制的深入开展，新农村建设中农民合作经济组织的发展应该引起国家和政府的高度重视。战时的农业互助合作运动在整合乡村社会资源和乡村自主治理方面的经验在今天仍有借鉴意义。以农民专业合作社为特征的新型合作制的发展，一方面要依靠政府资金和技术的支持，另一方面合作组织也要根据自身特点，制定独具特色而且较为务实的规章制度，以提高组织的经济效益。解放战争时期的互助合作运动一再启示我们：互助合作的发展不仅要时刻遵从农民的传统规范，而且还须将组织权力归还农民。政府不应对合作经济组织进行强制控制，而应该指引农民走上自主合作的道路。在鼓励农民自主发展合作经济组织的同时，政府要尽力将农民的投入风险降到最低限度。首先，合作组织的规模不宜盲目扩大，而应在理性规划的基础上加以扩展。不合当地实际情形的、强制性的组织将势必会导致组织效率的低下。其次，充分发挥农民的自主性与积极性。坚持从农民的实际出发，顺乎其发财致富的意愿，将其切身利益落到实处。最后，在发展专业合作社的同时，引导农民以市场需求为导向，提高农产品的商品价值。也就是说，将城乡经济有机结合起来，实现优劣互补，进而推动和谐社会的健康发展。

参考文献

一　馆藏档案资料
山西省档案馆、偏关县档案馆、临县档案馆部分馆藏未刊档案。

二　史料汇编
［1］陈国宝主编：《山西省农业合作史互助组卷》（总卷第三册），山西农业合作史编辑委员会1996年编印。

［2］东北行政委员会办公厅：《怎样组织起来——各解放区劳动互助经验介绍》，东北行政委员会办公厅1947年编印。

［3］樊润德、路敦荣：《晋绥根据地资料选编》（第1—5集），中共吕梁地委党史资料征集办公室1983年、1984年编印。

［4］冯和法编：《中国农村经济资料续编》，黎明书局1935年版。

［5］晋绥边区财政经济史编写组、山西省档案馆编：《晋绥边区财政经济史资料选编》（总论编、农业编、工业编、金融贸易编），山西人民出版社1986年版。

［6］晋绥边区生产委员会：《变工互助的几个具体问题》，晋绥边区生产委员会1946年编印。

［7］晋绥边区行政公署：《晋绥边区关于变工互助的几个问题》，冀南书店1946年版。

［8］擎夫、寒荔编：《西北民歌》（第二册　晋绥之部），商务印书馆1950年版。

［9］史敬棠等编：《中国农业合作化运动史料》（上册），生活·读书·新知三联书店1957年版。

［10］山西省农业合作史编辑委员会编：《山西省农业合作史典型调查卷》（总卷第一册），山西人民出版社1989年版。

［11］山西资料汇编编辑委员会编：《山西资料汇编》，山西人民出版社 1960 年版。

［12］杨世源：《西北农民银行史料》，山西人民出版社 2002 年版。

［13］杨德寿编：《中国供销合作社史料选编》（第二辑），中国财政经济出版社 1990 年版。

［14］《张闻天选集》传记组、中共陕西省委党史研究室、中共山西省委党史研究室：《张闻天晋陕调查文集》，中央党史出版社 1994 年版。

［15］中国社会科学院经济研究所中国现代经济史组编：《革命根据地经济史料选编》（下），江西人民出版社 1986 年版。

［16］中国作家协会山西省分会编：《山西革命根据地文艺资料》，北岳文艺出版社 1987 年版。

［17］《中共党史参考资料》（第九册），中国人民解放军政治学院党史教研室编印，时间不详。

［18］中央档案馆编：《中共中央文件选集》，中共中央党校出版社 1991 年版。

三 地方文史、党史资料

［19］《保德文史资料》（第二辑），政协山西省保德县委员会文史资料委员会 2001 年编印。

［20］《河曲文史资料》（第 1 辑），河曲县政协文史资料委员会 1992 年编印。

［21］《临县党史丛书》（一），临县史志办公室 2005 年编印。

［22］宁武县史志办公室：《光辉的历程》，山西人民出版社 2011 年版。

［23］潘明堂编：《中国共产党岢岚县历史纪事（1930—2005）》，山西人民出版社 2007 年版。

［24］《偏关文史》（第 1 辑），山西省偏关县文史资料委员会 2008 年编印。

［25］《山西文史资料全编》（第 1—10 卷），《山西文史资料》编辑部 1998—2001 年编印。

[26] 《忻州地区革命史实》，中共忻州地委党史办公室 1987 年编印。

[27] 张海杰编：《中国共产党河曲县历史纪事（1937—2007）》，山西人民出版社 2008 年版。

[28] 中共山西省委党史研究室编：《中国共产党山西历史大事记述（1919—1949）》，中共党史出版社 1994 年版。

[29] 中共山西省委党史研究室等编：《晋绥革命根据地大事记》，山西人民出版社 1989 年版。

四 地方志

[30] 保德县志编纂办公室编：《保德县志》，山西人民出版社 1990 年版。

[31] 汾阳县志编纂委员会编：《汾阳县志》，海潮出版社 1998 年版。

[32] 河曲县志编纂委员会编：《河曲县志》，山西人民出版社 1989 年版。

[33] 贾维桢等编：《兴县志》，中国大百科全书出版社 1993 年版。

[34] 康茂生编：《岚县志》，中国科学技术出版社 1991 年版。

[35] 岢岚县志修订编纂委员会编：《岢岚县志》，山西古籍出版社 1999 年版。

[36] 李文凡编：《离石县志》，山西人民出版社 1996 年版。

[37] 临县志编纂委员会编：《临县志》，海潮出版社 1994 年版。

[38] 卢银柱校注：《偏关志》（增订本），中华书局 2013 年版。

[39] 宁武县志编纂委员会编：《宁武县志》，红旗出版社 2001 年版。

[40] 牛儒仁编：《偏关县志》，山西经济出版社 1994 年版。

[41] 山西省地方志编纂委员会编：《山西通志·民政志》，中华书局 1996 年版。

[42] 山西省地方志编纂委员会编：《山西通志·农业志》，中华书局 1994 年版。

[43] 石楼县志编纂委员会：《石楼县志》，山西人民出版社 1994

年版。

[44] 实业部国际贸易局：《中国实业志（山西省）》，实业部国际贸易局1937年版。

五　报刊

[45]《抗战日报》。

[46]《晋绥日报》。

[47]《解放日报》。

[48]《新中华报》。

[49]《群众》。

六　论著

（一）中文著作

[50] 安广礼：《汾阳农业合作史（1942—1990）》，山西人民出版社1993年版。

[51] 陈秉荣：《保德农业合作史》，政协保德县委员会2012年编印。

[52] 陈迟：《我国农业合作化的胜利》，辽宁人民出版社1957年版。

[53] 陈德军：《乡村社会中的革命——以赣东北根据地为研究中心（1924—1934）》，上海大学出版社2004年版。

[54] 陈廷煊：《抗日根据地经济史》，社会科学文献出版社2007年版。

[55] 陈耀煌：《统合与分化：河北地区的共产革命，1921—1949》，台北"中央"研究院近代史研究所2012年版。

[56] 杜润生编：《当代中国的农业合作制》，当代中国出版社2003年版。

[57] 樊润德编：《晋绥边区史话》，内蒙古人民出版社1988年版。

[58] 费孝通：《江村经济：中国农民的生活》，江苏人民出版社1986年版。

[59] 高王凌：《中国农民反行为研究（1950—1980）》，香港中文大学出版社2013年版。

[60] 高王凌：《租佃关系新论——地主、农民和地租》，上海书店 2005 年版。

[61] 郭海霞：《社会变迁中的农民合作与村庄发展——以河北省金村为例》，中国社会出版社 2010 年版。

[62] 郭铁民、林善浪：《中国合作经济发展史（下卷）》，当代中国出版社 1998 年版。

[63] 郭夏云：《教育的革命与革命的教育——冬学视野中的根据地社会变迁》，山西人民出版社 2009 年版。

[64] 郭于华：《受苦人的讲述：骥村历史与一种文明的逻辑》，香港中文大学出版社 2013 年版。

[65] 何高潮：《地主·农民·共产党：社会博弈论分析》，牛津大学出版社 1997 年版。

[66] 黄道炫：《张力与限界：中央苏区的革命（1933—1934）》，社会科学文献出版社 2011 年版。

[67] 黄琨：《从暴动到乡村割据：1927—1929——中国共产党革命根据地是怎样建立起来的》，上海社会科学院出版社 2006 年版。

[68] 黄金麟：《政体与身体：苏维埃的革命与身体，1928—1937》，台北联经出版事业股份有限公司 2005 年版。

[69] 黄文主、赵振军等：《抗日根据地军民大生产运动》，军事谊文出版社 1993 年版。

[70] 金东平：《延安见闻录》，民族书店 1945 年版。

[71] 《晋绥日报简史》编委会：《晋绥日报简史》，重庆出版社 1992 年版。

[72] 赖建诚：《近代中国的合作经济运动：1912—1949》，台湾学生书局 2011 年版。

[73] 李秉奎：《太行抗日根据地中共农村党组织研究》，中共党史出版社 2011 年版。

[74] 理红、理京整理：《高鲁日记》，内蒙古大学出版社 2004 年版。

[75] 李茂盛：《华北抗日根据地经济研究》，中央文献出版社 2003 年版。

[76] 《列宁全集》（第二十八、二十九卷），人民出版社 1956 年版。

[77] 梁景和：《中国现当代社会文化访谈录》（第一辑），首都师范大学出版社 2010 年版。

[78] 梁怡、李向前：《国外中共党史研究述评》，中共党史出版社 2005 年版。

[79] 刘欣、景占魁：《晋绥边区财政经济史》，山西经济出版社 1993 年版。

[80] 刘泽民编：《山西通史·抗日战争卷》（卷捌），山西人民出版社 2001 年版。

[81] 陆文强、李建军：《农村合作制的演变》，农村读物出版社 1988 年版。

[82] 罗平汉：《农业合作化运动史》，福建人民出版社 2004 年版。

[83] 吕还元：《宁武农业合作史》，山西人民出版社 1991 年版。

[84] 马烽、西戎：《吕梁英雄传》，人民文学出版社 1952 年版。

[85] 《毛泽东选集》，人民出版社 1991 年版。

[86] 毛锡学、李德章编：《抗日根据地财经史稿》，河南人民出版社 1995 年版。

[87] 梅德平：《中国农村微观经济组织变迁研究：1949—1985——以湖北省为中心的个案分析》，中国社会科学出版社 2004 年版。

[88] 米鸿才等：《合作社发展简史》，中共中央党校出版社 1988 年版。

[89] 米鸿才、李显刚：《中国农村合作制史》，中国农业科技出版社 1997 年版。

[90] 穆欣：《晋绥解放区鸟瞰》，山西人民出版社 1984 年版。

[91] 牛崇辉：《晋绥革命根据地研究》，中国广播电视出版社 1994 年版。

[92] 牛建立：《华北根据地农业建设研究（1937—1949）》，中州古籍出版社 2014 年版。

[93] 齐小林：《当兵：华北根据地农民如何走向战场》，四川人民出版社 2015 年版。

[94] 乔培华、赵士红编：《中国近代经济史》，中国统计出版社 1997 年版。

[95] 秦晖：《农民中国：历史反思与现实选择》，河南人民出版社 2003 年版。

[96] 清庆瑞：《抗战时期的经济》，北京出版社 1995 年版。

[97] 渠桂萍：《华北乡村民众视野中的社会分层及其变动（1901—1949）》，人民出版社 2010 年版。

[98] 山西省地方志办公室编：《晋绥革命根据地史》，山西人民出版社 2015 年版。

[99] 山西省妇女联合会编：《晋绥妇女战斗历程》，中共党史出版社 1992 年版。

[100] 山西省老区建设促进会编：《山西革命老区》，中央文献出版社 2003 年版。

[101] 山西省农业合作史编辑委员会编：《山西省农业合作化史综述卷》（总卷第六册），中央文献出版社 2002 年版。

[102] 山西省农业区划委员会编：《近代山西农业经济》，农业出版社 1990 年版。

[103] 山西省史志研究院编：《根据地经济建设研究》，山西人民出版社 1997 年版。

[104] 山西省史志研究院：《山西农业合作化》，山西人民出版社 2001 年版。

[105] 山西省农业合作史编辑委员会编：《山西农业合作史大事记卷》（总卷第三册），山西人民出版社 1997 年版。

[106] 时事问题研究会：《抗战中的中国经济》，中国现代史资料编辑委员会 1957 年版。

[107] 苏晓云：《毛泽东农民合作组织思想与实践研究——基于

"组织起来"的思索与考察》，中央编译出版社 2012 年版。

[108] 孙敬之：《华北经济地理》，科学出版社 1957 年版。

[109] 王春明：《晋绥边区的农业大生产运动（1940—1949）》，北岳文艺出版社 2001 年版。

[110] 王贵宸：《中国农村合作经济史》，山西经济出版社 2006 年版。

[111] 王建革：《传统社会末期华北的生态与社会》，生活·读书·新知三联书店 2009 年版。

[112] 王铭铭：《村落视野中的文化与权力：闽台三村五论》，生活·读书·新知三联书店 1997 年版。

[113] 王奇生：《革命与反革命：社会文化视野下的民国政治》，社会科学文献出版社 2010 年版。

[114] 魏本权：《革命策略与合作运动：革命动员视角下中共农业互助合作运动研究（1927—1949）》，中国社会科学出版社 2016 年版。

[115] 魏宏运、左志远：《华北抗日根据地史》，档案出版社 1990 年版。

[116] 吴业苗：《演进与偏离：农民经济合作及其组织化研究》，南京师范大学出版社 2011 年版。

[117] 萧鸿麟：《中国农业生产互助合作》，中华书局 1954 年版。

[118] 向德楷、杨崇德：《中国农村合作经济》，中国财政经济出版社 1992 年版。

[119] 行龙：《走向田野与社会》，生活·读书·新知三联书店 2007 年版。

[120] 行龙：《从社会史到区域社会史》，人民出版社 2008 年版。

[121] 忻州市老区建设促进会编：《忻州革命老区》，中共党史出版社 2003 年版。

[122]《兴县革命史》编写组：《兴县革命史》，山西人民出版社 1985 年版。

[123] 叶扬兵：《中国农业合作化运动研究》，知识产权出版社

2006年版。

[124] 岳谦厚、张玮：《黄土·革命与日本入侵——20世纪三四十年代的晋西北农村社会》，书海出版社2005年版。

[125] 岳谦厚、张玮：《20世纪三四十年代的晋陕农村社会：以张闻天晋陕农村调查资料为中心的研究》，中国社会科学出版社2010年版。

[126] 岳谦厚：《边区的革命（1939—1949）——华北及陕甘宁根据地社会史论》，社会科学文献出版社2014年版。

[127] 翟克：《中国农村问题之研究》，广州国立中山大学出版部1933年版。

[128] 张成德、孙丽萍等：《山西抗战口述史》（第2部），山西人民出版社2005年版。

[129] 张成德、孙丽萍等：《山西抗战口述史》（第3部），山西人民出版社2005年版。

[130] 张国祥：《山西抗日战争史》（下），山西人民出版社1992年版。

[131] 张宏卿：《农民性格与中共的乡村动员模式——以中央苏区为中心的考察》，中国社会科学出版社2012年版。

[132] 张稼夫：《庚申忆逝》，山西人民出版社1984年版。

[133] 张鸣：《乡村社会权力和文化结构的变迁（1903—1953）》，广西人民出版社2001年版。

[134] 张佩国：《地权分配·农家经济·村落社区——1900—1945年的山东农村》，齐鲁书社2000年版。

[135] 张佩国：《近代江南乡村地权的历史人类学研究》，上海人民出版社2002年版。

[136] 张思：《近代华北村落共同体——农耕结合习惯的历史人类学考察》，商务印书馆2005年版。

[137] 张水良：《抗日战争时期中国解放区农业大生产运动》，福建人民出版社1981年版。

[138] 张玮：《战争·革命与乡村社会——晋西北租佃制度与借贷

关系之研究》，中国社会科学出版社 2008 年版。

[139] 张玮、李俊宝：《阅读革命：中共在晋西北乡村社会的经历》，北岳文艺出版社 2011 年版。

[140] 张维邦：《山西省经济地理》，新华出版社 1987 年版。

[141] 张孝芳：《革命与动员：建构"共意"的视角》，社会科学文献出版社 2011 年版。

[142] 赵超构：《延安一月》，上海书店 1992 年版。

[143]《赵树理全集》（第五卷），北岳文艺出版社 2000 年版。

[144] 中共山西省委党史研究室编：《战动总会简史》，文津出版社 1993 年版。

[145] 中共中央办公厅调研室编：《毛泽东、周恩来、刘少奇、朱德、邓小平、陈云论党的群众工作》，人民出版社 1990 年版。

[146] 中共中央马克思恩格斯列宁斯大林著作编译局译：《资本论》（第一卷），人民出版社 2004 年版。

[147] 中国人民大学农业经济系编：《中国近代农业经济史》，中国人民大学出版社 1980 年版。

[148] 周海燕：《记忆的政治》，中国发展出版社 2013 年版。

[149] 朱新山：《乡村社会结构变动与组织重构》，上海大学出版社 2004 年版。

[150] 邹谠：《中国革命再阐释》，牛津大学出版社 2002 年版。

（二）译著

[151]［德］斐迪南·滕尼斯：《共同体与社会——纯粹社会学的基本概念》，林荣远译，北京大学出版社 2010 年版。

[152]［德］尤尔根·哈贝马斯（Jürgen Habermas）：《合法化危机》，刘北成、曹卫东译，上海人民出版社 2009 年版。

[153]［法］费尔南·布罗代尔（Fernand Braudel）：《菲利普二世时代的地中海和地中海世界》（第 1—3 卷），唐家龙等译，商务印书馆 1996 年版。

[154]［法］费尔南·布罗代尔（Fernand Braudel）：《15 至 18 世纪

的物质文明、经济和资本主义》（第 1—3 卷），顾良、施康强译，生活·读书·新知三联书店 2002 年版。

[155] [法] 古斯塔夫·庞勒：《乌合之众：大众心理研究》，冯克利译，中央编译出版社 2005 年版。

[156] [法] 古斯塔夫·勒庞（Gustave Le Bon）：《革命心理学》，佟德志、刘训练译，吉林人民出版社 2011 年版。

[157] [法] H. 孟德拉斯（Henri Mendras）：《农民的终结》，李培林译，社会科学文献出版社 2010 年版。

[158] [法] 米歇尔·福柯：《规训与惩罚》，刘北成、杨远婴译，生活·读书·新知三联书店 2012 年版。

[159] 韩敏：《回应革命与改革：皖北李村的社会变迁与延续》，陆益龙、徐新玉译，江苏人民出版社 2007 年版。

[160] [加] 伊莎白·柯鲁克（Isabel Crook）、[英] 大卫·柯鲁克（David Crook）：《十里店（一）：中国一个村庄的革命》，龚厚军译，上海人民出版社 2007 年版。

[161] [美] 埃德加·斯诺（Edgar Snow）：《西行漫记》，董乐山译，生活·读书·新知三联书店 1979 年版。

[162] [美] 安娜·路易斯·斯特朗（Aana Louise Strong）：《中国人征服中国》，刘维宁等译，北京出版社 1984 年版。

[163] [美] 巴林顿·摩尔（Barrington Moore, J. R.）：《专制与民主的社会起源——现代世界形成过程中的地主与农民》，王茁、顾洁译，上海译文出版社 2013 年版。

[164] [美] 白修德、贾安娜：《中国的惊雷》，端纳译，新华出版社 1988 年版。

[165] [美] 查默斯·詹隼（Chalmers Johnson）：《革命：理论与实践》，郭基译，台北时报文化出版企业有限公司 1993 年版。

[166] [美] 道格拉斯·C. 诺思（Douglass C. North）：《经济史中的结构与变迁》，陈郁、罗华平等译，上海三联书店、上海人民出版社 1994 年版。

[167] [美] 德怀特·希尔德·帕金斯（Dwight H. Perkins）：《中国

农业的发展，1368—1968》，宋海文等译，上海译文出版社1984年版。

[168]［美］杜赞奇：《文化、权力与国家，1900—1942的华北乡村》，王福明译，江苏人民出版社1994年版。

[169]［美］杜赞奇（Durara Prasenjit）：《从民族国家拯救历史：民族主义话语与中国现代史研究》，王宪明、高继美译，江苏人民出版社2009年版。

[170]［美］费正清（Fairbank, J. K.）、费维恺（Albert Feuerwerker）：《剑桥中华民国史》（下卷），刘敬坤等译，中国社会科学出版社1993年版。

[171]［美］弗雷德里克·C. 泰韦斯：《从毛泽东到邓小平》，王红续等译，中共中央党校出版社1991年版。

[172]［美］弗里曼（Edward Friedman）、毕克伟（Paul G. Pickowicz）、赛尔登（Mark Selden）：《中国乡村，社会主义国家》，陶鹤山译，社会科学文献出版社2002年版。

[173]［美］哈里森·福尔曼（Harrison Forman）：《北行漫记》，陶岱译，新华出版社1988年版。

[174]［美］黄宗智（Philip Huang）：《华北的小农经济与社会变迁》，中华书局2000年版。

[175]［美］黄宗智（Philip Huang）：《长江三角洲小农家庭与乡村发展》，中华书局2001年版。

[176]［美］杰克·A. 戈德斯通（Jack A. Goldstone）：《国家、政党与社会运动》，张延杰译，上海人民出版社2009年版。

[177]［美］J. 米格代尔：《农民、政治与革命——第三世界政治与社会变革的压力》，李玉琪、袁宁译，中央编译出版社1996年版。

[178]［美］杰克·贝尔登（Jack Belden）：《中国震撼世界》，邱应觉等译，北京出版社1980年版。

[179]［美］柯文（Paul A. Cohen）：《在中国发现历史——中国中心观的兴起》，林同齐译，中华书局2002年版。

[180] [美] 李丹：《理解农民中国：社会科学哲学的案例研究》，张天虹等译，江苏人民出版社 2009 年版。

[181] [美] 马克·赛尔登（Mark Selden）：《革命中的中国：延安道路》，魏晓明、冯崇义译，社会科学文献出版社 2002 年版。

[182] [美] 马若孟（Romon Mayers）：《中国农民经济：河北和山东的农民发展，1890—1949》，史建云译，江苏人民出版社 1999 年版。

[183] [美] 曼瑟尔·奥尔森（Olson, M.）：《集体行动的逻辑》，陈郁等译，格致出版社、上海三联书店、上海人民出版社 2011 年版。

[184] [美] 塞缪尔·P. 亨廷顿：《变化社会中的政治秩序》，王冠华、刘为等译，上海人民出版社 2008 年版。

[185] [美] 施坚雅（Skinner G. William）：《中国封建社会晚期城市研究：施坚雅模式》，王旭等译，吉林教育出版社 1991 年版。

[186] [美] 石约翰：《中国革命的历史透视》，王国良译，中国人民大学出版社 2011 年版。

[187] [美] 王国斌：《转变的中国：历史变迁与欧洲经验的局限》，李伯重、连玲玲译，江苏人民出版社 2010 年版。

[188] [美] 魏斐德（Frederic E. Wakeman Jr.），梁禾编：《讲述中国历史（下）》，东方出版社 2008 年版。

[189] [美] 西达·斯考切波（Theda Skocpol）：《国家与社会革命：对法国、俄国和中国的比较研究》，何俊志、王学东译，上海人民出版社 2007 年版。

[190] [美] 萧邦奇（Schoppa R. Keith）：《血路：革命中国中的沈定一（玄庐）传奇》，周武彪译，江苏人民出版社 2010 年版。

[191] [美] 杨懋春：《一个中国村庄：山东台头》，张雄、沈炜、秦美珠译，江苏人民出版社 2012 年版。

[192] ［美］伊斯雷尔·爱泼斯坦:《中国未完成的革命》,陈瑶华等译,新华出版社1987年版。

[193] ［美］约瑟夫·W. 埃谢里克（Joseph W. Esherick）:《在中国失掉的机会——美国前驻华外交官约翰·S. 谢伟思第二次世界大战时期的报告》,罗清、赵仲强译,国际文化出版公司1989年版。

[194] ［美］詹姆斯·C. 斯科特:《农民的道义经济学:东南亚的反叛与生存》,程立显等译,译林出版社2001年版。

[195] ［美］詹姆斯·C. 斯科特:《弱者的武器》,郑广怀等译,译林出版社2011年版。

[196] ［美］詹姆斯·R. 汤森（James R. Townsend）、布莱特利·沃马克（Brantly Womack）:《中国政治》,顾速、董方译,江苏人民出版社2010年版。

[197] ［美］周锡瑞:《义和团运动的起源》,张俊义、王栋译,江苏人民出版社2010年版。

[198] ［日］内山雅生:《二十世纪华北农村社会经济研究》,李恩民、邢丽荃译,中国社会科学出版社2001年版。

[199] ［日］山冈师团编:《山西大观》,山西省史志研究院编译,山西古籍出版社1998年版。

[200] ［日］中野实:《革命:宏观政治学》,于小薇译,经济日报出版社1991年版。

[201] ［瑞典］达格芬·嘉图:《走向革命——华北的战争、社会变革和中国共产党1937—1945》,杨建立等译,中共党史资料出版社1987年版。

[202] ［瑞典］汤姆·R. 伯恩斯:《结构主义的视野:经济与社会的变迁》,周长城等译,社会科学文献出版社2000年版。

[203] ［英］杰弗里·巴勒克拉夫（Geoffrey Barraclough）:《当代史学主要趋势》,杨豫译,上海译文出版社1987年版。

[204] ［英］林迈可:《抗战中的红色根据地——一个英国人不平凡经历的记述》,杨重光、郝平译,解放军文艺出版社2005

年版。

[205] [英] 斯坦因:《红色中国的挑战》,李凤鸣译,新华出版社 1987 年版。

[206] [英] 詹姆斯·贝兰特:《不可征服的人们——一个外国人眼中的中国抗战》,李述一等译,求实出版社 1998 年版。

(三) 英文原著

[207] Dwight H. Perkins, *China's Modern Economy in Historical Perspective*. Stanford: Stanford University Press, 1975.

[208] Franz Schurmann, *Ideology and Organization in Communist China*, Berkeley · Los Angeles · London: University of California Press, 1971.

[209] Pauline B. Keating, *Two Revolutions: Village Reconstruction and the Cooperative Movement in Northern Shaanxi, 1934—1945*. Stanford: Stanford University Press, 1997.

[210] Ralph Thaxton, *China Turned Rightside Up: Revolutionary Legitimacy in the Peasant World*, New Haven and London: Yale University Press, 1983.

[211] Roy Hofheinz, JR., *The Broken Wave: The Chinese Communist Peasant Movement, 1922—1928*, Cambridge, Massachusetts and London, England: Harvard University Press, 1977.

[212] Samuel L. Popkin, *The Rational Peasant: The Political Economy of Rural Society in Vietnam*, Berkeley · Los Angeles · London: University of California Press, 1979.

[213] Tetsuya Kataoka, *Resistance and Revolution in China: The Communists and the Second United Front*, Berkeley: University of California Press, 1974.

[214] Tony Saich, Hans van de Ven, *New Perspectives on the Chinese Communist Revolution*, New York: M. E. Sharpe, 1995.

[215] Yung-fa Chen, Gregor Benton, Ralph Thaxton, *Moral economy and the Chinese revolution: A Critique*, Amsterdam: University of

Amsterdam, 1986.

七 学术论文

（一）论文集

[216] 董玥编：《走出区域研究：西方中国近代史论集粹》，社会科学文献出版社 2013 年版。

[217] 《段云选集》，山西人民出版社 1987 年版。

[218] 冯崇义、古德曼编：《华北抗日根据地与社会生态》，当代中国出版社 1998 年版。

[219] 复旦大学历史学系、复旦大学中外现代化进程研究中心：《近代中国的乡村社会》，上海古籍出版社 2005 年版。

[220] 高王凌：《政府作用和角色问题的历史考察》，海洋出版社 2002 年版。

[221] [美] 黄宗智编：《中国乡村研究》（第一辑），商务印书馆 2003 年版。

[222] [美] 黄宗智编：《中国乡村研究》（第二辑），商务印书馆 2003 年版。

[223] [美] 黄宗智编：《中国乡村研究》（第七辑），福建教育出版社 2010 年版。

[224] [美] 黄宗智编：《中国乡村研究》（第九辑），福建教育出版社 2012 年版。

[225] 南开大学历史系中国近现代史教研室编：《中外学者论抗日根据地——南开大学第二届中国抗日根据地史国际学术讨论会论文集》，中国档案出版社 1993 年版。

[226] 南开大学历史系编：《中国抗日根据地史国际学术讨论会论文集》，中国档案出版社 1985 年版。

[227] 南开大学历史系中国现代史研究室：《二十世纪的中国农村社会》，中国档案出版社 1996 年版。

[228] 王晴佳、陈兼：《中西历史论辩集——留美历史学者学术文汇》，学林出版社 1992 年版。

[229] 杨念群编：《空间·记忆·社会转型——"新社会史"研究

论文精选集》，上海人民出版社 2001 年版。

[230] 中共中央党史研究室科研局编译处编:《国外中共党史中国革命史研究译文集》(第一集)，中共党史出版社 1991 年版。

(二) 期刊论文

[231] 曹敏华:《革命根据地社会变动与民众社会心理嬗变》，《党史研究与教学》2006 年第 6 期。

[232] 董佳:《抗战时期中共晋西北根据地变工运动述论》，《中共党史研究》2014 年第 9 期。

[233] 耿磊:《探索中的转型: 1941—1942 年陕甘宁边区的劳动互助》，《党史研究与教学》2014 年第 2 期。

[234] 贺文乐:《农业互助合作运动中各阶层参与度分析——以晋绥边区偏关县为例》，《农业考古》2012 年第 6 期。

[235] 贺文乐:《组织农民: 解放战争时期壶关县的农业互助合作运动》，《农业考古》2014 年第 1 期。

[236] 贺文乐:《新革命史视野下"组织起来"之考察——以晋西北抗日根据地为例》，《历史教学》(下半月刊) 2016 年第 1 期。

[237] 贺文乐:《制度、技术与革命——基于山西省长子县初级社的考察》，《山西师大学报》(社会科学版) 2016 年第 5 期。

[238] 黄爱军:《华中抗日根据地的农业互助合作运动》，《世纪桥》2008 年第 10 期。

[239] 李金铮:《土地改革中的农民心态: 以 1937—1949 年的华北乡村为中心》，《近代史研究》2006 年第 4 期。

[240] 李金铮:《向"新革命史"转型: 中共革命史研究方法的反思与突破》，《中共党史研究》2010 年第 1 期。

[241] 李金铮:《问题意识: 集体化时代中国农村社会的历史解释》，《晋阳学刊》2011 年第 1 期。

[242] 李立志:《土地改革与农民社会心理变迁》，《中共党史研究》2002 年第 4 期。

[243] 李祥瑞:《合作社经济在陕甘宁边区经济建设中的地位》，

《西北大学学报》（哲学社会科学版）1981年第3期。

［244］刘宝联：《才溪乡的农业互助合作》，《党史研究与教学》1992年第5期。

［245］刘大可：《山东解放区的农业互助合作运动》，《东岳论丛》1991年第3期。

［246］刘宏：《抗战时期晋察冀边区的劳动互助》，《河北学刊》1992年第3期。

［247］刘纪荣：《国家与社会视野下的近代农村合作运动——以20世纪二三十年代华北农村为中心的历史考察》，《中国农村观察》2008年第2期。

［248］刘玲：《建国前土地改革中乡村社会农民心态态势研究》，《求索》2007年第11期。

［249］刘璐淼、李朋：《抗战时期晋察冀边区合作社运动对社会经济的影响》，《河北师范大学学报》（哲学社会科学版）2016年第1期。

［250］刘显利：《农业生产互助合作的选择逻辑及其演进——以第二次国内革命战争时期的农业合作化运动为研究对象》，《求索》2013年第8期。

［251］刘彦威：《解放战争时期解放区的农业》，《农业考古》2001年第3期。

［252］马冀：《抗战时期陕甘宁边区的农业互助合作运动》，《河南理工大学学报》（社会科学版）2008年第2期。

［253］马福英：《抗日战争时期的农业互助合作运动》，《河北师院学报》（哲学社会科学版）1983年第2期。

［254］梅德平：《共和国成立前革命根据地互助合作组织变迁的历史考察》，《中国农史》2004年第2期。

［255］米玲：《晋察冀边区合作社发展探窥及思索》，《河北学刊》2014年第2期。

［256］渠桂萍：《20世纪前期华北乡村民众的社会地位表达方式》，《晋阳学刊》2008年第2期。

[257] 苏志珠：《人类活动对晋西北地区生态环境影响的初步研究》，《干旱区资源与环境》1998年第4期。

[258] 孙启正：《组织起来：传统互助合作的改造问题——以华北根据地为中心》，《中国经济史研究》2016年第2期。

[259] 孙少柳：《20世纪三四十年代农村合作运动与传统乡村社会的变迁》，《湖南师范大学社会科学学报》2010年第1期。

[260] 王爱云：《近十年来西方对中国抗日战争研究述评》，《中共党史研究》2005年第5期。

[261] 王晋林：《"抗战胜利的必由之路"——论陕甘宁边区农业生产的互助合作》，《甘肃理论学刊》2004年第4期。

[262] 王里鹏：《20世纪50年代山西老区农村合作制度的变迁》，《当代中国史研究》2009年第2期。

[263] 王晓荣、李斌：《陕甘宁边区互助合作运动的社会治理功能论析》，《宁夏大学学报》（人文社会科学版）2005年第3期。

[264] 厦门大学历史系实习调查队：《第二次国内革命战争时期的才溪互助合作运动》，《厦门大学学报》（社会科学版）1959年第1期。

[265] 魏本权：《革命与互助：沂蒙抗日根据地的生产动员与劳动互助》，《中共党史研究》2013年第3期。

[266] 魏本权：《合作农场：近代中国农业经营模式变迁管窥》，《南京农业大学学报》（社会科学版）2008年第3期。

[267] 邢乐勤：《新民主主义革命时期中共农业互助合作运动的实践与理论》，《浙江工业大学学报》2002年第6期。

[268] 徐畅：《近代中国农村农业劳动合作述评》，《吉林省教育学院学报》2005年第3期。

[269] 徐有礼：《试论抗日根据地的农业互助合作》，《郑州大学学报》（哲学社会科学版）1993年第6期。

[270] 俞小和：《调整与变迁：淮北抗日根据地的互助合作运动》，《安徽史学》2013年第4期。

[271] 岳谦厚、刘威:《战时陕甘宁边区的劳动英模运动》,《安徽史学》2011年第1期。

[272] 张思:《近代华北农村的农家生产条件·农耕结合·村落共同体》,《中国农史》2003年第3期。

[273] 张书廷:《关于抗战前中国农村合作运动的几个问题》,《江汉论坛》2007年第2期。

[274] 张玮、李翠青:《中共晋西北抗日根据地劳动互助政策及其实践评析》,《古今农业》2006年第3期。

[275] 朱玉湘:《我国民主革命时期的农业互助合作运动》,《文史哲》1956年第4期。

(三) 学位论文

[276] 陈波:《晋绥革命根据地社会教育研究》,硕士学位论文,华中师范大学,2011年。

[277] 耿磊:《传统的延续与改造:抗战时期陕甘宁边区农业劳动互助研究》,硕士学位论文,河南大学,2010年。

[278] 侯春华:《论抗日根据地的农业互助合作运动》,硕士学位论文,郑州大学,2007年。

[279] 纪能文:《从互助合作到集体化——20世纪中国的乡村改造运动》,博士学位论文,厦门大学,2007年。

[280] 孟庆延:《从革命到"继续革命"——华北西村的农业合作化运动》,硕士学位论文,中国政法大学,2010年。

[281] 李玲玲:《晋察冀抗日根据地农业劳动互助运动的历史考察》,硕士学位论文,吉林大学,2006年。

[282] 李小红:《近代两种农业生产互助模式比较研究》,硕士学位论文,河北师范大学,2005年。

[283] 李勇:《村庄的整合与发展——西沟村互助合作运动研究(1943—1958)》,硕士学位论文,山西大学,2008年。

[284] 刘润民:《战争·革命与吕梁山区社会之演变——1937—1945年临县乡村社会研究》,博士学位论文,山西大学,2007年。

［285］田静:《论抗日战争时期陕甘宁边区的农业互助合作》,硕士学位论文,天津师范大学,2012年。

［286］王俊斌:《改造农民:中国农业合作化运动研究——以山西省保德县为中心》,博士学位论文,首都师范大学,2009年。

［287］王智:《晋西北抗日根据地劳动英模群体研究》,硕士学位论文,山西大学,2011年。

［288］周婷婷:《20世纪上半期山东乡村互助研究》,博士学位论文,山东大学,2012年。

［289］朱东红:《晋西北地区生态环境质量评价研究》,硕士学位论文,山西大学,2003年。

后　　记

　　瑟瑟初秋，清风拂面。夕阳西下，思绪万千。往昔岁月，颇多艰辛。深造数载，疑虑犹存。拙作付梓，欢喜顿生。晋西北乡村社会的种种画面不时在我脑中浮现，记忆中慈父辛勤劳作的身影似乎就在眼前。

　　十年前，我从一个"门外汉"贸然冲进历史的殿堂。我读硕士时的导师是张玮教授，她严谨治学的精神引领我将研究视角转向华北尤其是晋西北乡村社会。2011年9月，我有幸忝列著名史学家李金铮教授门下，并于2014年6月顺利获得历史学博士学位。本书是我在博士学位论文的基础上修改而成，李老师厥功至伟。最初选题的时候，李老师就曾强调一定要有新意，不能按旧路子走，要打破思维定式，彰显问题意识。几经思虑，才决定将"晋西北互助合作运动"定为博士学位论文的选题。虽然有一定的学术基础，但是对于如何构思、如何创新等关键问题，曾让我绞尽了脑汁。这些问题中，尤其是部分概念的理解与释疑以及结构调整，李老师所倾注的极大心血区区数语实难慰藉感恩之心。

　　南开大学浓厚的人文气息与学术氛围使我受益匪浅。三年研读离不开王先明、张思、江沛等老师们学习上的谆谆教诲和指导以及生活上的关心和照顾。王老师那种将学术浓缩于现实的人文关怀的精神激发了我对新农村建设的思考，张老师惯于严谨治学的精神时刻鞭策着我认真阅读史料并将其加以升华，而江老师不拘一格的授课风格给我枯燥的学术生涯增添了绚烂的色彩。对于本书的写作，其他老师也提出了很好的意见和建议，在此表示诚挚的谢意！

三年中结识的同门好友、室友都曾经给过我真诚的关心和帮助。尤其是刘宇、孟玲洲、耿磊、杨豪等好友不仅在生活上给予我很多帮助，而且无数次有关学术问题的促膝长谈使我逐渐走出浩瀚的史料海洋而初步形成了自己的学术风格。刘宇与我朝夕相处，曾亲自去国家图书馆帮助我复印英文论著4本和利用去台湾地区深造的机会帮我购回一些罕见书籍。耿磊不仅提供给我大量有价值的史料，而且就拙作中的某些问题提出了不少建设性意见。室友吴家虎经常和我讨论一些社会文化史方面的问题，并且给我提供了不少学术信息。没有他们真诚的帮助，很难相信拙作该如何完成。

在查阅档案资料的过程中，特别需要感谢的是山西省档案馆王处长、临县档案馆李主任及党史办张海红主任、偏关县档案馆局长张宝山先生、副局长王冬先生和档案库工作人员秦美女士、壶关县原文化局副局长牛逢蔚先生等。他们不仅为我查阅资料提供方便，而且直接赠送我不少珍贵书籍与史料。这对一个历史学研究者来说，是精神上的最大安慰。

在工作中，原单位与现单位不少领导与同事同样给予我诸多帮助。山西省朔州市第二中学董事长柳二文先生、校长姜功先生、副校长杨逢华先生等诸位领导在事业与生活等方面给予了我许多物质上的帮助。历史教研组组长贾万良先生曾经在工作中为我指点迷津，使我少走了许多弯路。尤其令我难以忘怀的是，同事王峰老师曾亲自驾车带我前往吕梁市临县托其好友帮我查阅到数十万字的珍贵档案资料。这份凝结着真诚与挚爱的友情，永远难以从我心灵深处擦拭掉。山西师范大学科技处王亲虎副处长、历史与旅游文化学院车效梅院长、张焕君副院长等均为我书稿的出版提供过不少帮助，在此一并致谢。

最后，至亲更难以让我忘怀。爱妻牛慧媛女士不嫌弃我家境贫穷，与岳父、岳母共同支持我完成学业。在已走过三十载的人生路中，父亲为了满足我求学的愿望，宁愿忍受着生活的艰辛与孤独无望走完余生，或许这本书可以告慰他远在天堂的灵魂。而走过曲折人生之路的老母从未因我儿时的淘气与成年后的不器而抱怨过。早已年迈的三叔，关怀我的初心始终未曾改变。尤其是比我小两岁的弟弟少时因我上学而甘愿辍学打工，成家后在照顾妻小之时，还不时给予我物质上的帮助。对于他们的付出，我愿意用一生的爱去回报。

贺文乐
2016 年 9 月于山西师范大学寓所